"十二五"职业教育国家规划教材

经全国职业教育教材审定委员会审定

全国高职高专教育土建类专业教学指导委员会规划推荐教材

物业管理综合实训（第二版）

黄　亮　　　　主　编

包　焱　朱　江　副主编

翁国强　　　　主　审

中国建筑工业出版社

图书在版编目（CIP）数据

物业管理综合实训/黄亮. —2 版. —北京：中国建筑工业出
版社，2014.5

"十二五"职业教育国家规划教材　经全国职业教育教材审定
委员会审定. 全国高职高专教育土建类专业教学指导委员会规划
推荐教材

ISBN 978-7-112-16454-7

Ⅰ.①物…　Ⅱ.①黄…　Ⅲ.①物业管理-高等学校-教材
Ⅳ.①F293.33

中国版本图书馆 CIP 数据核字（2014）第 030595 号

本教程共分 11 个教学单元，涵盖：物业管理的招标与投标实训、物业早期介
入与物业前期管理服务实训、物业房屋维修管理实训、物业设备管理实训、物业
的智能化管理实训、物业环境管理实训、物业公共秩序维护实训、不同类型物业
的服务实训、物业财务管理实训、物业管理营销实训、物业管理应用文撰写实训。

本书既可作高职高专实训教材，也可作为物业行业的培训教材，或者作准
备参加物业管理师执业资格考试人员的辅导教材。由于考虑到教程受众的广泛
性，各章节提出了较高的专业知识基础和实训技能要求，物业类专业各个层次
使用者可根据实际情况选择。

＊　　＊　　＊

责任编辑：张　晶
责任校对：姜小莲　刘　钰

"十二五"职业教育国家规划教材
经全国职业教育教材审定委员会审定
全国高职高专教育土建类专业教学指导委员会规划推荐教材
物业管理综合实训（第二版）
黄　亮　　　　主　编
包　焱　朱　江　副主编
翁国强　　　　　主　审
＊
中国建筑工业出版社出版、发行（北京西郊百万庄）
各地新华书店、建筑书店经销
北京红光制版公司制版
北京同文印刷有限责任公司印刷
＊
开本：787×1092 毫米　1/16　印张：17¾　字数：375 千字
2015 年 2 月第二版　　2015 年 2 月第二次印刷
定价：**35.00 元**
ISBN 978-7-112-16454-7
（25289）

教材编审委员会名单

主　任：吴　泽

副主任：陈锡宝　范文昭　张怡朋

秘　书：袁建新

委　员：（按姓氏笔画排序）

马　江　王林生　甘太仕　刘　宇　刘建军　汤万龙

吴　泽　张怡朋　李永光　陈锡宝　范文昭　胡六星

郝志群　倪　荣　夏清东　袁建新

全国高职高专教育土建类专业教学指导委员会工程管理类专业指导分委员会（原名高等学校土建学科教学指导委员会高等职业教育专业委员会管理类专业指导小组）是建设部受教育部委托，由建设部聘任和管理的专家机构。其主要工作任务是，研究如何适应建设事业发展的需要设置高等职业教育专业，明确建设类高等职业教育人才的培养标准和规格，构建理论与实践紧密结合的教学内容体系，构筑"校企合作、产学结合"的人才培养模式，为我国建设事业的健康发展提供智力支持。

在建设部人事教育司和全国高职高专教育土建类专业教学指导委员会的领导下，2002年以来，全国高职高专教育土建类专业教学指导委员会工程管理类专业指导分委员会的工作取得了多项成果，编制工程管理类高职高专教育指导性专业目录；在重点专业的专业定位、人才培养方案、教学内容体系、主干课程内容等方面取得了共识；制定了"工程造价"、"建筑工程管理"、"建筑经济管理"、"物业管理"等专业的教育标准、人才培养方案、主干课程教学大纲；制定了教材编审原则；启动了建设类高等职业教育建筑管理类专业人才培养模式的研究工作。

全国高职高专教育土建类专业教学指导委员会工程管理类专业指导分委员会指导的专业有工程造价、建筑工程管理、建筑经济管理、房地产经营与估价、物业管理及物业设施管理等6个专业。为了满足上述专业的教学需要，我们在调查研究的基础上制定了这些专业的教育标准和培养方案，根据培养方案组织了教学与实践经验较丰富的教授和专家编制主干课程的教学大纲，然后根据教学大纲编审了本套教材。

本套教材是在高等职业教育有关改革精神指导下，以社会需求为导向，以培养实用为主、技能为本的应用型人才为出发点，根据目前各专业毕业生的岗位走向、生源状况等实际情况，由理论知识扎实、实践能力强的双师型教师和专家编写的。因此，本套教材体现了高等职业教育适应性、实用性强的特点，具有内容新、通俗易懂、紧密结合工程实践和工程管理实际、符合高职学生学习规律的特色。我们希望通过这套教材的使用，进一步提高教学质量，更好地为社会培养具有解决工作中实际问题的有用人才打下基础。也为今后推出更多更好的具有高职教育特色的教材探索一条新的路子，使我国的高职教育办的更加规范和有效。

全国高职高专教育土建类专业教学指导委员会

工程管理类专业指导分委员会

前 言

物业管理综合实训

　　本书是根据全国高职高专教育土建类专业教学指导委员会房地产类分指导委员会制定的《高等职业教育物业管理专业教学基本要求》编写的。该教材的体系与内容，也是经过该教学指导委员会讨论研究确定的。

　　住房分配体制的改革催生了我国物业服务行业的发展，随着物业服务行业创造的价值在国民经济中所占的比重逐渐增长，与物业服务行业发展紧密关联的对高技能人才的需求也日益旺盛，具有专业理论知识和实际操作能力的高技能人才受到广泛青睐。

　　为了培养理论知识扎实、动手能力强、满足企业需要的高技能人才，上海城市管理职业技术学院在上海市教委的支持下，建设了设施设备先进齐全的物业管理实训基地，为物业管理专业培养高技能人才提供了良好的条件。但是国内物业管理专业教学上具有实践性、可操作性的实训教材非常缺乏。在中国建筑工业出版社、全国高职高专教育土建类专业教学指导委员会房地产类分指导委员会、上海城市管理职业技术学院领导和教师们的支持鼓励下，我们编写了这部教材。编写过程中我们在参考兄弟院校教材的基础上力求有所创新突破。本教程更加注重实用性，使学生拥有一本具体的实训指导书，知道物业服务工作每一个环节应当具备哪些实践知识，应当如何操作，操作的要求是什么，实训要完成什么任务，完成这些任务有什么要求，实训所要培养的技能是什么等。

　　物业管理实训作为物业管理专业学生培养中的重要实践环节，其教材建设重要性毋庸置疑，本教材编写过程中始终贯彻以下原则：一是要针对物业管理专业学生的实际，教学内容理论知识部分应体现全面概括，涉及操作细节方面尽量详细，既给学生明确的指导，又让他们有较大的发挥空间，以利于更好地培养高技能人才。二是针对物业服务行业的实际，尽可能体现物业服务工作中遇到的主要问题，使学生对物业服务知识和操作有较好地了解和掌握，切实做到理论够用，重在实践操作。三是实训教材的内容体现高职高专学生培养特点，理论知识不与行业实际脱节，教学内容更应体现其针对性。四是能够适应企业作为内训教材的需要。教材编写过程中，我们请教了物业行业的资深专家、学者和企业主管，使教材编写达到通用性、实用性和新颖性，能够让使用者真正做到学以致用。

本教材由黄亮设计并编写大纲，集体合作，分头撰稿，由黄亮担任主编，朱江、包焱担任副主编，翁国强教授担任主审。本教程共分11章，各章的编写人员及分工如下：主编，黄亮（2、3、5、6）；副主编，朱江（1、8）；副主编，包焱（4、7）；陆晓峰（9、11）、向雁南（10）。全书由黄亮统稿。

本教材在编写过程中得到上海城市管理职业技术学院、上海师范大学相关人员的帮助，在此表示衷心感谢！对参考文献中所列出的作者们也表示衷心感谢！中国物业管理协会副会长翁国强教授对本教材进行了细致的审阅，并提出了许多宝贵意见，在此表示衷心感谢！

由于编者学术水平有限，书中难免存在错漏与不足之处，恳请有关专家和广大读者批评指正。

目 录

物业管理综合实训

1 物业管理的招标与投标实训

【实训目的】

通过本单元的实训，熟悉物业招投标工作的程序和内容，掌握与之相关的方法和技能，在物业服务企业进行招标投标工作时能够更好地运用从而完满的实现物业管理的招投标工作。

【实训内容】

一、确定招标项目；

二、收集招标项目的资料；

三、编制招标文件和投标文件；

四、开标、评标和定标。

【实训技能点】

一、物业服务市场调查与分析能力；

二、物业服务财务分析能力；

三、物业服务方案编制能力；

四、物业服务招标文件和投标文件的编制能力。

【实训作业】

一、分小组提交一份物业管理招标文件；

二、分小组提交一份物业管理投标文件；

三、独立起草一份简单的物业管理服务委托合同。

1.1 物业管理的招投标程序

1.1.1 物业管理的招标程序

参照国际惯例，把招标程序按时间先后顺序划分为招标的准备阶段、招标的实施阶段和招标的结束阶段。如图 1-1 所示：

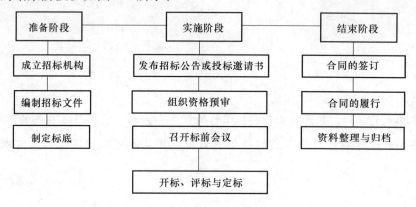

图 1-1 物业管理的招标程序

1. 招标的准备阶段

招标的准备阶段是指从业主或开发商决定进行物业管理招标到正式对外招标即发布招标公告之前的这一阶段所做的一系列准备工作。这一阶段主要的工作分为：成立招标机构、编制招标文件和制定标底三个部分。

（1）成立招标机构

无论是开发商还是业主委员会，任何一项物业管理招标，都需要成立一个专门的招标机构，并由这个机构全面地负责整个招标活动。招标机构一旦成立，其职责将贯穿整个招标过程。

招标机构的主要职责是：

1）拟定招标章程和招标文件；

2）组织投标、开标、评标和定标；

3）组织签订合同。

（2）编制招标文件

招标文件是招标机构向投标者提供的文件。招标准备阶段招标人最重要的工作内容是编制招标文件。

招标文件的作用有以下几点：阐明所需招标的标的情况；告知投标人递交投标书的程序；告知投标评定准则以及订立合同的条件等。

（3）制定标底

制定标底是招标的一项重要的准备工作。在正式招标前，招标人应对招标项目制定出标底。

标底是招标人为准备招标的内容计算出的一个合理的基本价格，即一种预算价格。标底的主要作用是为招标人审核报价、评标和确定中标人提供依据。标底也因此成为招标单位的绝密资料，不能向任何无关人员泄露。特别是我国国内大部分项目招标评标时，均以标底上下的一个区间作为判断投标是否合格的条件，标底保密的重要性就更加明显了。由于标底是衡量投标报价竞争力的一把尺子，标底制定情况，直接影响到招标工作的有效性。如果标底定得过低，容易使所有的投标人都落空，从而导致招标失败；相反如果标底定得过高，进入合格范围内的投标人数量太多，就会使评价的工作量和难度大大增加。编制一个先进、准确、合理、可行的标底，需要认真细致、实事求是，因为标底制定成功，可以说是招标工作成功的一半。

2. 招标的实施阶段

招标的实施主要包括以下四个具体步骤：发布招标公告或投标邀请书；组织资格预审；召开标前会议；开标、评标和定标。可见，招标实施阶段是整个招标过程的实质性阶段。

（1）发布招标公告或投标邀请书

我国《招标投标法》规定，招标人采用公开招标方式招标的，应当发布招标公告；招标人采用邀请招标方式的，应当向三个以上具备承担招标项目的能力、资信良好的特定的法人或其他组织发出投标邀请书。无论是招标公告还是投标邀请书，其目的是一致的，都是为了向尽可能多的潜在投标者提供均等机会，让其了解招标项目的情况，并对是否参加该项目投标进行考虑从而有所准备。

（2）组织资格预审

资格预审是招标实施过程中的一个重要步骤，大型的项目资格预审更是必不可少。资格预审是投标者的第一轮竞争，也可以说是对所有投标人的一项"粗筛"。

资格预审可以起到以下作用：首先，资格预审可以保证实现招标目的，选择最合格的投标人，此投标人不仅报价最低或较低，而且他的报价是以其技术能力、财务状况及经验为基础的，防止了一些素质较低的投标商以价格进行恶性竞争。其次，资格预审可以减少招标人的费用。如果投标人数量过多，招标人的管理费用和评标费用就会大大提高，通过资格预审淘汰一部分竞争者则可以减少这笔费用。第三，资格预审能吸引实力雄厚的物业服务公司前来投标，招标人还可以通过资格预审了解投标人对该项目的投标兴趣大小。

（3）召开标前会议

召开标前会议的目的是澄清投标人提出的各类问题。招标机构也可要求投标人在规定日期内将问题用书面形式寄给招标人，以便招标人汇集研究，给予统一的解答，在这种情况下就无须召开标前会议。投标资格预审确定合格申请人后，应尽快通知合格申请人，要求他们及时前来购买招标文件。接下来招标机构通常在投标人购买招标文件后安排一次投标人会议，即标前会议。

《投标人须知》中一般要注明标前会议的日期，如有日期变更，招标人应立即通知已购买招标文件的投标人。我国《招标投标法》规定，招标人应在提交投标文件截止时间至少15日前，将已澄清和修改部分以书面形式通知所有招标文件收受人。招标人往往会组织投标人到现场考察，如果标前会议在招标项目所在地召开就较为方便。标前会议的记录和各种问题的统一解释或答复，应被视为招标文件的组成部分，均应整理成书面文件分发给参加标前会议和缺席的投标人。当标前会议形成的书面文件与原招标文件有不一致之处时，应以会议文件为准。凡已收到书面文件的投标人，不得以未参加标前会议为由对招标文件提出异议，或要求修改标书和报价。最后，招标人应在标前会议上宣布开标日期。另外，参加会议的费用应由各投标人自理。

（4）开标、评标与定标

开标、评标与定标是招标实施过程的关键阶段，是整个招标过程中对招标人能力要求最严格、程序最严密的阶段。

招标人或招标机构收到物业服务企业的投标书后，经过审查认为各项手续均符合规定后，并在公开预定的时间（一般为招标文件确定的提交投标文件截止时间）、地点（招标文件中预先确定的地点）当众拆封开标，公开宣读各物业服务企业的标的，并声明不论管理服务费高低均有中标希望。之后便由各方面专家组成的评标委员会或评标小组进行评标。

从开始评标到最后定标，一般要经过3～5个月的定标期。在这段时间内，招标机构或招标人要多方面对各个投标人的标书进行研究，必要时还要分别召开答辩会，才能最后定标。在评选过程中，应以管理服务质量、管理服务费报价和管理方案先进程度作为主要的衡量标准。

评标工作结束时，评标委员会通常最后会向招标人筛选出几个最有竞争力的中标推荐人，最后决定由招标人业主或开发商定。在这一阶段，招标人往往同时与几个中标推荐人进行谈判，充分获取投标人的信息。经过这一阶段之后，才由招标人决定谁中标。我国《招标投标法》规定，通常情况下招标人从评审委员会推荐的几位中标候选人中选取一个作为中标人，但在中标候选人均不符合招标人要求的情况下，招标人有权拒绝定标，从而取消招标。然而，招标人不得从评标委员会推荐的中标候选人之外的投标人中选定中标人，否则视作中标无效，这一点值得注意。

3. 招标结束阶段

招标人在最后选出中标人时，招标工作便进入结束阶段。这一阶段的具体内容包括合同的签订与履行，以及资料的整理与归档。这一阶段最大的特点是招标人与投标人由一对多的选拔和被选拔关系逐渐转移到一对一的合同关系。

（1）合同的签订

我国《招标投标法》规定："招标人和中标人应当自中标通知书发出之日起三十日内，按照招标文件和中标人的投标文件订立书面合同"。在招标与投标中，合同的格式、条款、内容等都已在招标文件中作了明确规定，一般不作更改，然而按照国际惯例，在正式签订合同之前，中标人和招标人开发商或业主通常还要先就合同的具体细节进行谈判磋商，最后才签订新形成的正式合同。所以，合同的签订，实际上就是招标人向中标人授予承包合同，是整个招标投标活动的最后一个程序。

（2）合同的履行

合同的履行，是指合同双方当事人各自按照合同的规定完成其应承担的义务的行为，在此特指中标人应当按照合同约定履行义务，完成中标项目的行为。

（3）资料整理与归档

合同签订后，招标人和投标人这时为中标人进入一对一的长期契约合同关系，招标工作也就结束。由于物业管理合同具有长期性的特点，为了让业主或开发商能够长期对中标人的履约行为实行有效的监督，招标人业主或开发商在招标结束后，应对形成合同关系过程中的一系列契约和资料进行妥善保存，以便查考。因为招标活动是一项十分复杂的活动，涉及大量的合同、文件及信件往来，招标人应对其予以整理。

1.1.2 物业管理的投标程序

物业管理的投标程序，一般由投标前期工作、投标实施步骤、定标后的工作这三部分组成（图1-2）。

1. 投标前期工作

（1）取得从业资格

从业资格，正如所有合法经营的企业法人一样是物业服务公司从事正常营业活动所必须具备的首要条件，这自然也成为物业服务公司参与投标前必须首先考虑的基本因素。按照国内国际的不同管理规定，物业服务公司要取得投标资格所需履行的手续也有所不同。

（2）筹措资金

投标公司应根据自身财务状况及招标物业管理所需资金，作好资金筹措准备，以使自己有足够资金通过投标资格预审。因为物业服务公司的财力状况也是衡量其实力的重要因素，它必须要能满足公司投标全过程及中标后的管理需要。企业可以考虑的资金来源渠道主要有自有资金积累和银行贷款。其中银行贷款则取决于公司的融资政策与信用状况，而自有资金积累取决于物业服务公司的经营与盈利状况。投标公司可根据招标物

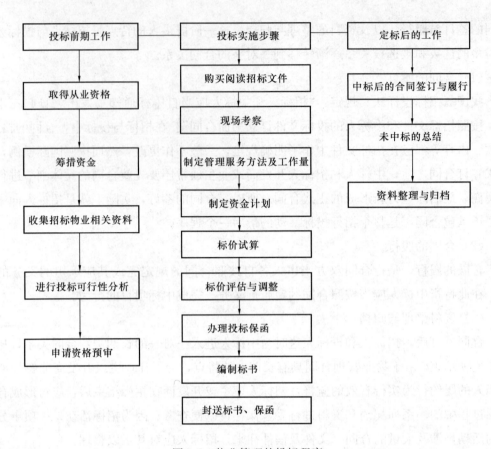

图 1-2　物业管理的投标程序

业规模、自身收益情况及成本分析决定资金来源结构。

如果物业服务企业需向银行申请贷款，则应遵照以下程序进行：①递交文件，提出申请。公司所提交的文件包括申请书、财务报表、物业项目情况说明、资金用途计划等。②接受资信审查。③取得贷款担保。④签订贷款合同。合同主要内容包括贷款利率、贷款期限、用款计划与还款计划等。

（3）收集招标物业相关资料

招标物业的相关资料是物业服务公司进行投标可行性研究必不可少的重要因素。这些资料的范围不仅包括招标公司和招标物业的具体情况，还应包括投标竞争对手的情况。物业服务公司在投标初期应多渠道多方位搜寻第一、二手资料。这些资料来源大致有以下几个方面：

1）报章杂志。报纸或相关杂志历来是各种招标信息公开发布的传统渠道，而且许多物业及物业服务公司的有关情况也会在各种杂志上有介绍。有意识地留意这些地方，往往会使物业服务公司获得意想不到的有用信息。

2）同行业公司。当存在物业管理分包时，公司通常可通过同行业的总包人获取招标相关信息；此外，公司还可在与其他公司进行一般业务交流时，得到竞争对手的一些资料。

3）网络信息。网络为投标者搜集信息提供了一种全新快捷的工具，越来越多的信息交流可通过因特网迅速通畅地完成。为适应电子商务的发展趋势，许多招标投标公司纷纷建起了自己的网站，各种招标信息也开始在网上进行发布，如中国招标投标网就已开通了网上招标投标及投标代理业务。

情报工作人员应该按照资料的重要性、类别进行分门别类，以便于投标工作人员使用，由此得出的最有价值的信息将为投标公司下一步的可行性研究提供分析基础。因为要在浩如烟海的信息中寻找并筛选出恰当相关的资料，收集工作的繁琐是可以想见的，而更为重要的工作还在于收集之后的整理、分析。

（4）进行投标可行性分析

物业管理投标公司在确定是否进行竞标时务必要小心谨慎，在提出投标申请前做出必要的可行性研究，不可贸然行事。因为一项物业管理投标从购买招标文件到送出投标书，涉及大量的人力物力支出，一旦投标失败，其所有的前期投入都将付之东流，损失甚为可观。

（5）申请资格预审

物业服务公司在考察了以上条件之后，可初步确定是否参与投标。如果决定参与投标，则可提请资格预审。企业在申请进行资格预审时，需按要求提交相应的申请文件。

2. 投标实施步骤

（1）购买阅读招标文件

物业服务公司要想取得招标文件必须向业主购买，取得招标文件之后，阅读的方法成为关系到投标成败的重要环节。

首先，招标文件可能会由于篇幅较长而出现某些内容不清晰、前后文不一致的情况。这些错误虽是由于招标业主的原因，但若投标企业在投标前不加重视，甚至不能发现，将可能影响中标后合同的履行，和投标标价的制定，以至影响投标的成功。投标企业在这一阶段，应本着仔细谨慎的原则，阅读并尽可能找出错误，再按其不同重要性和性质，将这些错误与遗漏划分为"计入索赔项目"和"招标前由业主明确答复"两类。其次，从事国际投标的公司还应注意招标文件的翻译。由精通外语的计价员直接阅读招标文件是解决不同的翻译可能会导致招标出现问题的理想办法。此外，招标公司还应注意要对招标文件中的各项规定，如开标时间、定标时间、投标保证书等，尤其是设计说明书、图纸、管理服务标准、要求和范围予以足够重视，做出仔细研究。

（2）现场考察

开发商或业主委员会将根据需要组织参与投标的物业服务公司统一参观现场，并向他们做出相关的必要介绍，其目的在于帮助投标公司充分了解物业情况，以合理计算标价。根据惯例，投标人应对现场条件考察结果自行负责，开发商将认为投标者已掌握了现场情况，明确了现场物业与投标报价有关的外在风险条件。投标人不得在接管后对物业外在的质量问题提出异议，申明条件不利而要求索赔。在考察过程中，招标人还将就投标公司代表所提出的有关投标的各种疑问做出口头回答，但这种口头答疑并不具备法律效力。只有在投标者以书面形式提出问题并由招标人做出书面答复时，才能产生法律约束力。

（3）制定管理服务方法及工作量

通常投标公司可根据招标文件中的管理服务范围、要求和物业情况，详细列出完成所要求管理服务任务的方法及工作量。

商业楼宇管理的重点则在于建立良好的商业形象，以吸引更多消费者，故其日常管理工作包括设备管理、安全保卫工作、消防工作、清洁卫生工作、车辆管理工作等，其重点应是保安、清洁工作。

住宅小区的特点在于产权多元，规划集中，功能多样，管理复杂。为突出其居住、服务、经济功能，物业管理内容应包括环境的维护管理、房屋的维护与修缮管理、市政公用设施的维护管理及治安、绿化管理等，其管理重点应是日常维护、修缮。

写字楼管理侧重于为该楼宇中的工作人员提供一个舒适的工作环境，服务内容应包括维修服务、保安服务、清洁服务、装修图纸审批、咨询服务、公关服务等，其重点应突出清洁、安全保卫工作。

工业厂房与仓库的管理因关系到产品质量与丢失损坏等问题，其服务项目主要是做好各项保障事务，如材料、物资、设备、工具的供应保障；工作生活设施及工作条件的保障；优美环境和娱乐的保障等，其重点应放在材料、物资及工作条件的安全保障之上。

（4）制定资金计划

资金计划应当在确定了管理服务内容及工作量的基础上制定。制定资金计划的目的主要有：一是复核投标可行性研究结果；二是做好议标阶段向开发商或业主作承包答辩的准备。通常物业服务公司经营中主要的现金流入和流出项目为：①标书规定的预付款、保证金等。②接管期间费用支出。③接管期间收入。④其他资金来源。资金计划应以资金流量为根据进行测算，一般说来，资金流入应当大于流出，这样的资金计划安排对评标委员会才具有说服力。

（5）标价试算

以上工作完成后，投标者便可进行标价试算。试算前，投标者应确保做到以下几点：①明确领会了招标文件中的各项服务要求、经济条件；②计算或复核过服务工作量；③掌握了标价计算所需的各种单价、费率、费用；④掌握了物业现场基础信息；⑤拥有分析所需的、适合当地条件的经验数据。

通常，在确定了工作量之后，即可用服务单价乘以工作量，得出管理服务费用。但是确定单价时还必须根据竞争对手的状况，从战略战术上予以研究分析。而且对于单价的确定，不可套用统一收费标准，因为不同物业情况不同，必须具体问题具体分析。

（6）标价评估与调整

对于试算的结果，投标者必须经过进一步评估才能最后确定标价。现行标价的评估内容大致包括两方面：一是价格类比；二是竞争形势分析。分析之后便可进行标价调整。通过这一步骤，投标公司便可以确定出最终标价。

（7）办理投标保函

为了防止投标单位违约，给招标单位带来经济上的损失，履行投标者一旦中标就必须受标的义务，在投递物业管理投标书时，招标单位通常要求投标单位出具一定金额和期限的保证文件，以确保在投标单位中标后不能履约时，招标单位可通过出具保函的银行，用保证金额的全部或部分为投标单位赔偿经济损失。

（8）编制标书

投标人在做出投标报价决策之后，就应按照招标文件的要求正确编制标书，即投标人须知中规定的投标人必须提交的全部文件。

（9）封送标书、保函

投标文件全部编制好以后，投标人就可派专人或通过邮寄将标书投送给招标人。

投标人应将所有投标文件按照招标文件的要求，准备正本和副本。标书的副本正本及每一份副本应分别包装，而且都必须用内外两层封套分别包装与密封，密封后打上"正本"或"副本"的印记，一旦正本和副本有差异，以正本为准，两层封套上均应按投标邀请书的规定写明投递地址及收件人，并注明投标文件的编号、物业名称，和"在某日某时（指开标日期之前）不要启封"等。内层封套是用于原封退还投标文件的，因此应写明投标人的地址和名称，若是外层信封上未按上述规定密封及做标记，则招标方的工作人员等对于把投标文件放错地方或过早启封概不负责。由于上述原因被过早启封的标书，招标人应予拒绝并退还投标人。

所有投标文件都必须按招标人在投标邀请书中规定的投标截止时间之前送至招标人。投标文件从投标截止之时起，有效期为 30 天，招标人将拒绝在投标截止时间后收到的投标文件。

3. 定标后的工作

（1）中标后的合同签订与履行

通常，物业委托管理合同的签订需经过签订前谈判、签订谅解备忘录、发送中标函、签订合同协议书几个步骤。经过评标与定标之后，招标方将及时发函通知中标公司。中标公司则可自接到通知之时起做好准备，进入合同的签订阶段。由于在合同签订前双方还将就具体问题进行谈判，中标公司应尽量熟悉合同条款，以便在谈判过程中把握主动，对自己的优劣势、技术资源条件以及业主状况进行充分分析，并避免在合同签订过程中利益受损。同时，物业服务公司还应着手组建物业管理专案小组，制定工作规划，以便合同签订后及时进驻物业。

物业委托管理合同自签订之日起生效，业主与物业服务公司均应依照合同规定行使权利、履行义务。

（2）未中标的总结

竞标失利不仅意味着前期工作白白浪费，而且还将对公司声誉产生不利影响，因此，未中标公司应在收到通知后及时对本次失利的原因做出分析，避免重蹈覆辙。分析可从以下几方面考虑：①准备工作不充分。投标公司在前期收集的资料是否不够充分，致使公司对招标物业的主要情况或竞争者了解不够，因而采取了某些不当的策略，导致失利。②报价策略失误。这里包含的原因很多，投标公司应具体情况具体分析。③估价不准。投标公司还可分析报价与中标标价之间的差异，并找出存在差异的根源，是工作量测算得不准，还是服务单价确定得偏高，或是计算方法不对。对于以上分析得出的结果，投标公司应整理并归档，以备下次投标借鉴参考。

（3）资料整理与归档

无论投标公司中标与否，在竞标结束后都应将投标过程中的一些重要文件进行分类归档保存，以备查核。这样一来可为竞标失利的公司分析失败原因提供资料，二来也可为中标公司在合同履行中解决争议提供原始依据。通常这些文档资料主要包括：招标文件；招标文件附件及图纸；投标文件及标书；对招标文件进行澄清和修改的会议记录和书面文件；同招标方的来往信件；其他重要文件资料。

1.2　物业管理招标文件的编制

■ 1.2.1　物业管理招标文件的内容

不同类型的项目其招标文件的内容不尽相同，但是按照国际惯例，招标文件的内容大致可概括为以下三大部分。

1. 投标邀请书

投标邀请书与招标公告的目的大致相同，其目的是提供必要的信息，从而使潜在投标人获悉物业管理项目招标信息后，决定是否参加投标。

投标邀请书的主要内容包括：业主名称、项目名称、地点、范围、技术规范及要求的简述、招标文件的售价、投标文件的投报地点、投标截止时间、开标时间、地点等。如采用邀请招标方式招标，投标邀请书往往作为投标通知书而单独寄发给潜在投标人，因而不属于招标文件的一部分；但如果采取公开招标方式招标，往往是先发布招标公告和资格预审通告，之后发出的投标邀请书是指招标人向预审合格的潜在投标人发出的正式投标邀请，应作为招标文件的一部分。投标邀请书可以归入招标文件中，也可以单独寄发。

2. 技术规范及要求

这一部分主要是说明业主或开发商对物业管理项目的具体要求，包括服务所应达到的标准等。对于若干子项目的不同服务标准和要求，可以编列一张"技术规范一览表"，将其加以综合。另外，在技术规范部分，应出具对物业情况进行详细说明的物业说明书，以及物业的设计施工图纸。

3. 投标人须知

投标人须知的目的是为整个招标投标的过程制定规则，是招标文件的重要组成部分，其内容包括：

(1) 总则说明。总则说明主要对招标文件的适用范围、常用名称的释义、合格的投标人和投标费用进行说明。

(2) 招标文件说明。招标文件说明主要是对招标文件的构成、招标文件的澄清、招标文件的修改进行说明。

(3) 投标书的编写。投标人须知中应详细列出对投标书编写的具体要求。

(4) 投标文件的递交。投标文件的递交的内容主要是对投标文件的密封和标记、递交投标文件的截止时间、迟交的投标文件、投标文件的修改和撤销的说明。

(5) 开标和评标。开标和评标主要包括以下内容：①对开标规则的说明。②组建评标委员会的要求。③对投标文件响应性的确定。即审查投标文件是否符合招标文件的所有条款、条件和规定且没有重大偏离和保留。④投标文件的澄清。即写明投标人在必要时有权澄清其投标文件内容。⑤对投标文件的评估和比较。说明评估和比较时所考虑的因素、评标原则及方法。

(6) 授予合同。授予合同的内容通常包括：①定标准则。说明定标的准则，包括"业主不约束自己接受最低标价"的申明等。②资格最终审查。即说明招标人会对最低报价的投标人进行履行合同能力的审查。③接受和拒绝任何或所有投标的权力。④中标通知。⑤授予合同时变更数量的权力。即申明招标人在授予合同时有权对招标项目的规模予以增减。⑥合同协议书的签署。说明合同签订的时间、地点以及合同协议书的格式。⑦履约保证金。

■ 1.2.2 编写物业招标书的注意事项

1. 确保填写无遗漏，无空缺。招投标文件中的每一空白都需填写，如有空缺，则被认为放弃意见；重要数据未填写，可能被作废标处理。因此物业公司在填写时务必小心谨慎。

2. 不得任意修改填写内容。所递交的全部文件均应由双方代表或委托代理人签字；

若填写中有错误而不得不修改，则应由双方负责人在修改处签字。

3. 填写方式规范。最好用打字方式填写，或者用墨水笔工整填写；除对错处作必要修改外，文件中不允许出现加行、涂抹或改写痕迹。

4. 不得改变标书格式。若物业公司认为原有标书格式不能表达投标意图，可另附补充说明，但不得任意修改原标书格式。

5. 计算数字必须准确无误。物业公司必须对单价、合计数、分步合计、总标价及其大写数字进行仔细核对。

6. 严守秘密，公平竞争。双方应严格执行各项规定；不得隐瞒事实真相；不得做出损害他人利益的行为。

1.2.3 物业管理招标书编写范本

为推进物业管理服务的市场化运作，现决定按照住房和城乡建设部《前期物业管理招投标管理暂行办法》和市房地资源局《关于前期物业管理招投标的若干规定》的规定，采用（公开/邀请）招标的方式选聘本项目的物业服务企业。招标书编写范本如下：

一、住宅物业基本情况概述

本项目建造的物业类型为：

地块四至范围：东至_____路，西至_____路，南至_____路，北至_____路（或见附图）。

本项目总用地面积_____ m²。用地构成为：物业用地_____ m²；道路用地_____ m²；公建用地_____ m²；绿化用地_____ m²。

本项目总建筑面积_____ m²。其中地下总建筑面积_____ m²；地上总建筑面积_____ m²（住宅建筑面积_____ m²，非住宅建筑面积_____ m²，其他物业建筑面积_____ m²）。

本项目共计建筑物_____幢（其中住宅_____幢，非住宅_____ m²）；建筑结构为_____。

本项目的建筑覆盖率为_____%；综合容积率_____；绿化率_____%；绿化面积_____ m²；集中绿化率_____%；集中绿化面积_____ m²。

本项目规划建设机动停车位_____个，其中地上停车位_____个，地下停车位_____个；按照规划设计建造了非机动车停车位。

本项目已于_____年_____月开工建设，共分_____期开发建设。第一期工程计划于_____年_____月竣工并交付使用；整个建设项目计划于_____年_____月全部建成并交付使用。

二、主要设施设备的配置及说明（详见附件1）

三、公建配套设施及说明（详见附件2）

四、物业管理用房的配置情况

1. 物业服务企业办公用房。

建筑面积为_____ m²；

坐落位置：_____。

2. 业主委员会活动用房。

建筑面积为_____ m²；

坐落位置：_____。

五、物业管理的内容与要求

（一）物业管理的内容

1. 物业管理区域内物业共用部位，共用设施设备及场所的使用管理及维修养护；

2. 物业管理区域内物业共用部位、共用设施设备和相关场地的保洁服务；

3. 物业管理区域内公共秩序和环境卫生的维护；

4. 物业管理区域内的绿化养护和管理；

5. 物业管理区域内车辆（机动车和非机动车）行驶、停放及经营管理；

6. 供水、供电、供气、电信等专业单位在物业管理区域内对相关管线、设施维修养护时，进行必要的协调和管理；

7. 物业管理区域的日常安全巡查服务；

8. 物业管理区域内的巡视、检查，物业维修、更新费用的账务管理，物业档案资料的保管；

9. 物业管理区域内业主、使用人装饰、装修物业的行为管理。

（二）物业管理的要求

1. 按专业化的要求配置管理服务人员；

2. 物业管理服务与收费质价相符。

六、投标人的条件

1. 依法注册登记、具有独立法人资格，并有_____级以上物业管理资质的物业服务企业；

2. 具有经营管理相似物业_____万 m² 以上的管理经验。

七、投标文件的编制要求

1. 管理服务理念和目标

要求结合本项目的规划布局、建筑风格、智能化硬件设施配置及本物业使用性质特点，提出物业管理服务定位、目标及具体实施措施。

2. 项目管理机构运作方法及管理制度

编制项目管理机构、工作职能组织运行图，阐述项目经理（小区经理）的管理职

责、内部管理的职责分工、日常管理制度和考核办法目录。

3. 管理服务人员配置

拟配小区（项目）经理、主要工程技术管理人员的姓名、年龄、学历、职称，以及相似工作岗位工作年限，经历；其他岗位人员拟配人选、数量、职称。

4. 物业管理用房及相应管理设施的配置

提供物业管理用房的使用计划、办公经费的投入预算、开办费筹措和处理意向。

5. 物业管理费用的收支预案

按照本物业的使用性质，分项计算出本项目范围内住宅和非住宅收取的物业管理费（每平方米建筑面积），以及各项管理费用支出计划与数额。

6. 物业管理服务分项标准与承诺

（1）房屋及配套设施设备和相关场地的管理标准与完好率承诺；

（2）房屋零星小修、急修质量标准和保质期承诺；

（3）维修工程质量合格率和回访验收率承诺；

（4）电梯、水泵等大型机电设备维修保养标准和完好率承诺；

（5）街坊道路、小区绿化、住宅楼道、楼梯、门厅及非住宅物业场所等公共部位24小时内保洁次数与洁净程度承诺；

（6）街坊道路、路灯、草坪及住宅内楼道公共灯具设备完好率和亮灯率承诺；

（7）住宅和非住宅物业建筑、地下停车库内消防设施管护措施与承诺；

（8）小区街坊道路管护措施和完好率承诺；

（9）小区绿化乔灌木、草坪和园林建筑附属设施的管护标准措施和苗木成活率承诺；

（10）管理服务质量投诉处理及时率承诺；

（11）业主及使用人对管理服务满意度及对满意度测评方法的承诺。

7. 物业的维修养护管理，保洁、保安、护绿工作的实施方案

（1）对业主、使用人自用部位提供维修服务的措施；

（2）物业管理区域内共用设施设备的维修措施；

（3）业主、使用人装饰、装修物业的管理措施；

（4）住宅外墙或建筑物发生危险，影响他人安全时的工作预案；

（5）保障物业管理区域内环境清洁度的措施；

（6）物业管理区域内保安24小时值勤，巡视重点部位24小时监控的岗位责任描述；

（7）小区绿化（乔灌木草坪及其他附属设施）按季节维护、保养项目和措施；

（8）_____；

（9）_____。

8. 物业维修和管理的应急措施

（1）业主、使用人自用部位突然断水、断电、无燃气的应急措施；

（2）小区物业管理范围突然断水、断电、无燃气的应急措施；

（3）业主与使用人自用部位排水设施阻塞的应急措施；

（4）雨、污水管及排水管网阻塞的应急措施；

（5）电梯突然停运或机电故障的应急措施；

（6）发生火警时的应急措施。

9. 丰富社区文化，加强业主相互沟通的具体措施。

10. 智能化设施的管理与维修方案。

11. 施工噪声控制等与业主生活密切相关事项的应对预案。

12. 提供《业主临时公约》的建议稿。

八、投标报价要求

1. 根据本招标文件的要求，表明对本项目的物业管理总收费报价金额、分项收费报价金额及测算依据。

报价计算单位为_____元/（m²）建筑面积·月。

2. 说明物业服务费的结算形式（包干制/酬金制）。

3. _____。

4. _____。

九、投标书送达的要求

1. 投标单位应于_____年_____月_____日_____时前至招标工作小组购买标书，每套标书收取成本费_____元整并同时缴纳投标保证金_____元整。未中标者在招标人确定中标人后的 5 日内退还保证金，利息不计。

2. 招标人定于_____年_____月_____日_____时约请投标人在施工现场集中后，共同踏勘招标物业现场并答疑。

3. 投标单位应根据本招标文件的要求，编制投标书共_____套，并加盖投标企业法定代表人印章，密封后于_____年_____月_____日_____时。分截标前，送达招标人指定的投标箱内，招标人将出具收件证明。逾期送达的，视作放弃投标。

投标人在截标前可书面通知招标人补充修改或撤回已提交的投标文件。经补充修改的内容为投标文件的组成部分。投标人在截标后送达经补充修改的投标文件，招标人有权拒收。

4. 投标文件有下列情形之一的，投标文件无效：

（1）未密封的；

（2）未加盖投标单位法定代表人与投标单位印章的；

（3）未能按照招标文件要求编制的；

（4）逾期送达的。

十、开标的时间、地点、方法与程序

1. 开标的时间和地点。

2. 开标的方法与程序。

十一、评标标准和评标办法

1. 招标人根据有关规定，本项目的评标委员会成员共设_____人。其中，招标人指派_____人，由招标人从市房地资源局建立的专家名册中采取随机抽取的方式确定物业管理专家成员_____人。

2. 招标人、开标、评标会议定于_____年_____月_____日_____时，在_____路_____号_____室召开。由评审委员会分别对投标书编制和投标人陈述与答辩进行评审。其中投标书编制占总分的_____％，投标人陈述与答辩占总分的_____％。

十二、中标人的确定及物业服务合同的签订

1. 招标人在投标文件截止之日起的_____日内（最长不超过 30 日）确定中标人，并向中标人发出中标通知书；

招标人在向中标人发出中标通知书的同时，将中标结果通知所有未中标的投标人，并返还其投标书。

2. 招标人和中标人在向中标人发出中标通知书发出之日起的 30 日内，按照招标文件和中标人的投标文件以书面形式签订物业服务合同。

十三、其他事项的说明

1. 本招标项目物业管理服务费收费标准，按照中标价格确定。

2. 投标人根据《关于前期物业管理招投标的若干规定》在投标过程中投标人如有违法、违纪、违规行为的，一经查实取消本次投标资格，已经中标的取消中标资格，保证金不予退还，由此造成的经济损失、招标人有权要求予以赔偿。

3. 由于中标人悔标而未能在规定时间内与招标人签订管理服务合同的，本次招投标的全部费用由中标人承担。

4. 投标人应表明对招标人在招标邀请书、招标文件中所提出的规定和要求表示理解；应表明投标书连同招标者的书面中标通知均具有法律约束力；应表明投标报价的有效期自_____至_____。

5. 投标人应提供公司营业执照、法定代表人证明、物业管理资质等级证书、法人代表的授权委托书和_____等证明文件，并概要介绍本公司的资质等级，以往管理业绩等情况。

十四、招标人及联系方式

招标人：_____

地　址：_____

电　话：_____

邮　编：_____

联系人：_____

（单位公章）

_____年_____月_____日

附件1　物业主要设施设备的配置及说明

一、给水、排水、排污设施设备配置状况。

二、供电、供气设施设备配置状况。

三、垃圾处理设施设备配置状况。

四、小区出入口情况。

五、小区智能化设备的配置。

六、设施设备的主要技术参数和指标。

附件2　物业公建配套设施及说明

1.3　物业管理投标文件的编制

1.3.1　物业管理投标书的内容

物业管理投标书的构成

1. 投标致函

投标致函就是投标者的正式报价信，其主要内容有：①表明投标者愿意完全按招标文件中的规定承担物业管理服务任务，并写明自己的总报价金额；②表明投标者接受该物业整个合同委托管理期限；③表明本投标如被接受，投标者愿意按招标文件规定金额提供履约保证金；④说明投标报价的有效期；⑤表明本投标书连同招标者的书面接受通知均具有法律约束力；⑥表明对招标者接受其他投标的理解。

2. 附件

附件的数量及内容按照招标文件的规定确定。但应注意，各种商务文件、技术文件等均应依据招标文件要求备全，缺少任何必须文件的投标将被排除在中标人之外。这些文件主要包括：①公司简介。概要介绍投标公司的资质条件、以往业绩等情况。②公司法人地位及法定代表人证明。包括资格证明文件、营业执照、税务登记证、企业代码以及行业主管部门颁发的资质等级证书、授权书、代理协议书等。③公司对合同意向的承诺。包括对承包方式、价款计算方式、服务款项收取方式、材料设备供应方式等情况的说明。④物业管理专案小组的配备。简要介绍主要负责人的职务、以往业绩等。⑤物业管理组织实施规划等。说明对该物业管理运作中的人员安排、工作规划、财务管理等内容。

3. 物业管理投标书的主要内容

物业管理投标书除了按规定格式要求回答招标文件中的问题外，最主要的内容是介绍物业管理要点和物业管理服务内容、服务形式和费用。

（1）介绍本物业服务公司的概况和经历。除了介绍本公司的概况外，主要介绍本公司以前管理过或正在管理物业的名称、地址、类型、数量，要指出类似此次招标物业的管理经验和成果，并介绍主要负责人的专业、物业管理经历和经验。

（2）分析投标物业的管理要点。主要指出此次投标物业的特点和日后管理上的特点、难点，可列举说明，还要分析用户对此类物业及管理上的期望、要求等。

（3）介绍本公司将提供的管理服务内容及功能，主要包括：①开发设计建设期间的管理顾问服务内容；②物业竣工验收前的管理顾问服务内容；③用户入住及装修期间的管理顾问服务内容；④管理运作服务内容；⑤说明将提供的服务形式、费用和期限。

1.3.2 编写物业投标书的注意事项

1. 确保填写无遗漏，无空缺。招投标文件中的每一空白都需填写，如有空缺，则被认为放弃意见；重要数据未填写，可能被作废标处理。因此物业公司在填写时务必小心谨慎。

2. 不得任意修改填写内容。所递交的全部文件均应由双方代表或委托代理人签字；若填写中有错误而不得不修改，则应由双方负责人在修改处签字。

3. 填写方式规范。最好用打字方式填写，或者用墨水笔工整填写；除对错处作必要修改外，文件中不允许出现加行、涂抹或改写痕迹。

4. 不得改变标书格式。若物业公司认为原有标书格式不能表达投标意图，可另附补充说明，但不得任意修改原标书格式。

5. 计算数字必须准确无误。物业公司必须对单价、合计数、分步合计、总标价及其大写数字进行仔细核对。

6. 严守秘密，公平竞争。双方应严格执行各项规定；不得隐瞒事实真相；不得做出损害他人利益的行为。

1.3.3 物业管理投标书范本

物业管理投标书范本如下：

（一）投标综合说明书

1. 根据已收到的某市城乡结合部物业招标文件，遵照《某市物业管理招标投标管理法》的规定，经考察现场和研究上述招标文件、招标文件补充通知、招标答疑纪要的所有内容后，我方愿以我方所要递交的标书摘要表中的总投标价，承担上述物业的全部管理工作。

2. 一旦我方中标，我方保证按我方所递交的标函摘要表中承诺的期限和招标文件中对承包期限的要求如期按质提供服务。

3. 一旦我方中标，我方保证所提供的物业管理质量达到我方所递交的标函摘要表中承诺的质量等级。

4. 一旦我方中标，我方保证按投标文件中的物业管理班子及管理组织设计组织管理工作。如确需变更，必须征得业主同意。

5. 我方同意所递交的投标文件在投标有效期内有效，在此期间内我方的投标有可能中标，我方将受此约束。

6. 我方同意招标文件中各条款，并交纳保证金。若我方违约，则扣除所交纳的全部保证金。

7. 除非另外达成协议并生效，招标文件、招标文件补充通知、招标答疑纪要、中标通知书和本投标文件将构成约束我方的合同。

投标单位：某某物业管理有限公司

法定代表人：某某某

日期：_____年_____月

（二）物业概况

该物业位于某市城乡结合部，项目总用地面积_____ m²，总建筑面积_____ m²。其中住宅_____ m²，商店_____ m²，其余为小区配套用房。总投资_____万元，共有_____幢_____至_____层住宅，_____户，户型面积有_____ m² 不等，小区机动车位有_____个，摩托车、自行车位_____个，小区出入口有_____个。

（三）物业管理前期筹备工作

1. 签订合同后，管理人员、水电工、保安人员，应提早介入了解图纸熟悉房屋结构、性能、水电管道布局、智能化安防监控系统等管理中应注意事项，加强培训，为往后提高、保养、维修、保值、增值打下基础，为建设单位和业主解决后顾之忧。

2. 建立整理楼宇的详细资料，组织整理设备档案，资料档案及业主资料，做到档案齐全、有序管理。

3. 依据相关文件及本小区住宅特点制定《楼宇管理公约》、《业主手册》、《管理处岗位职责》，以及员工的规章制度。

4. 协助建设单位提出楼宇公共设施、设备的整改要求。

5. 制定详细的设备、设施维修、房屋保养计划和检查制度，《水电设施、设备巡检计划》，《公共照明维护计划》，《监控与消防系统维护计划》等。

6. 规范各部门的日常管理工作，做好人员调配岗位培训，一个月内所有员工必须全部到位，并针对项目管理特点现场培训，提高实用素质。

7. 入住时应帮助业主检查房屋质量，协助建设单位做好验收交接，签好入住房验收单。

（四）接管后的日常管理服务工作

1. 设接待处，白天有专职管理员接待住户，处理服务范围内的公共性事务，受理住户的咨询和投诉。服务做到"十二字方针"（即礼貌、热情、友善、乐观、主动、平等）。

2. 安防工作：

①保安人员着装统一、整齐，待人要文明礼貌、热情。

②保安三班制：实行 24 小时值班和巡视。

③门卫进出管理要严格，来访客人要登记，搬迁货物需由业主开具证明条。

④充分发挥小区 24 小时电视监控系统、TV 分割镜头监控系统、入户梯口电控防盗锁，搞好社区智能化管理。

⑤做好消防工作，建立防火、防盗责任制，定期检查消防器械。

⑥建立消防安全制度，开展消防知识宣传教育活动。

⑦配有消防系统设施设备，能随时启用。

⑧小区内出入口设有明显标志，各组团、栋及单元（门）、户有明显标志，订有突发火灾应急方案，设立消防疏散示意图，照明设施引路标志完好，紧急疏散通道畅通。

⑨加强与市保安和临近派出所联系，建立联防，共同维护楼区安全，以创造良好治安环境。

⑩车辆收发卡并由保安员专人指挥进入地下车库和停车场，外来车辆未经许可不得入区，自行车、摩托车和电动车派专人管理。

3. 环卫绿化工作：

①楼宇内公共楼道、公共部位及商场门前卫生区，管理处派专职卫生员做到垃圾日产日清，楼道每日清扫 1 次，半月拖洗 1 次；楼梯扶手每周擦洗 2 次；共用部位玻璃每月清洁 1 次；路灯、楼道灯每季度清洁 1 次，清除小区内主要道路积水、积雪，并全日制保洁。

②生活区按幢设立垃圾箱，垃圾实行袋装，定点堆放、定期清运。

③二次装修房屋共用部位保持清洁，无乱贴、乱画，无擅自占用和堆放杂物现象。

④商业网点管理有序，符合卫生标准，无乱设摊点、广告牌现象。

⑤做好二次供水卫生检查，定期清洗，并做好水质检验报告书；季度检查 1 次，及

时清掏；化粪池每 2 个月检查 1 次，每年要清理一次。

⑥聘请专职园艺工对小区内的绿化进行细心保养和修整，按照绿化的不同品种、不同习俗、不同季节、不同生长期，适时确定不同的养护重点，制定不同的养护计划，为小区提供一个优雅的环境。

4. 房屋及设备、设施管理：

①房屋质量，设备设施维修在保修期内应及时反馈给建设单位，协助建设单位与业主的沟通，便于做好保修工作。

②与业主协商做好房屋公共部位与设备设施的定期保养、保修以使其得到保值增值。

③建立设备台账，并设置标志，以示区别和了解。

④公共照明及线路，水电维修，安防监控网络，每天完成两次巡查养护，所有设备均按《维保计划》进行维保。

⑤公司每天应派人到楼宇现场检查一次，对于存在的问题，及时提出整改。

⑥做到小修业主随叫随到，20min 完成；中修不过夜，大修不超过二天；急修 30min 内赶到现场，及时率 100％，返修率不高于 1％，及时回访。

5. 加强二次装修跟踪管理，管理处要与业主签订二次装修有关规定的协议，上下午各检查一次，协调好邻里关系，引导业主按规定装修，共同维护房屋质量。

办理装修手续及管理流程范例如下：

尊敬的住户：

当您乔迁新居，准备精心装饰装修房屋的时候，请您参照以下程序办理装修手续。它将为您节约许多宝贵的时间，让您顺利进行装修。

业主装修前向管理处领取资料，业主阅读资料内容，向管理处咨询。

业主提出装修申请：

①填写《室内装修申请表》；

②提交装修施工图或装修方案；

③提供装修施工人员身份证复印件 1 份及一寸照片 1 张。

管理处依据法规审核业主装修方案。

业主办理相关手续：

①装修许可证；

②装修施工人员出入证。

装修施工队进场施工；

管理处对业主装修施工过程进行监督；

业主装修完工后告知管理处，竣工使用三个月后管理处负责验收；

验收合格，无发现影响公共设施、毗邻房等，无息退还押金；不合格由业主进行整改后再验收。

装修特别提示：

①建议业主与装修公司签订装修合同时，要提出保修期及保修金事宜，以便控制装修公司的工程质量及保修服务；

②严格遵守大厦装修时间（8：00—12：00　14：00—18：00）；

③禁止装修工人员串楼串户；

④装修户应配备 2 只灭火器，严禁使用电炉，注意防火；

⑤楼梯搬运材料时，应注意维护公共设施（墙面、楼面、窗户、消防箱、灯具、进户门、电梯等）；

⑥垃圾实行袋装，按管理处指定位置存放，装修垃圾放置地下二层，生活垃圾放置每层楼道间垃圾桶内；

⑦为了您和其他业主的利益，请您严格遵守《房屋装饰装修管理协议》的规定，谢谢合作！

6. 空置房管理

（1）空置房的登记建档与收费：

①经管理处接管的空置房由主管安排管理员进行登记造册；

②管理员将空置房记在《空置房记表》内；

③管理员制作《空置房动态表》，每月 5 日前报公共事务部主管备案；

④空置房的收费时间是从通知业主办理入住手续当日开始收取，分批办理入住的，分批收取。

（2）空置房的维护：

①充分了解房屋的破损规律，有利于科学的管理空置房。其破损规律是：新建房屋的头十年，特别是头三年内的房屋发生破损的几率是比较高的，尤其是头一年的空置房，如果管理不到位，房屋的隐性破损是很大的，对房屋的未来使用安全尤为重要。

②管理员根据季节变化定时对空置房进行开窗通风、散热。必要时就进行烘干处理，防止墙面、天花板发霉、木制品生虫及变形。

③对于精装修的房屋应在夏季到来之前对西晒房间进行遮阳，防止木器干裂；在梅雨季节应注意防潮，防止木器发霉、变形。

④参照有关电器使用说明书，定期将电器打开试运行，以保持电器良好的工作状态，还应注意及时关闭电源。

⑤管理员每月定期通知保洁部进行一次例行清洁。对于精装修的房屋保洁部应视情况定期对木器、大理石、金属器具进行打蜡、防护处理。

⑥管理员巡楼时应注意空置房的防火、防盗工作。如发现空置房内有异常情况时向公共事务部主管汇报。

7. 积极开展便民服务，建立热线电话，方便业主，为业主代办中介，代购机船票、代请保姆、代请钟点工等。

8. 本小区应以"星级宾馆"服务方式，做到微笑相迎、热情周到、文明服务、竭尽努力让业主满意。

9. 管理工作必须的物质装备计划情况

为了保证物业管理工作的正常开展，有坚强的物质保障基础，根据行规，物业管理开办物资由建设单位投入，并遵循实用、节约的原则，拟具体配置如下：

（1）办公及培训类。

（2）机电维修类。

（3）保安装备类。

（4）卫生绿化类。

（5）小区内各类指示牌、楼栋号、公共设备设施、卫生设施、消防设备及安防系统的配套由建设单位负责。

（6）业主未完全入住造成前期管理收不抵支，为确保小区物业管理正常运行开发建设单位支付启动金。

房屋装饰装修管理协议

甲方：某某物业管理有限公司

乙方：某某

为了确保物业和公共设施的安全，延长使用寿命，保证乙方所购物业的保值增值，甲乙双方协商一致，达成本协议：

一、甲方建议乙方在住宅室内装修时，选择实力较强，信誉较好，具有施工资质的施工单位。

二、乙方开始装修前，应提前七日向甲方提出申请，办理如下手续：

（1）提供装修施工图或装修方案；

（2）按物价局、房管局的有关文件规定交纳垃圾清运费、装修保证金；

（3）填写二次装修申请表。

三、乙方的装修方案经甲方审查合格，发给《装修施工许可证》后，方可进场施工，否则甲方工作人员有权要求乙方停止装修。

四、乙方应协助施工人员凭身份证复印件及一寸照片一张，办理临时出入证（工本费 10 元/本，押金 20 元/本），无临时出入证不得进入本小区，装修完毕后临时出入证及《装修施工许可证》由乙方或装修负责人交回物业管理中心，并办理退押手续。

为了保护辖区内各业主的居住安全，施工人员不得在大厦内留宿，否则甲方有权不予退还临时出入证押金。

五、乙方装修前须对楼宇结构、装置、装饰等提供足够的保护措施，避免在装修期内有任何损毁。如楼宇内的公共设备有任何损毁（污渍、裂痕、刮伤等），有关业主须负担一切修复费用。

六、乙方装修材料应按甲方指定的线路出入本小区，所有的装修材料只能存放于户内，严禁从楼上抛弃垃圾或任何物品。建筑垃圾应于室内装袋后，当天清运至甲方指定地点。拖延一天以上的由管理处负责清运，所花费用从装修保证金中扣除。

七、装修施工时间规定为 8：00—12：00，14：00—18：00。管理处对违反装修时间规定的有权采取责令停工或没收工具等处理办法，以保证小区住户正常作息时间。

八、所有装修工程只限于本户内，不得在走廊或共用区域内进行，所有工具必须存放于本户内，不得占用小区内的公共走道及公共区域，若乙方行为损害到他人利益，将负责赔偿其损失。

九、装修施工时，应尽量减少装修引起的尘埃及噪声，避免给其他业主带来干扰及不便。应注意防火，排除火灾隐患，如引起火灾并殃及其他业主和共用设施，乙方应承担赔偿责任。乙方在装修期间应关闭单元入户门。

十、勿将混凝土、砂石、灰渣、瓦砾及其他杂物倒入卫生间或排水管道，否则由此产生的维修、疏通费用乙方自行承担。

十一、施工人员只能在《装修施工许可证》指定的现场作业，不得乱串场地，违者没收出入证。

十二、乙方在装修时，应遵守下列规定：

外墙：为维护建筑外观的统一、和谐及美观，业主不得将窗户及外墙作任何更改，严禁改装窗户，不得拆迁或更改平台窗户，不得加设其他附属物，不准在外墙及窗户上竖立广告标志。

结构及外观：

（1）严禁改动和损坏原有的结构、外观和公共设施，严禁改变房屋及配套设施的使用功能，否则，乙方应负责恢复原状；

（2）不允许拆、敲打室内的柱子、承重梁等，避免不安全的隐患；

（3）楼板打冲击钻时要避开水管、线缆等，深度不得超过 10 毫米，若由于装修打击管线造成损坏或影响其他住户的，应赔偿损失并负责修复。

阳台及门埃：

（1）严禁自行封闭阳台，加设防盗栏杆以及其他任何形式的附加物；

（2）贴瓷砖时不得污损外墙，若出现该情况时要立即清洗干净；

（3）严禁改动入户门、门套；

（4）严禁在窗户上安装防盗网，严禁加装防盗门；

（5）靠窗部位建议装修材料采用防水材料，以避免将来因渗水引起质变。

管道：

（1）严禁改动厨房、卫生间的排水（排污）管道；

（2）若将排水管埋于墙体内，应留有检修口，便于管道堵塞时的检修；

（3）处理好排污口、地漏及周围防水，避免渗漏水；

（4）建议对预埋在墙体内的水管试压后再封闭。

厨房及卫生间：

（1）严禁改变厨房及卫生间原有的位置；

（2）按燃气公司有关规定燃气管道不得做任何改动和埋于墙体，避免不安全因素存在；

（3）严禁敲打和改变属公共部分的通风管道井；

（4）吊顶需做成活动式的或预留检查口，便于日后检修；

（5）厨房及卫生间已有防水层，严禁凿击地面或重力碰撞给水排水管，以免造成渗漏，破坏防水层的要重新补做，避免渗水；

（6）安装浴缸、马桶时，处理好接头，保证流水顺畅，防止渗水。

智能设施及管线：

严禁更改智能设施管线，严禁擅自更改智能系统所属设备的安装位置。

空调：

（1）装修前应先确定好室内机的安放位置，以便于事先预埋好管线及插座；

（2）空调外机必须放在指定的位置，保证整体外观的统一；

（3）空调滴水管应接于预埋好的冷凝水管中。

十三、装修期间，乙方不得私自在户外接驳水、电，违者按偷水、偷电论处。

十四、乙方在装修期间严禁使用明火易燃易爆物品，如电焊、气割等，若确属需要，应报甲方批准。

十五、甲方有权按乙方申请的装修内容及本协议进行监督管理，乙方若有违反，甲方有权责令其停工、扣留、没收装修工具或责令其限期恢复原状，造成损失时，乙方应承担相应的赔偿责任。

十六、乙方在装修过程中如造成管道堵塞、渗漏、停电、损坏共用部位、共用设施设备或造成他人财产和人身损失的，乙方应负责修复并赔偿损失。

十七、装修竣工后乙方通知甲方，甲方将派人员与乙方共同验收，经三个月观察，无渗漏或其他遗留问题，即可无息退还乙方相应的装修保证金。

十八、本协议一式两份，自双方签字盖章之日起生效。

甲方：某某物业管理有限公司　　　乙方：某某

＿＿＿＿年＿＿＿＿月＿＿＿＿日　＿＿＿＿年＿＿＿＿月＿＿＿＿日

1.4　物业管理服务委托合同的签订

1.4.1　物业管理服务委托合同的格式

物业管理服务委托合同的格式，主要有条文式和表格式两种：①表格式是按印制好的表格，把协商同意的内容逐项填入表中；②条文式把双方（或几方）达成的协定列成几条，写入合同。凡经济合同，无论是条款式，还是表格式，一般都包括以下四个部分：

1. 标题

即合同名称，直接标明了合同的性质，字体要大一些，而且要写在合同的第一行的中间。

2. 签订合同的单位名称

一般采用并列式书写，先写单位全称，为了在正文中语言表达方便，可在当事人一方的名称后面加括号注明为"甲方"；另一方"乙方"；如有第三方时，则简称"丙方"。有的合同直接用"供方"和"需方"来表示；有的把一方称为"卖方"，另一方称为"买方"。有的合同在单位名称前，还要写明合同性质。

3. 正文

正文是经济合同的主体，应包括如下内容：

（1）开头。条文式合同的开头，一般都要用一段文字，写明签订合同的目的、依据和协商经过。如："为了……经双方协议，订立下列条款，以资共同遵守。"

（2）双方议定的条款。即双方（或几方）协议的基本内容，它包括前面所讲的五项基本条款及其他有关条款。

（3）附则。一般是规定执行合同中发生了意外情况的处置办法。这也是经济合同中必备条款，包括因自然灾害等非人为因素造成无法履行或无法完全履行合同的情况，注明合同份数和分送单位及其他未尽事宜等。合同如有表格、图纸、实样等附件，应写在或附在正文后面，并在附则中注明件数。

4. 结尾

（1）签字盖章。在正文的下方写明签订合同的双方的名称和代表姓名，并盖上印章。如果需要写双方（或几方）上级机关或鉴证、公证机关的全称和上述单位代表人姓名，需要双方（或几方）上级主管部门证明和工商行政管理部门或司法部门鉴证或公证的，并分别加盖印章。

（2）如签订合同各方相距较远，还应写上各单位地址、电报挂号、电话以及开户银行、账号等。

（3）签订日期。在双方签字盖章的右下方，写明签订合同的年、月、日。

1.4.2 物业管理服务委托合同中的特别规定

物业委托管理合同在内容中有着重要的作用和特别的规定。无论是前期物业管理合同还是物业管理合同，其内容都应注明以下事项：①物业管理区域的范围和管理项目；②业主委员会（或住宅出售单位）和物业服务企业的名称、住所；③物业管理服务的事项；④物业管理服务的期限；⑤物业管理服务的要求和标准；⑥物业管理服务的费用；⑦违约责任；⑧合同终止和解除的约定；⑨当事人双方约定的其他事项。

1.4.3 物业管理服务委托合同的范本

第一章　总则

第一条　本合同当事人

委托方（以下简称甲方）

名称：＿＿＿＿＿＿＿＿＿＿＿＿业主大会

受委托方（以下简称乙方）：

名称：＿＿＿＿＿＿＿＿＿＿＿

物业管理资质等级证书编号：

根据有关法律、法规，在自愿、平等、协商一致的基础上，甲方选聘（或续聘）乙方为＿＿＿＿＿＿（物业名称）提供物业管理服务，订立本合同。

第二条　物业管理区域基本情况

物业名称：＿＿＿＿＿＿＿＿＿＿＿＿＿

物业用途：＿＿＿＿＿＿＿＿＿＿＿＿＿

坐落：＿＿＿＿＿＿＿＿＿＿＿＿＿

四至：＿＿＿＿＿＿＿＿＿＿＿＿＿

占地面积：＿＿＿＿＿＿＿＿＿＿＿

总建筑面积：＿＿＿＿＿＿＿＿＿＿

委托管理的物业范围及构成细目见附件一。

第二章　物业服务内容

第三条　制定物业管理服务工作计划，并组织实施；管理与物业相关的工程图纸、住用户档案与竣工验收材料等；＿＿＿＿＿＿＿＿＿＿＿＿＿＿＿＿。

第四条　房屋建筑共用部位的日常维修、养护和管理，共用部位包括：楼盖、屋顶、外墙面、承重墙体、楼梯间、走廊通道、＿＿＿＿＿＿＿＿＿＿＿＿＿＿。

第五条　共用设施设备的日常维修、养护和管理，共用设施设备包括：共用的上下水管道、共用照明、＿＿＿＿＿＿＿＿＿＿＿＿＿＿＿。

第六条　共用设施和附属建筑物、构筑物的日常维修养护和管理，包括道路、化粪池、泵房、自行车棚、_____。

第七条　公共区域的绿化养护与管理，_____。

第八条　公共环境卫生，包括房屋共用部位的清洁卫生，公共场所的清洁卫生、垃圾的收集、_____。

第九条　维护公共秩序，包括门岗服务、物业区域内巡查、_____
_____。

第十条　维持物业区域内车辆行驶秩序，对车辆停放进行管理，_____
_____。

第十一条　消防管理服务，包括公共区域消防设施设备的维护管理，_____
_____。

第十二条　电梯、水泵的运行和日常维护管理，_____
_____。

第十三条　房屋装饰装修管理服务，_____
_____。

第十四条　其他委托事项

（1）_____；

（2）_____；

（3）_____。

第三章　物业服务质量

第十五条　乙方提供的物业服务质量按以下第_____项执行：

1. 执行北京市国土资源和房屋管理局发布的《北京市住宅物业管理服务标准》（京国土房管物字［2003］950 号）规定的标准一，即普通商品住宅物业管理服务标准；_____。

2. 执行北京市国土资源和房屋管理局发布的《北京市住宅物业管理服务标准》（京国土房管物字［2003］950 号）规定的标准二，即经济适用房、直管和自管公房、危旧房改造回迁房管理服务标准；_____。

3. 执行双方约定的物业服务质量要求，具体为：_____。

第四章　物业服务费用

第十六条　（适用于政府指导价）物业服务费用执行政府指导价。

1. 物业服务费由乙方按_____元/（平方米·月）向业主（或交费义务人）按年（季、月）收取（按房屋建筑面积计算，房屋建筑面积包括套内建筑面积和公共部位与公用房屋分摊建筑面积）。

其中，电梯、水泵运行维护费用价格为：_____；按房屋建筑面积比例分摊。

2. 如政府发布的指导价有调整，上述价格随之调整。

3. 共用部位、共用设施设备及公众责任保险费用，按照乙方与保险公司签订的保险单和所交纳的年保险费按照房屋建筑面积比例分摊。乙方收费时，应将保险单和保险费发票公示。

第十七条 共用部位共用设施设备的大、中修和更新改造费用从专项维修资金支出。

第十八条 停车费用由乙方按下列标准向车位使用人收取：

1. 露天车位：_____

2. 车库车位（租用）：_____；其中，物业管理服务费为：_____

车库车位（已出售）：_____

第十九条 乙方对业主房屋自用部位、自用设备维修养护及其他特约服务的费用另行收取，乙方制定的对业主房屋自用部位、自用设备维修养护及其他特约服务的收费价格应在物业管理区域内公示。

第五章 双方权利义务

第二十条 甲方权利义务

1. 审定乙方制定的物业管理服务工作计划；

2. 检查监督乙方管理工作的实施情况；

3. 按照法规政策的规定决定共用部位共用设施设备专项维修资金的使用管理；

4.（适用于酬金制）审查乙方提出的财务预算和决算；

5. 甲方应在合同生效之日起_____日内向乙方移交或组织移交以下资料：

（1）竣工总平面图、单体建筑、结构、设备竣工图、配套设施、地下管网工程竣工图等竣工验收资料；

（2）设施设备的安装、使用和维护保养等技术资料；

（3）物业质量保修文件和物业使用说明文件；

（4）各专业部门验收资料；

（5）房屋和配套设施的产权归属资料；

（6）物业管理所必须的其他资料。

6. 合同生效之日起_____日内向乙方提供_____平方米建筑面积物业管理用房，管理用房位置：_____。

管理用房按以下方式使用：

（1）乙方无偿使用；

（2）_____。

7. 当业主和使用人不按规定交纳物业服务费时，督促其交纳。

8. 协调、处理本合同生效前发生的遗留问题：

(1) _____；

(2) _____。

9. 协助乙方做好物业管理区域内的物业管理工作。

10. 其他：_____。

第二十一条　甲方的业主委员会作为执行机构，具有以下权利义务：

1. 在业主大会闭会期间，根据业主大会的授权代表业主大会行使基于本合同拥有的权利，履行本合同约定的义务（按照法规政策的规定必须由业主大会决议的除外）；

2. 监督和协助乙方履行物业服务合同；

3. 组织物业的交接验收；

4. 督促全体业主遵守《业主公约》、《业主大会议事规则》和物业管理规章制度；

5. 督促违反物业服务合同约定逾期不交纳物业服务费用的业主，限期交纳物业服务费用；

6. 如实向业主大会报告物业管理的实施情况；

7. 其他：_____。

第二十二条　本合同期满，甲方没有将续聘或解聘乙方的意见通知乙方，且没有选聘新的物业服务企业，乙方继续管理的，视为此合同自动延续。

第二十三条　本合同终止后，在新的物业服务企业接管本物业项目之前，乙方应当应甲方的要求暂时（一般不超过三个月）继续为甲方提供物业管理服务，甲方业主（或交费义务人）也应继续交纳相应的物业服务费用。

第二十四条　其他条款_____。

第六章　违约责任

第二十五条　因甲方违约导致乙方不能提供约定服务的，乙方有权要求甲方在一定期限内解决，逾期未解决且严重违约的，乙方有权解除合同。造成乙方经济损失的，甲方应给予乙方经济赔偿。

第二十六条　乙方未能按照约定提供服务，甲方有权要求乙方限期整改，逾期未整改且严重违约的，甲方经业主大会持三分之二以上投票权的业主通过后有权解除合同。造成甲方经济损失的，乙方应给予甲方经济赔偿。

第二十七条　乙方违反本合同约定，擅自提高收费标准的，甲方有权要求乙方清退；造成甲方经济损失的，乙方应给予甲方经济赔偿。

第二十八条　业主逾期交纳物业服务费的，乙方可以从逾期之日起每日按应缴费用万分之_____加收违约金。

第二十九条　任何一方无正当理由提前解除合同的，应向对方支付违约金_____；由于解除合同造成的经济损失超过违约金的，还应给予赔偿。

第三十条　乙方在合同终止后，不移交物业管理权，不撤出本物业和移交管理用房及有关档案资料等，每逾期一日应向甲方支付委托期限内平均物业管理年度费用_____‰的违约金，由此造成的经济损失超过违约金的，还应给予赔偿。

第三十一条　为维护公众、业主、物业使用人的切身利益，在不可预见情况下，如发生燃气泄漏、漏电、火灾、水管破裂、救助人命、协助公安机关执行任务等情况，乙方因采取紧急避险措施造成财产损失的，当事双方按有关法律规定处理。

第三十二条　其他条款_____。

第七章　附则

第三十三条　双方约定自本合同生效之日起_____日内，根据甲方委托管理事项，办理接管验收手续。

第三十四条　本合同正本连同附件_____页，一式两份，甲乙双方各执一份，具同等法律效力。

第三十五条　本合同在履行中如发生争议，双方应协商解决，协商不成时，甲、乙双方同意按下列第_____方式解决。

1. 提交_____仲裁委员会仲裁；

2. 依法向人民法院起诉。

但业主拖欠物业服务费用的，乙方可以直接按照有关规定向有管辖权的基层人民法院申请支付令。

第三十六条　本合同自_____起生效。

甲方签章　　　　　　　　　　　　乙方签章
代表人：（业主委员会）　　　　　　代表人
___年___月___日　　　　　　　　___年___月___日

2 物业早期介入与物业前期管理服务实训

【实训目的】

通过本单元的实训，熟悉物业管理早期介入和物业前期管理服务工作的内容，并掌握与之相关的方法和技能。熟悉物业管理工作中物业承交查验工作的方法和步骤；熟悉物业入户工作的流程；熟悉物业装修管理的工作方法。

【实训内容】

一、收集早期介入物业项目的相关资料，并编制一份咨询报告；

二、编制前期物业管理计划、物业管理公约和管理制度文件；

三、准备物业承接验收和入户的资料；

四、准备物业装修管理的资料。

【实训技能点】

一、物业市场调查与分析能力；

二、物业统计资料分析与整理能力；

三、物业服务计划及相关文件编制能力；

四、物业工程图纸识读能力；

五、入住管理服务能力；

六、装修管理服务能力。

【实训作业】

一、分组完成物业早期介入不同阶段的准备工作；

二、实地模拟物业承接查验工作的步骤，设计出漏洞，提出具体的处理方法；

三、针对物业中常见的装修问题，给出恰当的解决方案。

2.1 物业管理的早期介入

■ 2.1.1 物业管理早期介入的准备

1. 掌握物业管理对物业的基本要求

从物业管理的角度、业主和使用人的角度、物业投入以后会带来什么问题的角度，对物业有以下五点基本要求：

（1）物业的规划设计要科学合理，并要方便维修和养护，最好兼顾适用美观。

（2）为了减少使用成本，建筑施工质量和建筑材料质量要好。

（3）为了能给业主和使用人提供多种服务，配套设施要齐全。

（4）物业要保证环境安全、方便、优美、舒适。

（5）物业要能为物业管理提供必要的设施。

2. 组织技术力量

最好由物业服务企业经理牵头，组织几名骨干人员，定期或不定期参与早期介入，听取主要介入人员的工作汇报，检查、帮助、指导他们的工作，与房地产开发企业、施工企业进行工作协调，把前期介入时发现的问题解决好。此外，物业服务企业应选派经验丰富、知识全面的物业管理专家和技术全面的工程技术人员组成精干的工作班子，特别是需要配备结构工程师和设备工程师。

3. 收集相关资料

主要应收集拟介入物业项目的开发建设单位、工程设计单位、施工单位和监理单位的背景材料，如技术力量、以往业绩、资金条件、企业信誉、社会影响、有关人员的职责分工、负责人情况等；拟介入项目的立项情况、工程进度表、设计方案、施工图纸、主要建筑材料清单等；另外还需收集相关的法律法规、政策文件、参考书等。

4. 确定工作方法

物业管理早期介入的工作方法一般有阅读文本和图纸、沟通联系、跟踪现场、提供咨询报告等。早期介入的物业管理人员需要每周用工作联系函和建议书的形式与开发建设单位保持沟通和联系，做到每周有本周工作的实施情况，有下一周的工作计划，有改进建议书，并定期对工作计划和改进建议的落实情况进行回顾和小结。为确保早期介入达到预期效果，早期介入的物业管理人员需要同建设单位、监理单位和施工单位都保持密切合作。

5. 准备资金和设备器材

物业管理早期介入的费用一般由房地产开发商承担。物业服务企业一般也需要准备一定的资金，以备不时之需，如临时垫付等。此外，物业服务企业需要准备计算机、电话、安全装备等相关专业工具与设备。

2.1.2　物业服务企业早期介入阶段的主要工作内容

1. 立项决策阶段早期介入的内容

立项决策阶段的早期介入是指物业服务企业在房地产开发项目可行性研究阶段就开始介入，此时的主要内容是对项目的可行性提出意见和建议。

立项决策阶段是房地产开发商开发的第一个阶段，这个阶段要解决的主要是研究开发、能否开发等问题。物业服务企业首先依赖于对市场的调查分析，并且应该从以下方面对将要开发的房地产项目提出专业意见，在可能的情况下，就该项目今后的物业管理提出书面报告，以便房地产开发商在决策时能够综合考虑物业管理目标和模式定位在内的各方面意见，减少决策的随意性和盲目性。这些专业意见包括如下内容：

（1）确定项目的市场定位。物业市场定位的内容主要包括以下五个方面：

1）明确用途、功能。根据城市规划，按照最佳最优原则确定开发类型、项目功能。

2）确立消费档次。根据地域的消费能力，确定开发项目的形象风格、租售价位。

3）筛选目标客户。以有效需求为导向，确定项目的目标客户。

4）推出主打房型。根据目标客户的具体情况，推出主打房型、面积和使用功能。

5）选择入市时机。根据企业经济实力和投资流量，分析和选择适当的入市时机。

（2）分析潜在客户的构成。

1）目标客户定性调查。根据项目市场定位，确定客户群体的职业、年龄、收入等。

2）目标客户定量调查。预测符合定性条件的客户群体的数量。

（3）确定消费水平与需求。

需要分析项目所在地的经济状况、居民收入状况、产业发展状况、市场需求状况及目标客户对项目的基本需求和特殊需求等因素，对合理定位项目、确定项目品质在城市中的地位，以及项目规模、后期的规划设计与营销推广具有潜在影响。

（4）考察项目周边情况和周边物业管理概况。

以步行 30min 为半径，了解项目周边人文习惯（如常住人口受教育程度、风俗习惯、饮食习惯等）、区域配套设施（如医院、学校、购物场所、派出所、政府派出机构等）和公共设施（如供电、供暖、供水、供气、排水等）情况。

周边的物业管理情况包括周边项目物业管理模式的定位、物业管理的内容、管理服务的标准、最具吸引力和差异化的亮点等。

（5）计划商讨今后的物业管理内容。

针对周边物业管理概况，初步确定物业管理模式、管理服务标准、服务内容等，并据此测算管理的成本费用等。物业管理模式要尽量凸显差异化、表现个性主张，这点是需要注意的。

2. 规划设计阶段早期介入的内容

规划设计阶段的早期介入是指物业服务企业在房地产开发已确立项目的设计规划阶段即开始介入。规划设计阶段的早期介入的主要内容是完善物业的功能和管理功能设计。

规划设计阶段是房地产开发的第二个阶段，这个阶段要解决的主要问题是综合考虑整体环境设计、房屋或楼宇的使用功能、小区的合理布局、建材的选用、硬件设施设备配备、居住的安全舒适和服务配套等。物业管理人员对于项目的整体规划设计、设施设备配套、功能配置等提出意见与建议，以求更加贴近业主或使用人的实际需求，从而有利于避免项目规划设计阶段给今后使用、管理带来的先天不足，更好地满足今后管理服务的要求。这一阶段，物业服务企业一般是根据以往的管理经验和日后实施物业管理的需要，针对规划设计中存在的问题和缺陷提出意见与建议。这些专业意见与建议包括如下内容。

（1）建筑材料的选择。建筑材料的选择不仅影响以后的物业管理服务，更直接地影响工程的质量、造价。不同的建筑材料由于其材料特性的不同、使用养护要求不同，随之要求的养护设备、管理工作量就不同。如玻璃、陶质墙砖、大理石、涂料等不同建筑材料的外墙饰面，对保洁的要求就不同。物业服务企业应根据自己以往的管理经验，本着保护环境、节约资源的原则提出建筑材料选择的意见，为今后的物业管理服务工作提供一定的便利。

（2）水电气等供应容量。设计人员在设计时，通常参照国家的标准设计，因为水电气等供应容量是项目规划设计时的基本参数，而国家仅规定了下限，即最低标准，只要高于此限就算达到了设计要求。但随着社会生活水平的不断提高，生活、工作中的耗能设备将会越来越多，这些能源的需求量将不断增加，而地域的气候、地理环境等因素的差异，也会造成实际用量的差异。因此，在规划设计时，给水电气等的供应容量因为考虑到这些因素而留有余地。

（3）配套设施。房地产项目开发是一种综合性开发行为，仅仅满足居住和工作的需求是不够的，还需要考虑人们社会生活中的各种需求，这就要求项目配套设施完善。如对于大多数住宅小区，不仅要考虑其环境的美化、道路交通的规划、休闲场所场地的布置和安全保卫系统等，还要考虑这些设施的规模和档次，以及是否需要幼儿园、学校、商业服务网点、医院等公共服务设施。

（4）其他。在规划设计时，一些细节性的问题往往容易被设计人员忽略，会给日后的使用和管理带来许多不便，物业服务企业应给予关注，提出建议，尽量减少类似的缺陷。如大的方面有室内各种管线的布局、位置是否适用，垃圾的处理方式等；小的方面有电路接口的数量、位置是否方便日后检修，插座开关的高度、数目及具体的位置是否适当、方便使用等。

3. 建设施工阶段早期介入的内容

建设施工阶段的早期介入是指物业服务企业在房地产开发已确立项目的建设施工阶段即开始介入，此时的主要内容就是进行工程监控和熟悉项目的整体情况。

建设施工阶段是房地产开发项目质量保证的一个关键阶段，这个阶段施工质量的控制对项目的物业质量产生直接的影响。此阶段物业服务企业介入，一方面是对开发项目的全面了解，尤其是对基础隐蔽工程、机电设备安装调试、管道线路的铺设和走向等有所了解，对保证后续的承接查验和管理服务的连续性有诸多益处；另一方面则是加强了工程监理的力量，通过参与工程监理，使工程质量多了一份保证。这个阶段由于设计人员、开发商以及物业服务企业、监理人员都要参与，所以对发现问题的处理出现扯皮推诿，产生监管部门多而监管力度差的现象。物业服务企业要把握好"配角"的角色，明确责任，按程序行使职权，避免越权和推卸责任。这个阶段主要从以下三个方面对开发商提出建议。

（1）设备的购置安装

1）对重要的大型设施的供应商，应尽量选择能做到供货、售后维修保养、安装、调试一体化的。在价格相近的供货商中，尽可能选择企业历史长、售后技术服务良好、价格适中的。

2）重要的大型配套设备（如电梯、配电设施、闭路监控系统、中央空调、消防报警系统等）的供应单位提供清晰明了的操作使用说明书，并对物业管理相关技术操作人员提供正规的培训。

3）所有参与土建工程、设施设备安装工程、装饰工程、绿化工程和相关的市政工程的施工单位、安装单位、供货商和与之关联的中介单位都应与开发商针对设备（或大宗材料、配件）的保质（修）期的保质（修）期限、责任、违约处理、费用（维修保证金）等达成书面协议，并提供有效的产品的产地与合格证明、合法经营及资质证明、材料供货价目表、设备订购合同、采购供应地址及单位联系电话。

4）选用的设备和仪表（如电梯、消防报警系统、监控系统、电表、水表等）均应得到有关部门的校验许可证明，为了方便起见最好由设备或仪表供货安装单位一并解决。

（2）建筑材料的选择

1）基建工程采用的批量较大的各种建材、装饰材料、水电器材等常规材料和配件尽量选择市面上有的普通规格的标准件和通用件，尽量采用国家和本市指定厂家所生产的牌子、型号与规格。

2）涉及房屋楼宇的结构、隐蔽工程、防水层等的钢筋以及管线材料一定要考虑耐久性和耐腐蚀性、抗挤压能力及能否做套管，且与监理公司一起共同把好相关过程控制和验收控制的监督检查质量关。

（3）工程监理与验收

1）各专业工程技术人员要做好质量跟进工作，深入现场，掌握第一手资料。尤其是对各种的给水排水、中央空调、电、消防报警电话、有线电视等管线的走向，以及重要闸阀和检查口的位置，相应的施工更改要作好记录。

2）重要的土建工程要确保一定的抽检合格率，所有的隐蔽工程都要进行质量验收。

4. 竣工验收阶段早期介入的内容

竣工验收阶段的早期介入是指物业服务企业在房地产开发已建成项目的竣工验收阶段即开始介入，此时的主要内容就是参与工程的验收，与开发商商定前期物业管理的委托事宜。

竣工验收阶段是房地产开发项目的最后一个阶段，这个阶段是建筑单位把符合设计文件规定要求且具备使用条件的开发项目交给开发商。物业服务企业在此阶段尽管是以参与者的身份介入，但是在认识和操作上，都不能有丝毫的懈怠，以便为接下来的物业承接查验打下良好基础。因为竣工验收是对开发项目质量控制的最后把关，其工作的认真、细致与否，不仅对开发商项目质量最终认定产生直接的影响，而且对物业服务企业承接查验也将产生影响。竣工验收这个阶段的工作主要包括以下两个方面：

（1）验收的准备

组成验收小组，协助开发商编制竣工验收方案，其中包括验收计划和验收标准，以保证验收工作能够按计划、有步骤地进行，避免验收疏漏的出现。

（2）验收的实施

1）提请开发商注意保持物业的原设计图纸、设计变更、竣工图和设备出厂合格证书及设备运行记录等技术检验资料验收的完整性。

2）提请开发商注意按移交设备清单核清设备的规格型号、设计要求、安装数量、安装位置等。

3）提请开发商对在验收过程未达到验收标准的物业、设备设施，提出书面整改报告并限期进行整改。

4）应注意对房屋水、电、土建、门窗、电器设备的全面检查，并作好记录。

5）对未达到验收标准的物业、设备设施，要通过摄像、摄影手段，留存影像资料。

（3）验收的结束

协助开发商做好验收后资料的分类、存档工作，为物业承接查验做好准备。

■ 2.1.3　制定物业管理的计划和组建物业管理机构

1. 物业管理计划的制定

（1）根据物业类别与档次确定企业提供的服务项目及所要达到的标准

服务的项目设置及标准是由物业不同的类别和档次所决定的。普通居民住宅可能只需设置一些基本的管理与服务内容，如自行车存放、代缴各项能源费用、代订报刊等，而清洁、绿化、保安及维修等方面的服务标准，要求也相对低一些，物业收费也较低廉；高档公寓及花园别墅相对而言对服务项目的设置要求则较多，标准也较高；写字楼则需要提供适合办公的管理与服务，如大堂假日装饰，设置总服务台，外墙定期清洁，定车、租车及其他商务等。

（2）编制物业管理公约

这个部分是指根据物业特点及周边环境有针对性地编写物业管理公约，并计算物业各部分所占的管理份额，使各产权人公平负担楼宇的管理费用及维修基金的支出。在制定物业管理方案时，应写明每个产权人及使用人应交的费用，并根据物业拥有情况计算按份额比例分摊的费用，把收费标准分类，并列出基金和管理费应收缴的份额。

（3）制定管理计划及财务预算管理方案

物业服务企业在物业交付各业主之前，就应根据物业的特点，制定管理及维护保养计划，并制定相应的财务预算方案。计算维修基金在物业使用过程中的各阶段的使用比例，确保大型维修工程费用；计算管理支出并按公约所订的管理份额比例来确定管理费的金额，务求足够支付日常各项经常性支出。此外，还应设立一个能够有效控制管理收支的、完善透明的财务制度。

2．物业管理机构的组建

（1）制定物业管理机构的架构和人事制度

在早期介入阶段，首先依据所管物业的规模和特点进行机构和岗位的设置并拟定人员编制，草拟各级管理岗位职能和职责。其设置原则就是使公司的人力、财力、物力资源得到优化高效的配置，建立一个以最少人力资源而能达到最高营运管理效率的组织。具体架构依物业、当地情况及物业服务企业本身情况不同而不同，比如有的物业服务企业既有管理部门又有服务部门，清洁、保安、维修等样样俱全；在专业化分工比较发达的地区，物业服务公司则可以把清洁、绿化等业务分包给专业公司去做；有的集团化物业服务企业则只在管理点设立核心管理或日常管理部门，具体或技术性服务项目由集团公司的专业队伍分别提供强大支持。总之，物业公司岗位的设置和职能安排既要分工明确，又要注意各部门之间的衔接配合，做到人尽其能，人尽其责。

（2）制定各项规章制度

物业公司的员工管理条例是最基本的内部管理制度，它对企业员工有普遍约束作用，是树立严谨高效的企业管理机制，提高服务质量和效率，使物业管理走向规范化，树立良好社会形象的重要保证。它主要包括：劳动用工制度、员工福利制度、员工行为规范、企业奖惩制度、岗位职责等。此外还有物业管理过程中的相关制度，用以规范物业服务企业与业主之间的关系，规定物业服务企业的权利、义务以及业主或使用人的权利与义务，如管理机构职责范围、住户手册、物业区域内管理规定、装饰装修管理规定等。规章制度的制定应依据国家和政府有关部门的法律、法令和文件，结合本物业的实际情况，制定一些适用的制度和管理细则，并应在业主和使用人入住前完成。

（3）招聘上岗人员，建立优良的物业管理队伍

物业管理属于服务行业，员工的素质高低决定了物业服务企业的服务质量。各种高新技术在物业中的运用，也对物业管理人员的技术知识水平及学习工作能力提出了更高的要求。因而要针对物业特点，根据不同岗位对员工素质的要求，进行人员的招聘。如管理

层、决策层和操作层 3 个层次对员工知识水平、能力等各方面的要求差别很大，应分别制定应聘条件。对聘用员工进行物业及岗位的知识培训，做到熟悉物业及岗位，在开业前安排实践上岗；进行岗前培训，灌输物业服务企业的文化和理念，培养专业精神。

2.2　物业管理的承接查验

■ 2.2.1　物业承接查验的特点和应注意的问题

1. 物业承接查验与竣工验收相比自身的特点

（1）验收对象不同。承接查验的对象是已经经过竣工验收的新建物业或原有物业；竣工验收的对象是新建完工、扩建、改建的物业。

（2）验收条件不同。承接查验的首要条件是竣工验收合格，并且附属设备已完全能正常使用，房屋编号已得到确认；竣工验收的首要条件是工程按照设计要求全部施工完毕，设备均已安装好等。

（3）交接对象不同。承接查验是物业由开发企业移交给物业服务企业；竣工验收则是物业由施工企业移交给开发企业。

（4）验收性质不同。承接查验是企业行为，是物业服务企业代表全体业主（包括现有业主和未来业主）根据物业管理委托合同，从确保物业日后的正常使用与维修的角度出发，对物业委托方委托的物业进行的质量验收。竣工验收是政府行为，房地产开发项目和任何建设工程的竣工验收由政府建设行政主管部门负责，组成综合验收小组，对施工质量和设计质量进行全面检验和质量评定。

（5）验收目的不同。承接查验是在竣工验收已合格的基础上，以主体结构安全和满足使用功能为主要内容的再检验；竣工验收是为了检验房屋工程是否达到国家质量标准，是否达到设计文件所规定的要求。

2. 物业承接查验中应注意的问题

在物业承接查验中，应注意以下三点：

（1）应防止物业承接查验工作形式化。物业服务企业都相当清楚，一旦物业承接查验结束，物业的质量问题一般就难以或者无法再与建设单位交涉，而是要由物业服务企业自己负责。所以，在物业承接查验的工作中，不能马马虎虎只做表面功夫。

（2）防止物业承接查验工作不到位。物业服务企业选派的人员，如果不懂专业或者工作责任心不强，对该验收的项目不验收，对不合格的项目按照合格的标准验收等，结果使本来应该由建设单位或者施工单位承担的责任，转由物业服务企业负担，这就给以后的工作带来麻烦和损失。

（3）防止物业承接查验的资料不全。在物业承接查验的过程中，无论是新建物业，还是原有物业，都要向物业服务企业转交一系列的档案和资料，这些档案和资料都是日后管理工作不可或缺的材料。如果这些档案和资料不齐全，特别是最后竣工验收的竣工图，必将给日后的物业管理工作埋下隐患。

2.2.2 承接查验的条件和应提供的资料

1. 物业承接查验的条件

（1）新建房屋的承接验收条件。①建设工程全部施工完毕，并经竣工验收合格。②供电、采暖、给水排水、卫生、道路等设备和设施能正常使用。③房屋幢、户编号经有关部门确认。

（2）原有房屋的承接验收条件。①房屋所有权、使用权清楚。②所有建设项目严格按照批准的规划、设计和有关专业管理部门的要求建设完毕。③土地使用范围明确。④各专业主管部门对归口管理的建设工程质量验收合格，验收资料齐全。⑤具备实行封闭式物业管理的基本要求。⑥建设渣土、施工机具和各类临时建筑等全部拆除清运完毕，场地清理干净。

2. 物业承接验收时应提交的资料

（1）新建房屋承接验收应提交的资料

1）产权资料。包括项目批准文件，用地批准文件，建筑执照，拆迁安置资料。

2）竣工验收资料。包括总平面竣工图，单体建筑、结构、设备竣工图，工程合同及开、竣工报告，配套设施、地下管网工程竣工图，地质勘察报告，图纸会审记录，工程设计变更通知及技术核定单（包括质量事故处理记录），沉降观察记录，隐蔽工程验收签证，砂浆、混凝土试块试压报告，钢材、水泥等主要材料的质量保证书，竣工验收证明书。

3）技术资料。包括新材料、构配件的鉴定合格证书，水、电、供暖、卫生器具、电梯等设备的检验合格证书，供水、供暖的试压报告，各项设施设备的安装、使用和维护保养等技术资料。

4）说明文件。物业质量保修文件和物业使用说明书。

（2）原有房屋承接验收应提交的资料

1）产权资料。包括房屋所有权证，土地使用权证，有关司法、公证文书和协议，房屋分户使用清册，房屋设备及定、附着物清册。

2）技术资料。包括房地产平面图，房屋分间平面图，房屋及设备技术资料。①规划部门最终批准的居住小区的六图二书（即 1/1000 比例尺的现状图、规划总平面图、道路规划图、竖向规划图、市政设施管网综合规划图、绿地规划图以及居住小区的详细规划说明书和环境预评价书）。②小区内各单位工程竣工资料、竣工验收核定单、竣工图纸（包括小区竣工的平面图、地下管网图）和技术档案资料等。③小区内房屋、公共服务配套设施等项目清单及产权归属证明。④《居住小区房屋情况总表》、《居住小区情况》。

2.2.3 物业承接验收的主要内容和技术标准

1. 新建房屋承接验收的主要内容及标准

（1）主体结构部分。不得引起上部结构的开裂或毗邻房的损坏；地基基础的沉降不得超过建筑地基基础设计规范允许的变形值；砖石结构必须有足够的强度和刚度，不允许有明显裂缝；钢筋混凝土构件产生变形、裂缝不得超过钢筋混凝土结构设计规范的规定值；设有抗震设防的房屋，必须符合建筑抗震设计规范的有关规定；木结构应当节点牢固，支撑系统可靠、无蚁害，其构件的选材必须符合结构工程施工及验收规范的规定。

（2）屋面部分。各类房屋必须符合屋面工程及验收规范的规定，排水畅通、无积水、不渗漏。平屋面应有隔热保温措施。阳台和三层以上房屋应当有排水、出水口，檐沟、水落管应当安装牢固，接口平密，不渗漏。

（3）楼地面部分。地面的面层与基层必须粘结牢固，不空鼓，整体平整，没有裂缝、脱皮、起砂等现象。卫生间、阳台、厨房地面相对标高应符合设计要求，不允许倒泛水和渗漏。

（4）装饰装修部分。钢木门窗均应安装平正牢固，无翘曲变形，开关灵活，零配件装配齐全，位置准确，钢门窗缝隙严密，木门窗缝隙适度；抹灰应当表面平整；进户门不得使用胶合板制作，门锁安装牢固；门窗玻璃应安装平整，油灰饱满、粘贴牢固；饰面砖应当表面洁净，粘贴牢固，阴阳角与线角顺直；油漆色泽一致，不脱皮、漏刷。

（5）水、卫、消防部分。管道应安装牢固，控制部件启闭灵活，无滴、漏、跑、冒现象；水压试验及保温、防腐措施必须符合国家标准。卫生器具质量良好，接口不得渗漏，安装应当平整、牢固、部件齐全，制动灵活。水泵安装应当平稳，运行时无较大振动。卫生间、厨房排水管应分设，出户管长不超过 8m，不可使用陶管、塑料管。地漏、排污管接口，检查口不得渗漏，管道排水流畅。消防设施必须符合国家标准，并有消防部门检验合格证。

（6）供暖部分。工程的验收时间必须在供暖期以前 2 个月进行。各种仪表、仪器、辅机应齐全、安全、灵敏、精确、安装符合规定，运转准确正常；设备、管道不应有跑、冒、滴、漏现象，保温、防腐措施必须符合供暖与卫生工程施工及验收规范；消烟除尘、消声减振设备齐全，水质、烟尘排放浓度应当符合环保要求。锅炉、箱罐等压力容器应安装平正、配件齐全，没有缺陷，并有专门检验合格证。经过 48 小时连续试运转，锅炉和附属设备的热工、机械性能及供暖区室温必须符合设计要求。

（7）电气部分。电气线路应安装平整、牢固、顺直，过墙有导管，铝导线连接不得采用铰接或绑接。应当按套安装电表或者预留表位，并有电气接地装置。照明器具等支架必须牢固，部件齐全，接触良好。电梯应能准确、正常运转，噪声振动不得超过规定，安装及试运转记录、性能检测记录、图纸资料齐全。避雷装置必须符合国家规定标准。电视信号场强微弱或者被高层建筑遮挡及反射波复杂地区的住宅，应当设置电视公用天线等。

（8）附属工程及其他。信报箱、挂物钩、晒衣架应按规定安装。室外排水系统的标高，窨井的设置，管道坡度、管位、化粪池等都必须符合规定要求。另外，还包括场地清除，临时设施与过渡房拆除完毕，相应市政、公建配套工程和服务设施也应达到质量要求。

2. 原有房屋承接验收的主要内容及标准

（1）质量与使用功能的检验以危险房屋鉴定标准和国家有关规定作检验依据；从外观检查建筑物整体的变异状态；检查房屋使用情况（包括年代、拆改添建、用途变迁、装饰装修和设备情况）；检查房屋结构、装饰装修和设备的完好与损坏程度。评估房屋现有价值，建立资料档案。

（2）危险和损坏问题的处理属于危险的房屋，应由移交人负责排险解危后，才能承接；属于法院判决没收并通知承接的房屋，按法院判决办理；属于有损坏的房屋，由移交人和承接单位协商解决，既可约定期限由移交人负责维修，也可采用其他补偿形式。

2.2.4 物业承接验收的程序

1. 新建房屋的承接验收程序

（1）建设单位书面提请承接单位承接验收。

（2）承接单位按照承接验收条件和应提交的资料进行审核，对具备条件的，应在15天内签发验收通知并约定验收时间。

（3）承接单位会同建设单位按承接验收的主要内容及标准进行检验。

（4）对验收中发现的问题，按质量问题处理办法处理。

（5）经检验符合要求的房屋，承接单位应签署验收合格凭证，签发承接文件。

2. 原有房屋承接验收程序

（1）移交人书面提请承接单位承接验收。

（2）承接单位按承接验收条件和应提交的资料逐项进行审核，对具备条件的，应在15天内签发验收通知并约定验收时间。

（3）承接单位会同移交人对原有房屋按原有房屋承接验收的主要内容及标准进行检验。

（4）对检验中发现的问题，按危险和损坏问题处理办法处理。

（5）交接双方共同清点房屋、装饰装修、设备和室内附着物，核实房屋使用状况。

（6）经检验符合要求的房屋，承接单位应签署验收合格凭证，签发承接文件，办理房屋所有权转移登记（若无产权转移，则无需办理）。

（7）移交人配合承接单位按承接单位的规定与房屋使用人重新建立租赁关系。

2.2.5 物业承接查验中质量问题的处理及其他有关规定

1. 处理质量问题的原则

在处理验收中的质量问题应把握两条原则：

(1) 原则性和灵活性相结合的原则

所谓原则性就是铁面无私，实事求是，不能因个人利益而放弃原则。物业服务企业验收人员应把查出的各种问题做非常详细的记录，对影响房屋结构安全和设备使用安全的质量问题，必须约定期限责成施工单位进行返工，直到合格，返工没有达到要求的不予签字。属无法返工的问题应该坚决索赔。影响相邻房屋的安全要求开发企业负责处理。

所谓灵活性就是在不违背原则的前提下，具体问题具体分析。对于大规模的物业，难免会出现一些不尽人意之处，承接查验人员不必拘泥于成规，要针对不同情况分别采取措施，不能把承接验收的双方置于对立状态，而应共同协商，力争合理、圆满地解决承接验收中存在的问题。例如，对不影响房屋结构安全和设备使用安全的质量问题，可约定期限由开发单位或施工单位负责维修，也可采取费用补偿的办法由承接单位处理。

(2) 细致入微与整体把握相结合的原则

工程质量问题对物业产生的影响很是久远，给管理带来的困难与障碍也很是巨大，所以，物业服务企业在进行工程验收时必须细致入微。任何一点疏忽都有可能给日后的管理带来无尽的麻烦，也会严重损害业主的利益。细微之处如所用材料的性能优劣，供电线容的大小是否恰当等；电梯、空调、发电机组等大型设备的检测和验收必须在其负载运行一段时间以后进行等。大的方面如给水排水管是否通畅，供电线路的正确与否，各种设备的运行是否正常。

整体把握是指从更高层次，从整体的角度去验收。无论是什么类型的物业，都不是孤立的和一成不变的，物业土地使用情况、公共配套设施、市政公用设施等综合性项目将标示出该物业的档次和发展潜力。对于写字楼而言，重视商务、办公的快捷、方便，并重视体现使用者的地位和身份，因此，内外装饰装修和设备应是承接验收的重点；而对于住宅小区而言，因为与人们日常生活紧密相关，这一特点决定了一个舒适、优美、安静的环境是小区建设和管理的重要目标，这正是更高层次的把握。

2. 发现质量问题的处理

(1) 在物业的承接查验中，发现影响房屋结构安全和设备使用安全的质量问题，必须约定期限由建设单位负责进行加固补强返修，直至合格，并按双方商定的时间组织复验。

(2) 在物业的承接查验中，发现影响相邻房屋的安全问题，由建设单位负责处理；因施工原因造成的质量问题，应由施工单位负责。按照约定期限进行加固补强返修，直至合格，并按双方商定的时间组织复验。

（3）在物业的承接查验中，对于不影响房屋结构安全和设备使用安全的质量问题，可约定期限由建设单位负责修缮，或可采取费用补偿的办法，由物业服务企业处理。

物业服务公司不仅要验收现时工程的状况，还应考虑使用一段时间以后的状况。对于在承接查验过程中确实存在的各项质量问题，物业服务企业应协同开发企业一起向施工单位索赔。这是管理所必需的，因为施工方面出现的质量问题的费用，很难在以后的管理中向业主分摊，这样就会使物业的维护保养难以为继，其破损和贬值就是必然的。判别工程能否达到合理的使用寿命，是一个难度较大的问题，所以一般由施工方对其施工质量向保险公司投保，保单及日后的索赔由物业管理企业办理；或者预先扣留一部分款项作为补偿金，用于物业服务企业应付日后出现的质量问题。

3. 物业承接验收中交接双方的责任

（1）建设单位的责任

1）提前做好房屋交验准备。房屋竣工后要及时提出承接验收申请，未经承接验收的新建房屋一律不得分配使用。

2）在承接验收时，应严格按照承接验收标准进行验收，验收不合格时负责返修。

3）房屋承接交付使用后，如属设计、施工、材料的原因由建设单位负责处理。如属使用不当，管理不善的原因，则应由承接单位负责处理。如发生重大质量事故，应由承接单位会同建设、设计、施工等单位，共同分析研究，查明原因。

4）按规定负责保修，并应向承接单位预付保修保证金和保修费。

（2）承接单位的责任

1）对建设单位提出的承接验收申请，应在 15 日内审核完毕、及时签发验收通知并约定时间验收。

2）经检验符合要求，应在 7 日内签署验收合格凭证，并应及时签发承接验收文件。

3）承接查验时，应严格按照承接验收标准进行验收，对在验收中所发现的问题应明确记录在案，并会同建设单位共同协议处理办法，商定复验时间，督促施工单位限期改正。

4）房屋承接交付使用后，如发生重大质量事故，应会同建设、设计、施工等单位，共同分析研究，查明原因。如属管理不善的原因，应负责处理。

5）根据协议，可负责代修、保修。承接查验时如有争议，交接双方应尽可能协商解决；如不能协商解决时，双方均应申请相关的房地产管理机关进行协调或裁决。

4. 配置物业管理用房

（1）物业管理用房的界定

物业管理用房，是指房地产开发建设中按照有关规定建设的，由开发建设单位以建造成本价一并转让给购房业主集体，用作物业管理办公、工作人员值班以及存放工具材料的用房。

配置物业管理用房，是建设单位的法定义务，是建设单位必须完成的义务。因为物业管理用房，是保证物业服务企业实施物业管理活动的最基本的，也是最重要的条件之一。因此，建设单位在建设项目的立项阶段，就要做到全面规划，统筹安排，以使物业管理用房在建设工程勘察、设计、施工的各个阶段得以顺利进行。

（2）物业管理用房的数量

由于目前国家尚没有，今后也难有一个统一的规定。所以，各地人民政府只能根据本地区的实际情况做出具体规定。

5. 承接查验后的物业保修

（1）建筑工程质量保修制度的范围

建筑工程质量保修制度，就是指在建筑工程竣工验收，包括承接查验后，对在保修期限内因施工、勘察设计、材料等原因造成的质量缺陷，予以修复。这里所说的质量缺陷，是指建筑工程的质量不符合工程建设强制性标准以及合同的约定。

（2）履行建筑工程质量保修义务的单位

履行工程质量保修义务的单位是建筑施工企业。建筑工程在保修期间出现质量缺陷，建设单位或者房屋建筑所有人应当向施工单位发出保修通知。施工单位接到保修通知后，应当及时赶到现场核查情况，在保修书约定的时间内予以保修。发生涉及结构安全的质量缺陷，建设单位或者房屋建筑所有人应当立即向当地建设行政主管部门报告，采取安全防范措施；由原设计单位或者具有相应资质等级的设计单位提出保修方案，施工单位实施保修，原工程质量监督机构负责监督。发生涉及结构安全或者严重影响使用功能的紧急抢修事故，施工单位接到保修通知后，应当立即到达现场抢修。保修完成后，由建设单位或者房屋建筑所有人组织验收。涉及结构安全的应报当地建设行政主管部门备案。

建筑工程发生质量缺陷，原因是多方面的，不论涉及建筑工程勘察单位、设计单位、施工单位、建筑材料供应单位，还是其他单位的，都应当依法承担连带责任。保修费用由质量缺陷的责任方承担。施工单位不按照工程质量保修书约定保修的，建设单位可以另行委托其他单位保修，由原施工单位承担相应责任。

（3）建筑工程质量保修的范围和期限

1）基础设施工程、房屋建筑的地基基础工程和主体结构工程，为设计文件规定的该工程合理使用的年限。

2）屋面防水工程、有防水要求的卫生间、房间和外墙面的防渗漏，为5年。

3）供热与供冷系统，为2个供暖、供冷期。

4）电气管线、给水排水管道、设备安装和装饰装修工程，为2年。

5）由双方约定其他项目的保修期限。但出现下列情况之一者则不属于保修范围：

①因使用不当或者第三方造成的质量缺陷。②不可抗力造成的质量缺陷。

2.3 物业的入户和装修管理

2.3.1 物业的入户管理

当物业服务企业的验收与接管工作完成以后，也就是物业具备了入户条件后，物业服务企业就应按程序进入物业住户入户手续的办理阶段。

物业的住户入户就是买房的业主或租赁的用户进房入住。物业住户入户的手续比较多，遇到的具体问题及困难也比较多，物业服务企业应想方设法帮助住（用）户办好入住手续，解决各种困难。住户入户或入住是房屋售卖或租赁工作的终点，同时又是管理工作的起点。如果住户进住的第一感觉很好，将对今后的管理及物业服务企业与住户的关系打下良好的基础，反之将给今后的管理带来许多问题。物业服务企业应充分利用这一机会，既做好物业管理的宣传工作、讲解工作，又要切实为业主或用户着想办事，以树立起物业服务企业良好的第一印象，争取广大业主和用户的信赖。

1. 及时发放入住函件

物业服务企业在办理住户入户手续阶段，应及时向购房业主发放《入户通知书》、《入户手续书》、《收费通知书》、《收楼须知》等入住函件。

（1）《入户通知书》是通知购房业主前来办理各类入户手续的信函。物业服务公司在制作入户通知书时应注意如下问题：①写清办理入户手续的时间、地点和注意事项；②如业主因故不能按时前来办理，应注明委托他人代办的办法；③如果业主因故不能按时前来办理，应注明补办的办法。

（2）《入户手续书》是入户手续的办理程序介绍和安排，其目的是让业主明了办理手续的顺序，使整个过段井然有序。

（3）《收费通知书》是通知购房业主办理入户手续时应该交付的款项。财务部门应根据其所购面积、价格，计算出各项费用，一并通知购房业主。

（4）《收楼须知》，这是告知购房业主在办理入户手续的应注意的事项，反应携带的各种证件、合同和费用，从而避免遗漏、往返、给业主增添不便。

2. 办理入户手续及应注意的问题

（1）寄发《入户通知书》的注意事项

《入户通知书》是物业服务企业在物业验收合格后通知业主或租户可以办理入户手续的文件。在寄发《入户通知书》时应注意的问题有：①应及时寄发入户通知书。按合同，物业服务企业应会同开发商如期将《入户通知书》和《入户手续书》寄发给业主或租户，如果不能如期寄发，开发商应当承担责任或给予经济赔偿；如果如期寄发，业主或租户不能在约定期限内办理手续，业主或租户应征得开发商或物业服务企业的同意，一般而言在约定期限内无正当理由不收楼，开发商可通知购房者将房屋钥匙交由物业服务企业，以后房屋遭损失发生意外，开发商便获免责，由购房者承担后果。如因管理、维护导致损失，也应由购房者负责。②合理安排时间。一般来说，楼宇的入户不是一家，而是许多家，甚至上百家。如果集中在同一时间办理手续，肯定会带来许多困难和问题。所以，在通知书上一定要注明各楼宇或各层办理的时间，分期分批办理。③特殊情况处理。如果有些业主或租户不能按时前来办理手续，对这部分人要妥善安排补救办法，并通知业主或租户。

（2）寄发《收楼须知》的注意事项

《收楼须知》是物业服务公司告知业主或租户在收楼时应注意的事项以及在办理入户手续时应携带的各种合同、证件和费用的文件。

购买物业对每一位业主来说均是一项重大的投资活动，所以验楼是十分重要的环节。业主对自己所购物业进行验收是业主的权益，业主在验收之前应尽量把物业可能产生的问题了解清楚，并逐项进行鉴定检查，尽可能把问题解决在入户之前，将先天缺陷减小到最低限度。归纳众多物业服务企业的经验，一般物业可能存在的质量问题大致有以下几个方面：①给水排水系统，包括水管、水龙头、水表是否完好，排水管道是否有建筑垃圾堵塞，地漏、马桶、浴缸排水是否通畅，有无泛水现象等。②门窗部分，包括框架是否平整、牢固，门窗是否密封、贴合，门锁、窗钩有无质量问题，玻璃是否防水密封等。③供电部分，包括电灯、电线、开关是否有质量问题，电表的流量大小是否能满足空调、电脑等家用电器的需要等。④墙面、屋顶、地板部分，主要是看墙面、屋顶、地板是否平整、有无起壳、起砂、剥落、裂缝、渗水，还有瓷砖、墙砖是否平整、有无鼓肚等现象。⑤公共设施及其他，包括扶梯、电梯、防盗门、电话电线、天线、信箱、垃圾桶等是否有问题。

在验楼的过程中，物业服务企业应该配合业主或租户进行工作，对业主或租户的合理要求应该尽快予以满意的答复，不欺诈，不推脱。当然对业主或租户不合理的要求，也要善于解释，化解矛盾，尽量保证验楼工作能够保质保量地顺利进行。

（3）办理《入户手续书》的注意事项

《入户手续书》是物业服务公司为方便业主、让其知晓办理入户手续具体程序而制定的一个文件。一般入户手续书上都留有各部门的确认证明，业主每办完一项手续，有关职能部门就要在上面签字、盖章。这里需要说明的是，这个入户手续指的是业主购买住宅情况下的一般过程，如果是单位分配住宅或租户租赁物业的情况，入户手续不会完全一致，这就要根据具体情况作适当调整。入户手续的先后次序，主要是缴费和验楼的次序，目前在理论界和实际工作者中间认识不尽一致。有人认为开发商坚持先办手续、先缴费然后验楼是一种无理的行为，这种看法也不无道理。所以，这个问题到底如何处理，要依据具体情况灵活掌握，也就是说可以各有先后，但物业管理处正式把业主所购物业的钥匙交给业主应当是最后一个环节。

3. 办理入户手续的重要文件

业主或租户办理入户手续，实际上是要完成两个方面的事情：一方面业主或租户同物业服务企业打交道，正式进入物业管理的运作过程；另一方面业主或租户同开发商打交道，从开发商手里接收物业，从而为以后的物业管理打下物质基础。这两件事情的最后结果是签署《楼宇交接书》和《物业管理公约》两个文件。

（1）楼宇交接书

楼宇交接书，是在业主确认可以接受所购楼宇后，业主和开发商共同签署的一个文件。

（2）业主公约

1）有关物业的基本情况，如名称、坐落、建筑面积、用途及户数等。

2）关于物业的使用、维修和管理方面的一些约定。主要包括以下六方面：

①合理使用共用部位共用设施设备，按规划设计用途使用物业，自觉维护物业整洁、美观，遵守政府对市容环境要求的相关规定。

②不占用共用部位和共用设施设备；不能擅自变更房屋结构、外貌和用途；不利用共用部位搭建建筑物、构筑物等。

③不随意堆放、倾倒或抛弃垃圾、杂物；爱护公共环境，不侵占公共绿地和损坏物业区域内绿地、园林、小品和其他共用设施设备；不在共用部位乱涂乱画和随便张贴；垃圾应按指定时间和地点堆放，避免污染。

④不得发出影响其他业主正常生活的噪声；自觉维护物业区域内的公共生活秩序，不在共用部位或违反规定在房屋内堆放易燃、易爆、剧毒、放射性物品和其他有毒害物质；不得利用物业从事危害公共利益的活动以及进行法律法规及政府规定禁止的其他行为。

⑤停放期间，防盗报警器应使用静音，发生噪声应迅速解除；应当遵守有关法律法规的规定，禁止在消防通道、消防井盖、人行便道和绿地等场所停放车辆；严禁违反规定饲养家禽、家畜及宠物。

⑥发现房屋内属公共维修责任的共用部位和设施损坏时，应及时通知物业服务企业，并采取合理措施防止损失扩大；对屋内影响相邻业主权益的损坏部位和设施，应当及时进行维修；进行入户维修时，如因该维修而损坏业主利益，应予以修复或适当赔偿损失；对毗连的物业维修，各相邻业主应积极支持、配合，不得人为阻挠维修；因阻挠维修造成物业及他人人身伤害和财产损失的，阻挠人应承担赔偿责任；如因人为原因造成共用部位共用设施设备损坏，造成损坏的责任人应负责修复或赔偿损失。

3）确认业主应享有共同利益以及权利和义务。例如，参与物业管理的权利和义务；

特别要确认应按照前期物业服务合同的约定向物业服务企业交纳物业服务费，业主因故不能按期交纳物业服务费用的，应委托他人按期代交或及时补交；对业主大会、业主委员会和物业服务企业监督的权利。对欠缴物业服务费用的业主，业主委员会应进行催缴或委托物业服务企业催缴，采取书面催缴、电话催缴和当面催缴等催缴方式，并可采取相应催缴措施。

4）明确违反业主公约的法律责任。业主应自觉遵守本公约的各项规定，违反本公约造成其他业主、使用人人身伤害或财产损失的应负赔偿责任。业主对物业管理服务工作的意见和建议，可直接向物业服务企业提出，也可向业主委员会提出，遇有涉及公共利益的争议应通过业主委员会协调解决，或提交业主大会表决。对业主的违约行为，业主大会、业主委员会、其他业主可督促其改正，也可委托物业服务企业督促其改正。

2.3.2　物业的装修管理

1. 物业装修的特点

（1）物业的装修大多是在原来房屋初步装修的基础上进行的，更多的是要表达租户个人或业主意愿而进行的。

（2）物业装修往往是在业主或使用人入住的情况下进行的，即使是新购的物业因入住时间先后等因素，也会出现已有业主或使用人入住的情况，因此施工时应该顾及相邻住户的正常工作和生活，尽量避免或减小对他人的影响。

（3）对施工人员的技术和专业素质要求比较高。因为是在原来房屋建筑的基础上进行的二次装饰装修，所以要求装饰装修必须符合原来房屋建筑的工程技术规范和技术指标，特别是租赁柜台还要统一风格，而且，同一物业、一座楼宇或一个小区，入住的业主和使用人成百上千，由于各种原因来往的人员也比较多和比较杂，这就需要施工人员的技术和思想素质都比较高，否则就会给物业服务或他人带来巨大的困难和财产损失。

（4）施工过程中防火特别重要。施工作业过程中安全永远是排在第一位的，防火就成为这其中首先要重视的环节。

2. 物业管理企业在物业装修过程中的职责

近年来，我国物业装修行业发展迅速，已成为扩大内需和拉动国民经济增长的重要力量。但是，一些地方由于聘用不具备资质条件或者低素质的物业装修企业，有的随意更改房屋的建筑结构、管线的走向，致使房屋存在安全隐患，有的使用不合格的装饰材料，造成物业装修质量低劣。一些大型公共建筑，如商场、歌舞厅、电影院等发生火灾与室内装修装饰器材的质量有着密切关系；有的在施工队伍装饰装修过程中，不注意作息时间干扰他人的休息，造成邻里不和等，都给物业管理带来了许多难题。为了杜绝这些不好的情况，在物业装修过程中，物业管理必须做好以下几点工作：

（1）要大力宣传装修的有关规定。目前，在装修方面，我国有关部门已经发布了一系列文件和规定。这些法律条文和规定是《中华人民共和国建筑法》、《住宅室内装饰装修管理规定》、《建筑装饰装修管理规定》等，其中《建筑装饰装修管理规定》和《住宅室内装饰装修管理规定》对装饰装修做出了具体规定。近年来，国家又颁布了室内装饰装修环境质量的技术规范。物业服务企业有责任让业主或使用人以及施工人员知晓国家有关物业装修的规定；要让他们了解房屋装饰装修的审批范围、申报程序、各自职责和应承担的法律责任，从而使规定家喻户晓，有利于执行。

（2）要加强物业装修的监督管理。物业服务企业应该加强对装饰装修的监督管理，这不仅包括在装饰装修过程中要加强巡视制度，更包括要详细审查装饰装修的设计图纸，施工时对违规行为要及时制止，对拒不执行者，报有关部门处理。

（3）物业管理要积极参与室内外装饰装修。物业服务企业从有利于物业长期管理的战略眼光出发，要积极参与住户或租户的室内装饰装修，一方面因为物业服务企业承揽装饰装修业务越多，对装饰装修的直接管理也就越有效；另一方面也可以解除住户或租户的后顾之忧。

3. 物业装修管理的规定

为了加强物业区域的管理，保护物业区域的安全、美观、卫生，维护业主或租户的合法权益，对物业装修一般有如下几条规定：

（1）《建筑装饰装修管理规定》规定的报建手续

原有房屋进行装修时，凡涉及明显加大荷载和拆改主体结构的，应当按照下列办法办理：

1）房屋所有权人、使用人必须向房屋所在地的房地产行政主管部门提出申请，并由房屋安全鉴定单位对装饰装修方案的使用安全进行审定。房地产行政主管部门应当自受理房屋装饰装修申请之日起20日内决定是否予以批准。

2）房屋装饰装修申请人持批准书向建设行政主管部门办理报建手续，并领取施工许可证。建设单位按照工程建设质量安全监督管理的有关规定，到工程所在地的质量安全监督部门办理装修工程质量安全监督手续。对于未办理报建和质量安全监督手续的装修工程，有关主管部门不得为建设单位办理招标投标手续和发放施工许可证，建设勘察设计单位、建筑施工单位不得承接装修工程的设计和施工。

（2）《住宅室内装饰装修管理规定》规定的报建手续

装修人在住宅室内装饰装修工程开工前，应当向物业服务企业或者房屋管理机构申报登记。申报登记应当提交下列材料：①房屋所有权证（或者证明其合法权益的有效凭证）。②申请人身份证件。③装饰装修方案。④变动建筑主体或者承重结构的，需提交原设计单位或者具有相应资质等级的设计单位提出的设计方案。⑤涉及《住宅室内装饰装修管理规定》第6条行为的，需提交有关部门的批准文件；涉及《住宅室内建筑装饰装修管理规定》第7条、第8条行为的，需提交设计方案或者施工方案。⑥委托装饰装修企业施工的，需提供该企业相关资质证书的复印件。此外，非业主的住宅使用人，还提供业主同意装饰装修的书面证明。工程投资额在 30 万元以下或者建筑面积在 300 平方米以下，可以不申请办理施工许可证的非住宅装饰装修活动参照《住宅室内装饰装修管理规定》执行。

装修人从事住宅室内装饰装修活动，未经批准，不得有下列行为：①搭建建筑物、构筑物。②改变住宅外立面，在非承重外墙上开门、窗。③拆改供暖管道和设施。④拆改燃气管道和设施。其中第①、②项行为，应当经城市规划行政主管部门批准；第③项行为，应当经供暖管理单位批准；第④项行为，应当经燃气管理单位批准。

住宅室内装饰装修超过设计标准或者规范增加楼面荷载的，应当经原设计单位或者具有相应资质等级的设计单位提出设计方案。

4. 物业服务企业履行告知义务

物业服务企业应当将房屋装修的禁止行为和注意事项告知业主，使业主更好地了解和遵守国家的有关规定，特别是关于装修的禁止行为必须告知业主。这不仅关系到工程的质量和业主的利益，而且还关系到工程的安全和整个物业管理区域的公共利益。这是《物业管理条例》明确规定了的义务。根据有关规定，物业装修禁止的行为主要有：①将没有防水要求的房间或者阳台改为卫生间、厨房。②未经原设计单位或者具有相应资质等级的设计单位提出设计方案，变动建筑主体和承重结构。③扩大承重墙上原有的门窗尺寸，随意在承重墙上穿洞，拆改连接阳台的砖、混凝土墙体。④随意增加楼地面静荷载，在室内砌墙或者超负荷吊顶、安装大型灯具及吊扇。任意刨凿顶板，不经穿管直接埋设电线或者改线。⑤损坏房屋原有节能设施，降低节能效果。⑥破坏或者拆改厨房、厕所的地面防水层，以及水、暖、电、燃气等配套设施。⑦违规堆放、使用、清运易燃装饰材料；家庭居室装饰装修所形成的各种废弃物，不按照有关部门指定的位置、方式和时间进行堆放及清运。⑧从楼上向地面或者由排水管道抛弃因装饰装修居室而产生的废弃物及其他物品。⑨晚间在居民正常的睡眠时间进行有噪声的房屋装修施工。⑩车辆、行人通行的户外施工，不安置警示标志。

5. 物业服务企业对施工和施工队伍的管理

（1）对施工管理

物业服务企业应该尽量阻止违反装饰装修规定的行为，加强对施工过程的管理，不要等待事情发生之后再来纠正。同时，要注意影响，不要或者尽量减少对其他业主及使用人的干扰。

1）申请批准后，施工队伍出示物业服务公司发给的《装饰装修改造施工许可证》方可施工。

2）装饰装修工作开始前，施工单位应缴纳一定数额的装饰装修押金，待装饰装修完毕后，由物业服务公司检查，若有损害行为发生，罚金从押金中扣除；如未对公共设施及他人财产造成损害，再将押金全部退还。

3）所有装饰装修工程均须由装修单位向管理公司交付垃圾外运费和施工管理费。

4）装修作业时间必须安排在每天 8：00—12：00，14：00—21：00，不得延长施工时间，以免影响他人休息。否则，管理公司有权给予停水、停电处理。

5）装饰装修改造的垃圾不准在公共部位乱堆乱放，必须放到管理公司指定的位置，严禁投入排水管道或随意倾倒。

6）施工人员应到物业服务公司办理个人登记，发给临时出入证，并在指定区域内活动。

7）施工人员不准在施工现场留宿，遇到留宿者，首先应当将留宿人名单报物业服务公司，经过批准后方可留宿，并且每人须缴纳 100 元保证金，待施工结束后，如无违章行为，该保证金如数退还，否则依据《关于施工人员的内部治安管理规定及处罚办法》的有关条款从保证金中扣除。

8）物业装修工程完工后，由业主或使用人通知管理处有关部门对装修工程进行验收。隐蔽工程必须在隐蔽前进行验收。验收合格后，由管理处有关部门向业主或使用人出示竣工验收单，并到管理部、安保部门办理必要的手续。

（2）对施工队伍的管理

为了能使业主有一个安宁、舒适的生活环境，维护业主权益，必须加强对施工队伍的管理，在住户申请物业装修经管理处审批同意后，施工队伍进入施工现场前，必须签订《责任书》。责任书的一般规定如下：

1）装修人员每人须交 2 张 1 寸照片，1 张用来办理临时出入证，1 张用来办理个人档案。

2）装修人员入户进行装修时，必须向物业服务公司缴纳每日每人一定金额的管理费。

3）装修人员或工程队入户进行装修前，必须向物业服务公司预缴装修押金若干元。等到装修完毕后按规定退还。

4）装修人员必须保持公共场所，包括楼梯、楼道及墙壁的清洁，不允许污水、废物倒在楼道里，不得在公共部位堆放杂物。及时处理装修产生的垃圾。

5）装修人员不得侵扰其他业主，不准在楼道内闲逛或在其他楼层里停留。

6）施工负责人要保证各楼层公共设施完好。

7）当物业装修材料超重超长时，则禁止使用电梯。

8）注意用电及消防安全。用电时，要注意采用适当插头，严禁用电源线直接接到漏电开关上；进行电焊施工必须事先向管理处申请配备消防用具；严禁用电炉做饭、烧水；禁止在易燃易爆物品旁吸烟。

9）装修人员不准在施工场所留宿，如果确需过夜留宿的应先与管理处联系，经同意后方可过夜。

10）装修施工队伍应严格遵守有关物业装修的规定，如业主要求违章装修时，应解释说明，不予装修。出现问题时，施工负责人应及时向管理处联系，双方协商解决，不得擅自做主。否则，除业主承担责任外，装修施工队伍也应承担一定的责任。如违反上述规定，管理处将视情节严重给予罚款，并有权责令停工整顿。

3 物业房屋维修管理实训

【实训目的】

通过本单元实训，熟悉房屋维修管理内容、标准及要求；掌握房屋的日常保养维护和房屋渗漏防治的方法。

【实训内容】

一、准备修缮工程的施工图纸及相关技术资料、房屋维修相关文件资料；

二、编制房屋维修成本计划；

三、整理房屋维修档案资料；

四、房屋日常保养维护和房屋渗漏防治实地操作。

【实训技能点】

一、房屋维修施工图纸、技术资料、相关文件资料的管理能力；

二、房屋构件和维修材料的辨识能力；

三、房屋维修计划的编制能力；

四、房屋日常养护和维修的操作能力。

【实训作业】

一、设置房屋日常保养维护工作关键点、漏洞点，提出具体的处理方法；

二、设置房屋渗漏防治工作关键点、漏洞点，提出具体的处理方法。

3.1 房屋维修管理要求

3.1.1 房屋维修管理概述

1. 房屋维修的涵义

房屋维修有广义和狭义之分。狭义的房屋维修仅指对房屋的养护和修缮。广义的房屋维修则包括对房屋的养护、修缮和改建。具体来说，房屋维修包括物业公司对房屋的日常保养，对破损房屋的修缮以及对不同等级房屋功能的恢复、改善，装修、装潢，同时结合房屋维修加固，增强房屋抗震能力等。

2. 房屋维修的特点

（1）房屋维修是一项经常性的工作

房屋使用期限长，在使用中由于自然或人为的因素影响，会导致房屋、设备的损坏或使用功能的减弱，而且由于房屋所处的地理位置、环境和用途的差异，同一结构房屋使用功能减弱的速度和损坏的程度也是不均衡的，因此，房屋维修是大量的经常性的工作。

（2）房屋维修量大面广、零星分散

量大面广是指房屋维修涉及各个单位、千家万户，项目多而杂；零星分散是指由于房屋的固定性以及房屋损坏程度的不同，决定了维修场地和维修队伍随着修房地段、位置的改变而具有流动性、分散性。

（3）房屋维修技术要求高

房屋维修由于要保持原有的建筑风格和设计意图，因此技术要求相对于建造同类新建工程来讲要高。房屋维修有其独特的设计、施工技术和操作技能的要求，而且对不同建筑结构、不同等级标准的房屋，采用的维修标准也不同。

3. 房屋维修的原因

房屋竣工交付使用后，由于多种因素的影响而不断损坏，为了全面或部分地恢复房屋失去的使用功能，防止、减少和控制其破损的发展，延长房屋的使用寿命，达到保值增值的目的，物业公司就必须加强房屋的技术管理，及时地对房屋进行维修养护。另外，有时为了改善或改变房屋的居住条件，甚至是为了改善或提高房屋的艺术性要求，也需要进行特殊的房屋修缮。

一般来说，导致房屋损耗，主要有以下几项因素：

（1）自然因素

房屋在不同地区、不同方位、不同大气条件下都会对其外部构件产生老化和风化等侵蚀的影响，这种影响随着大气干、湿度和温度的变化而变化。

（2）使用因素

人们在房屋内生活和生产活动以及生产设备、生活日用品承载的大小、摩擦撞击的频率、使用的合理程度等都会影响房屋的寿命。

（3）生物因素

主要是虫害（白蚁等）、菌类（如真菌）的作用，使建筑物构件的断面减少，强度降低。

（4）地理因素

主要是指地基土质的差异（引起房屋的不均匀沉降）以及地基盐碱化作用引起房屋

的破坏。

（5）灾害因素

主要是突发性的天灾人祸（水灾、地震、龙卷风、战争）造成的损失。

上述五项因素往往相互交叉影响和作用，从而加剧了房屋破损的过程。因此，及时修理、恢复房屋功能是十分重要的。

3.1.2 房屋维修管理标准及要求

1. 房屋维修的原则

根据国家有关政策和房屋维修的实践，房屋维修应遵循以下几个原则：

（1）经济、合理、安全、实用的原则

所谓经济，就是房屋维修要尽可能地少花钱，多修房，修好房，实现社会效益和经济效益的统一；合理，就是要严格按照国家有关政策规定的修缮范围和标准，制定合理的房屋修缮计划和方案；安全，就是房屋修缮要达到房屋结构牢靠，使用安全的目的；实用，就是从实际出发，因地制宜，努力适应用户在使用功能和质量上的要求，充分发挥房屋的效能。

（2）为用户服务的原则

房屋维修要切实做到为用户和业主服务，这既是满足社会生产和人民生活的需要，也是提高物业管理经营效益、争取更多客户、增强企业经营实力的需要。因此，房屋维修人员一定要树立为用户服务的基本指导思想，改善服务态度，转变传统的服务观念，认真解决用户急需解决的维修问题，提高服务质量，为用户提供舒适、便利的居住条件。不同的房屋，应按原有的建筑风格与标准进行修缮；对居住小区还要作好居住环境的综合治理。

（3）预防为主，护、管、修相结合的原则

要贯彻预防为主的原则，使房屋的合理使用、维护和日常保养、修缮改造等有机地结合起来。用户的合理使用和房屋的维修是相辅相成的，不可偏废。用户合理使用和爱护房屋，可以大大减少房屋的人为损坏，减少房屋的维修量，节约修缮资金。要坚持能修则修、应修尽修、以修为主、全面养护和爱护房屋的原则。

（4）等价有偿的原则

房屋维修与养护需要投入大量的人力、物力和财力，市场经济条件下，应按照价值规律，贯彻等价有偿的原则，交付使用后收回成本和产生适当的利润。只有这样，才能形成维修资金的良性循环，维持维修管理部门的生产和再生产的顺利进行，才能更好地为业主、为使用人服务。

2. 房屋维修标准

《房屋维修标准》是由原国家城乡建设环境保护部城市住宅局在 1985 年制定颁布

的。它是按不同的结构、装修、设备条件把房屋划分成一等和二等以下两类而分别制定的。

一等房屋必须符合下列条件：

（1）结构：包括砖木（含高级纯木）、混合和钢筋混凝土结构，其中，凡承重墙、柱不得用空心砖、半砖、孔砖和乱石砌筑。

（2）楼地面：楼地面不得用普通水泥或三合土面层。

（3）门窗：正规门窗、有纱门窗或双层窗。

（4）墙面：中级或中级以上粉饰。

（5）设备有水、电、卫设备：独厨供暖地区有散热器。

凡低于以上所列条件者均为二等以下房屋，具体的分类可参见有关书籍中的《房屋结构分类表》。

分为两类房屋的目的在于物业服务公司可以对原结构、装修、设备较好的一等房屋，加强维修养护，使其保持较高的使用价值；而对二等以下的房屋，主要是通过维修，保证业主或使用人的住用安全并适当改善其住用条件。

维修标准按主体工程木门窗及装修工程，楼地面工程，屋面水、电、卫、暖等设备工程，水、电、卫、暖等设备工程，抹灰工程，油漆粉饰工程，金属构件及其他工程等九个分项工程进行确定。

（1）主体工程维修标准。这主要指屋架、梁、柱、墙、楼面、屋面、基础等主要承重构部件。当主体结构损坏严重时，不论对哪一类房屋维修，均应要求牢固、安全不留隐患。

（2）木门窗及装修工程维修标准。木门窗维修应开关灵活，不松动，不透风；木装修工程应牢固、平整、美观，接缝严密。一等房屋的木装修应尽量做到原样修复。

（3）楼地面工程维修标准。楼地面工程维修应牢固、安全、平整、美观，拼缝严密不闪动，不空鼓开裂，卫生间、厨房、阳台地坪无倒泛水现象。如厨房、卫生间长期处于潮湿环境，可增设防潮层；木基层或夹砂楼面损坏严重时，应改做钢筋混凝土楼面。

（4）屋面工程维修标准。屋面工程必须确保安全，要求平整不渗漏，排水畅通。

（5）抹灰工程维修标准。抹灰工程应接缝平整、不开裂、不起壳、不起泡、不松动、不剥落。

（6）油漆粉饰工程维修标准。各种油漆和内、外墙涂料，以及地面涂料，均属保养范围，应制定养护周期，以达到延长房屋使用年限的目的。对木构件和各类铁构件应进行周期性油漆保养。油漆粉饰要求不起壳、不剥落、色泽均匀，尽可能保持与原色一致。

（7）水、电、卫、暖等设备工程维修标准。房屋的附属设备均应保持完好，保证运行安全，正常使用。电气线路、电梯、安全保险装置及锅炉等应定期检查，严格按照有关安全规程定期保养。对房屋内部电气线路破损老化严重、绝缘性能降低的，应及时更换线路；当线路发生漏电现象时，应及时查清漏电部位及原因，进行修复或更换线路。对供水、供暖管线应作保温处理，并定期进行检查维修。

（8）金属构件维修标准。应保持牢固、安全、不锈蚀。

（9）其他工程维修标准。对属物业服务公司管理的庭院院墙、院墙大门、院落内道路、沟渠下水道、窨井损坏或堵塞的，应修复或疏通；庭院绿化，不应降低绿化标准，并注意对庭院树木进行检查、剪修，防止大风暴雨时对房屋造成破坏。

此外，对坐落偏远、分散、不便管理，且建筑质量较差的房屋，维修时应保证满足不倒不漏的基本住用要求。

3. 房屋完损等级评定

房屋完损等级是指对现有房屋完好或损坏程度划分的等级，也就是现有房屋的质量等级。

房屋完损等级评定是按照统一的标准、统一的项目、统一的评定方法，对现有整幢房屋进行综合性的完好或损坏的等级评定。这项工作专业技术性强，既有目观检测，也有定量、定性的分析。

《房屋完损等级评定标准》是由原国家城乡建设环境保护部城市住宅局在 1985 年制定颁布的。它是物业服务公司对房屋质量进行评定时，必须参照的一个标准；同时，它又为物业服务公司在对房产管理和维修计划的安排等方面提供了基础资料和依据。

（1）房屋完损等级分类

根据各类房屋的结构、装修和设备等组成部分的完好、损坏程度，房屋完损等级分成五类，即完好房、基本完好房、一般损坏房、严重损坏房和危险房。

1）完好房。这是指房屋的结构构件完好，装修和设备完好、齐全完整，管道畅通，现状良好，使用正常，或虽个别分项有轻微损坏，但一般经过小修就能修复的房屋。

2）基本完好房。这是指房屋结构基本完好，少量构部件有轻微损坏，装修基本完好，油漆缺乏保养，设备、管道现状基本良好，能正常使用，经过一般性的维修能修复的房屋。

3）一般损坏房。这是指房屋结构一般性损坏，部分构部件有损坏或变形，屋面局部漏雨，装修局部有破损，油漆老化，设备管道不够畅通，水卫、电照管线、器具和零件有部分老化、损坏或残缺，需要进行中修或局部大修更换部件的房屋。

4）严重损坏房。这是指房屋年久失修结构有明显变形或损坏，屋面严重漏雨，装修严重变形、破损，油漆老化见底，设备陈旧不齐全，管道严重堵塞，水卫、电照的管线、器具和零件残缺或严重损坏，需进行大修或翻修、改建的房屋。

5）危险房。这是指承重构件已属危险构件，结构丧失稳定和承载能力，随时有倒塌可能，不能确保住用安全的房屋。

（2）房屋完好率和危房率计算

计算房屋完损等级，一律以建筑面积为计量单位，评定时以幢（栋）为评定单位。幢（栋）的划分原则与建筑面积的计算规则均与全国城镇房屋普查时的规定相同。

完好房屋的建筑面积与基本完好房屋的建筑面积之和，占总的房屋建筑面积的百分比即为房屋完好率。

房屋完好率＝（房屋建筑面积＋基本完好房屋建筑面积）／总的房屋建筑面积×100％

房屋经过大、中修竣工验收后，应重新评定调整房屋完好率（但是零星小修后的房屋不能调整房屋完好率）。正在大修中的房屋可暂按大修前的房屋评定，但竣工后应重新评定；新接管的新建房屋，同样应按本标准评定完好率。

整幢危险房屋的建筑面积占总的房屋建筑面积的百分比即为危房率。

危房率＝整幢危险房屋建筑面积/总的房屋建筑面积×100％

（3）房屋完损等级评定方法

1）钢筋混凝土结构、混合结构、砖木结构房屋完损等级评定方法分为以下四种情况：

①房屋的结构、装修、设备等组成部分各项完损程度符合同一个完损标准，则该房屋的完损等级就是分项所评定的完损程度。

②房屋的结构部分各项完损程度符合同一个完损标准，在装修设备部分中有一、二项完损程度下降一个等级，其余各项仍和结构部分符合同一完损标准，则该房屋的完损等级按结构部分的完损程度来确定。

③房屋结构部分中非承重墙或楼地面分项完损程度下降一个等级，完损标准在装修或设备部分中有一项完损程度下降一个等级完损标准，其余三个组成部分的各项都符合上一个等级以上的完损标准，则该房屋的完损等级可按上一个等级的完损程度来确定。

④房屋结构部分中地基基础、承重构件、屋面等项的完损程度符合同一个完损标准，其余各分项完损程度可有高出一个等级的完损标准，则该房屋完损等级可按地基基础、承重结构、屋面等项的完损程度来确定。

2）其他结构房屋完损等级评定

其他结构房屋是指竹、木、石结构，砖拱、窑洞、捆绑等类型的房屋（通俗称简易结构）。此类结构的房屋完损等级评定方法分为以下两种情况：

①房屋的结构、装修、设备等部分各项完损程度符合同一个完损标准，则该房屋的完损等级就是分项的完损程度。

②房屋的结构、装修、设备部分等绝大多数项目完损程度符合一个完损标准，有少量分项完损程度高出一个等级完损标准，则该房屋的完损等级按绝大多数分项的完损程度来确定。

■ 3.1.3　房屋维修成本管理

房屋维修成本管理的工作内容一般包括：成本预测、成本计划、成本控制、成本核算以及成本分析和考核。

1. 成本预测

成本预测是加强成本事前管理的重要手段。成本预测的目的，一方面为企业降低成本指出方向；另一方面确定目标成本，为企业编制成本计划提供依据。

成本预测应在大量收集进行预测所需的历史资料和数据的基础上，采用科学方法进行，并和企业挖掘潜力、改进技术组织措施相结合。成本预测的主要目的是确定目标成本，并根据降低成本目标提出降低成本的各项技术组织措施，不断挖掘降低成本的潜力，使各项技术组织措施确实保证达到或超过降低成本目标的要求。

2. 成本计划

房屋维修成本计划是以货币形式规定计划期内房屋维修工程的生产耗费和成本水平，以及为保证成本计划实施所采取的主要方案。编制成本计划就是确定计划期的计划成本，是成本管理的重要环节。

（1）成本计划的作用

1）成本计划是企业日常控制生产费用支出，实行成本控制的主要依据。通过编制成本计划，事先审查费用的支出是否合理，从而在降低成本方面增强预见性。

2）成本计划可以为全体职工在降低成本方面指出目标和方向，有利于调动职工的积极性，采取有效措施降低成本。

3）降低成本是企业利润的主要来源，成本计划是企业利润计划的重要依据。

（2）成本计划编制的程序

1）收集、整理、分析资料。为了使编制的成本计划有科学的依据，应对有关成本计划的基础资料全面收集整理，作为编制成本计划的依据。主要有：

①计划期维修工程量、工程项目等技术经济指标；

②上年度成本计划完成情况及历史最好水平；

③计划期内维修生产计划、劳动工资计划、材料供应计划及技术组织措施计划等；

④上级主管部门下达的降低成本指标和建议；

⑤施工图纸、定额、材料价格、取费标准等。

2）成本指标的试算平衡。在整理分析资料的基础上，进行成本试算平衡，测算计划期成本降低的幅度，并把它同事先确定的降低成本目标进行比较。如果不能满足降低成本目标的要求，就要进一步挖掘降低成本的潜力，直到达到或超过降低成本目标的要求。

3）编制成本计划。经过成本试算平衡后，由企业组织有关部门编制成本计划，同时将降低成本指标分解下达到各职能部门和各有关环节上。

3. 成本控制

成本控制就是在维修生产施工过程中，依据成本计划，对实际发生的生产耗费进行严格的计算，对成本偏差进行经常的预防、监督和及时纠正，把成本费用限制在成本计划的范围内，以达到预期降低成本的目标。

1）直接成本的控制方法。直接成本是直接耗用在工程上的各种费用，包括人工费、材料费、机械使用费和其他直接费等。为了控制直接成本，除了要控制材料采购成本外，最基本的是在维修施工过程中，落实降低成本的技术组织措施，经常把实际发生的各种直接费用与各种消耗定额及预算中各相应的分部分项工程的目标成本进行对比分析，及时发现实际成本和计划成本的差异，并找出成本差异发生的因素和主客观原因，采取有效措施加以改正。

2）间接成本采用指标分解、归口管理的方法。间接成本是企业各个施工项目上管理人员和职能部门为了组织、管理维修工程施工所发生的各种管理费用，即现场管理过程中发生的费用。该费用项目多而杂，并且与工程施工无直接联系，所以一般采用指标分解归口管理的办法。即将成本计划指标按特定的用途分解为若干明细项目，确定其开支指标，分别由归口部门管理。凡是超过标准、违反成本开支范围的费用都要予以抵制。

3）建立成本管理制度。建立成本管理制度，是成本控制的一个重要方面。根据分工归口管理的原则，建立成本管理制度，使各职能部门都来加强成本的控制与监督。工程部门负责组织编制维修施工生产计划，搞好施工安排，确保维修工程顺利开展；技术部门负责制定与贯彻技术措施计划，确保工程质量，加速施工进度，节约用工用料，确保施工安全，防止发生事故；合同预算部门负责办理工程合同、协议的签订，编制或核定施工图预算，办理年度结算和竣工结算；材料供应部门负责编制材料采购、供应计划，健全材料的收、发、领、退制度，按期提供材料耗用和结余等有关成本资料，归口负责降低材料成本；劳动人事部门负责执行劳动定额，改善劳动组织，提高劳动生产率，负责降低人工费；财会部门负责落实成本计划，组织成本核算，监督考核成本计划的执行情况，对维修工程的成本进行预测、控制和分析，并制定本企业的成本管理制度；行政管理部门负责制定和执行有关的费用计划和节约措施，归口负责行政管理费节约额的实现。

4. 成本核算

成本核算的目的就是要确定维修工程的实际耗费，考核维修工程的经济效果。为了正确地对维修工程成本进行核算，必须合理地划分成本核算对象。

1）成本核算对象划分的原则。一般应以施工图预算所列的单位工程为划分标准，并结合施工管理的具体情况来确定。成本核算对象一般按以下原则划分：

①以每一独立编制施工图预算的单位工程为成本核算对象；

②翻建、扩建的大修工程应以工程地点、一个门牌院或一个地点几个门牌院的开、

竣工时间接近的工程合并为一个核算对象；

③维修、零修、养护工程应以物业服务公司统一划分的维修片和零修养护班组为核算对象。

维修工程成本核算对象一经确定后，各有关部门不得任意变更。所有的原始记录，都必须按照确定的成本核算对象填写清楚，以便归集各个成本核算对象的生产费用和计算工程成本。为了集中反映各个成本核算对象本期应负担的费用，财会部门应该为每一成本核算对象设置工程成本明细账，以便组织各成本核算对象的成本计算。

2）成本核算的基本要求。为充分发挥成本核算的作用，在进行成本核算时，应遵循下列基本要求：

①加强对费用支出的审核和控制。审核费用是否应该发生，已经发生的费用是否应计入维修工程成本；在费用发生过程中，对各种耗费进行指导、限制和监督，使费用支出控制在定额或计划要求内。

②正确划分各种费用的界限。严格遵守成本、费用的开支范围，正确划分应计入成本和不应计入成本的界限，划分当期费用与下期费用的界限；划分不同成本核算对象之间的成本界限等。

③做好各项基础工作。做好消耗定额的制定和修改工作；建立健全原始记录；加强计量和验收工作；建立健全各种财产物资的收发、领退、报废、盘点等制度。

5. 成本分析和考核

成本分析是在成本形成过程中，对维修工程施工耗费和支出进行分析、比较、评价，为今后成本管理工作指明方向。成本分析主要是利用成本核算资料及其他有关资料，全面分析、了解成本变动情况，找出影响成本升降的各种因素及其形成的原因，寻找降低成本的潜力。通过成本分析，可以正确认识和掌握成本变动的规律性；可以对成本计划的执行过程进行有效的控制；可以定期对成本计划执行结果进行分析、评价和总结，为成本预测、编制成本计划提供依据。

成本考核是指定期对维修工程预算成本、计划成本及有关指标的完成情况进行考核、评比。成本考核的目的在于充分调动职工降低成本的主动性和自觉性，进一步挖掘潜力。成本考核应和企业的奖惩制度挂起钩来，调动职工积极性，以利于节约开支、降低成本，取得更好的经济效益。

3.2 房屋维修管理内容

3.2.1 房屋维修管理内容及分类

房屋维修管理的内容主要有以下几个方面：

1. 房屋维修的质量管理

房屋维修质量管理的主要任务是，定期或不定期地对房屋的完损情况进行检查，评定房屋完损等级，随时掌握所管房屋的质量状况和分布，组织对危险房屋的鉴定，并确定解危方法等，为编制房屋维修计划、编制房屋维修设计、编制房屋维修工程预决算并作出投资计划提供依据。

（1）房屋的质量等级鉴定

房屋的质量等级，是指区分房屋完好或损坏的程度，也称房屋完损等级。房屋的完损等级以原建设部1985年制定并颁布的《房屋完损等级评定标准》为依据。房屋的质量等级鉴定，是按统一的标准、统一的项目、统一的方法，对现有整幢房屋所进行的综合性的完损等级评定。房屋完损等级鉴定的任务就是要搞清所管的现有房屋的质量状况和分布，为房屋的管理、保养和维修提供基本的资料依据。

（2）危险房屋的管理

加强城市危房的管理，杜绝房屋倒塌事故的发生，是房屋维修质量管理中的重点内容。原建设部1990年颁布了《城市危险房屋管理规定》，把城市危险房屋管理作为一个特殊的问题看待。要贯彻和落实该规定，房地产行政管理部门与物业服务公司必须切实做好以下几个方面的工作：

1）制定划分危房的标准。这是一项技术性强、责任重大的工作。危险程度的划分一定要根据房屋构件损坏范围的大小、变形和损坏程度以及对周围环境和整个房屋危害程度而定。

2）建立健全危险房屋的鉴定机构。除政府有权威性的危险房屋鉴定机构外，各物业公司也应设立房屋安全鉴定部门，或指定专门的技术人员负责此项工作，依据原建设部颁发的《危险房屋鉴定标准》和各地人民政府颁布的有关规定，按照初始调查、现场查勘、检测验算、论证定性等程序，在掌握测算数据、科学分析论证的基础上，确认房屋的建筑质量及安全可靠程度。

3）监督检查排险工作情况。根据鉴定的情况可按以下四类办法处理：①观察使用。适用于采取适当技术措施后，尚能短期使用，但仍需随时观察危险程度的房屋。②处理使用。适用于采取适当技术措施后，可解危的房屋。③停止使用。适用于已无修缮价值，暂无条件拆除，又不危及相临建筑物和影响他人安全的房屋。④整体拆除。适用于整幢危险且无维修价值，随时可能倒塌并危及他人生命财产安全的房屋。

2. 房屋维修的施工管理

房屋维修的施工管理，是指在房屋维修施工过程中所进行的施工作业管理。主要包括以下几个方面的工作内容：

（1）选择维修施工队伍

物业公司可以自己组建维修养护队伍进行房屋的维修养护工作，也可以通过招标的方式，把房屋的修缮养护承包给专业维修队伍。对于后一种情况，物业公司就需要对维修养护工程进行监督或指导。

（2）维修施工的组织准备

施工的组织与准备是在开工前，有关各方在组织、技术、经济、劳力和物质等方面，为保证顺利开工而事先必须做好的一项综合性的组织工作。修缮工程应根据工程量的大小及工程的难易程度等具体情况，分别编制施工组织设计（大型工程）、施工方案（一般工程）或施工说明（小型工程）。

（3）维修施工的技术交底

在施工和有关人员学习和熟悉维修设计与图纸会审的基础上，由施工负责人向负责该项工程的技术员、工长、班长等进行施工技术交底和图纸会审，并在会审中就有关问题提出解决措施，作为施工的依据之一。

（4）施工调度与管理

施工调度是以工程施工进度计划为基础，在整个施工过程中不断求得劳动力、材料、机械与施工任务和进度要求之间的平衡，并解决好工种与专业之间衔接的综合性协调工作。其主要工作：一是经常检查督促施工计划和工程合同的执行情况，进行人力、物力的平衡调度，促进施工生产活动的正常进行；二是组织好材料运输，确保施工的连续性，监督检查工程质量，安全生产、劳动防护等情况，发现问题，找出原因，提出措施，限期改正。

另外，维修施工管理还包括施工质量与施工安全管理、施工机械与施工材料管理、成本核算管理等内容。

3. 房屋维修的行政管理与档案管理

（1）房屋维修行政管理

房屋维修行政管理是指对房屋维修责任的划分管理和落实维修承担人，排除维修阻碍的管理。搞好房屋维修行政管理可以保证及时修缮房屋，避免由于维修责任不明或由于他人阻碍而使房屋得不到及时修缮，导致房屋发生危险的情况。

物业公司的房屋维修行政管理人员应当熟悉国家和地方的有关规定，修缮房屋是房屋所有人应当履行的义务。异产毗连房屋的维修，其所有人依照《城市异产毗连房屋管理规定》承担责任。租赁私有房屋的修缮，由租赁双方依法约定修缮责任。因使用不当或人为造成房屋损坏的，由其行为人负责恢复或给予赔偿。在房屋修缮时，该房屋使用人和相邻人应当给予配合，不得借故阻碍房屋的修缮。对于房屋所有人或房屋修缮责任人，不及时修缮房屋，或者因他人阻碍有可能导致房屋发生危险的，房产管理部门（如政府部门或物业公司）可以依据有关规定采取排险解危的强制措施，排险解危的费用由当事人承担。

（2）房屋维修档案管理

在制定房屋维修计划，确定房屋维修、改建等方案，实施房屋维修工程时，不可缺少的重要依据是房屋建筑的档案资料。为了更好地完成房屋维修任务，加强房屋维修管理，就必须设置专门的部门和专职人员对房屋建筑、安装及维修的档案资料进行管理。房屋维修所需要的档案资料包括：①房屋新建工程、维修工程竣工验收时的竣工图及有关房屋的原始资料等；②现有房屋及附属设备的技术资料和可能的产权资料；③房屋维修的技术档案资料等。

房屋维修工程分类：

房屋维修工程有几种不同的分类方法。如果按房屋的结构性质，可以划分为承重结构部分的维修和非承重结构部分的维修两种；如果按房修经营管理的性质，可以划分为恢复性维修、赔偿性维修、改善性维修、救灾性维修和返工性维修五种；如果按房修工程性质，可以划分为翻修、大修、中修、小修、综合维修五种，这是物业服务公司在实际维修操作中经常采用的分类方法，下面予以详述。

1）翻修工程

凡需全部拆除、另行设计、重新建造的工程为翻修工程。翻修工程的适用范围：主体结构严重损坏，丧失正常使用功能，有倒塌危险的房屋；因自然灾害破坏严重，不能再继续使用的房屋；地处陡峭易滑坡地区的房屋，或地势低洼长期积水无法排出地区的房屋；无维修价值的房屋；基本建设规划范围内需要拆迁恢复的房屋。翻修工程的要求：翻修后的房屋必须符合完好房屋标准的要求。翻修工程应尽量利用旧料，其费用应低于该建筑物同类结构的新建造价。

翻修工程主要适用于：

①主体结构全部或大部分严重损坏，丧失正常使用功能，有倒塌危险的房屋。

②因自然灾害破坏严重，不能再继续使用的房屋。

③主体结构、围护结构简陋、无修理价值的房屋。

④地处陡峭易滑坡地区的房屋或地势低洼长期积水又无法排出地区的房屋。

⑤国家基本建设规划范围内需要拆迁恢复的房屋。

翻修工程投资大，工期长，翻修后的房屋必须达到完好房屋的标准。

2）大修工程

凡需要牵动或拆换部分主体构件、但不需全部拆除的工程为大修工程。大修工程主要适用于严重损坏房屋。大修工程的要求：大修后的房屋必须符合基本完好或完好标准的要求。大修工程一次费用在该建筑物同类结构新建造价的 25％以下。

大修工程主要适用于：

①主体结构的大部分严重损坏，无倒塌或有局部倒塌危险的房屋。

②整幢房屋的公用生活设备（包括给水排水、电照、通风、供暖等）必须进行管线更换，需要改善新装的房屋。

③因改善居住条件，需局部改建的房屋。

④需对主体结构进行专项抗震加固的房屋。

大修工程的主要特点是，工程地点集中，项目齐全，具有整体性。大修后的房屋必须符合基本完好和完好房屋标准的要求。

3）中修工程

凡需牵动或拆换少量主体构件、但保持原房的规模和结构的工程为中修工程。中修工程主要适用于一般损坏房屋。中修工程的要求：中修后的房屋 70%以上必须符合基本完好或完好的要求。中修工程一次费用在该建筑物同类结构新建造价的 20%以下。

中修工程主要适用于：

①少量结构构件形成危险点的房屋。

②一般损坏的房屋，如整幢房屋的门窗整修、楼地面、楼梯维修、抹灰修补、油漆保养、设备管线的维修和零配件的更换等。

③整幢房屋的公用生活设备，如给水排水管、通风供暖设备管道、电气照明线路等需局部进行更换改善和改装、新装工程的房屋以及单项维修的房屋。

4）小修工程

凡以及时修复小损小坏、保持房屋原来完损等级为目的的日常养护工程为小修工程。

小修工程主要适用于：

①屋面筑漏（补漏）、修补屋面、修补泛水、屋脊等。

②钢、木门窗的整修、拆换五金、配玻璃、换窗纱、油漆等。

③修补楼地面面层，抽换个别楞木等。

④修补内外墙、抹灰、窗台、腰线等。

⑤拆砌挖补局部墙体、个别拱圈，拆换个别过梁等。

⑥抽换个别檩条，接换个别木梁、屋架、木柱，修补木楼梯等。

⑦水卫、电气、散热器等设备的故障排除及零部件的修换等。

⑧排水管道的疏通，修补明沟、散水、水落管等。

⑨房屋检查发现的危险构件的临时加固、维修等。

小修工程的主要特点是，项目简单、零星分散，量大面广，时间紧迫。例如小面积的屋面补漏，门窗检修及水电的小型修缮工程等，服务性很强。

小修工程的主要作用是，经常性地进行房屋的养护工程，可以维护房屋和设备的功能，保证用户的正常使用；使发生的损失及时得到修复，不致使其扩大，造成较大的损失；对一些由于天气的突变和隐蔽的物理因素导致的房屋损坏进行及时维护。

5）综合维修工程

凡成片多幢（大楼为单幢）大、中、小修一次性，应修尽修的工程为综合维修工程。综合维修工程要求：综合维修后的房屋必须符合基本完好或完好标准的要求。综合维修工程一次费用应在该片（幢）建筑物同类结构新建造价的 20％以下。

综合维修工程主要适用于：

①该片（幢）大部分严重损坏或一般性损坏须进行有计划维修的房屋。

②需改变片（幢）面貌而进行有计划维修的工程。

经过综合维修后的房屋，必须符合基本完好和完好房的标准要求。

■ 3.2.2 房屋的日常保养维护

1. 房屋维修日常养护的含义

房屋维修日常养护是指物业管理部门为确保房屋的正常使用所进行的经常性、持续性的小修养护和综合维修工作。它是物业公司对房屋业主、使用人最直接、最经常的服务工作。房屋养护同房屋修缮一样，都是为了房屋能正常使用，但两者又有区别。修缮工程是在相隔一定时期后，按需开工进行的一次性的大、中修；房屋养护服务则是经常性的零星修理，及时地为广大住（用）户提供服务项目，以及采取各项必要的预防保养措施，维护保养好房屋。

2. 房屋维修日常养护的具体内容

（1）房屋小修养护的内容

1）瓦屋面清扫补漏及局部换瓦，屋脊、泛水、躺立沟的整修；油毡顶斜沟的修补及局部翻做；平屋面裂缝修补；拆换及新做少量天窗；墙体局部挖补；墙面局部粉刷；普通水泥地的修补及局部新做；顶棚、椽档、雨篷、踢脚线的修补、刷浆；室外排水管道的疏通及少量更换；窨井、雨水井的清理；井盖、井圈的修配；化粪池的清理；明沟、散水坡的养护和清理等。

2）木门窗维修及少量新做；装配五金；接换柱脚；支顶加固；木衍条加固及少量拆换；木屋架加固；木楼梯地塄、木隔断、木楼梯、木顶棚、木栏杆的维修及局部新做；细木装修的加固及局部拆换等。

3）水管的防冻保暖；给水管道的少量拆换；排污、废水管道的维修、保养、疏通及少量拆换；便器、脸盆、水池、浴缸的修补拆换；水嘴、阀门、抽水马桶及其零配件的整修、拆换；屋顶压力水箱的修理、清污等。

4）灯口、电线、开关的修换；线路故障的排除、维修及少量拆换；配电箱、盘、板的安装、修理；电表与电分表的新装及拆换等。

5）修缮后的门窗补刷油漆及少量新做油漆；楼地板、隔断、顶棚、墙面维修后的补刷油漆及少量新做油漆；楼地面、墙面刷涂料等。

6）钢门窗整修，白铁、玻璃钢屋面的检修及局部拆换；白铁、玻璃钢躺立沟、天斜沟的整修、加固及少量拆换等。

（2）房屋计划养护的内容

房屋的各种部件、结构均有其合理的使用年限，超过了这个年限，一般就会开始不断出现问题。因此，要管好房屋，就不能等到问题出现后再采取补救措施，而应订立科学的大、中、小修3级修缮制度，以保证房屋的正常使用，延长其整体的使用寿命。这就是房屋的计划养护。例如，房屋的纱窗每3年左右就应该刷一遍铅油保养；门窗、壁橱、墙壁上的油漆、油饰层一般每5年左右应重新油漆一遍；外墙每10年应彻底进行一次检修加固等。这种定期保养、修缮制度是保证房屋使用安全、完好的非常重要的制度。

计划养护主要属于房屋保养性质，是定期对房屋进行检修保养。计划养护的任务应安排在报修任务不多的淡季。如果报修任务多时，应先安排报修任务，再做计划养护工作。

（3）房屋季节性养护的内容

房屋季节性养护是指由于季节性气候原因而对房屋进行预防性保养工作。其内容有防台风、防洪水、防梅雨、防霜冻、防治白蚁等。

3. 房屋维修日常养护服务的一般程序

（1）项目收集

日常服务的小修养护项目，主要通过维修管理人员的走访查房和业主（住户）的随时报修两个渠道来收集。

走访查房是管理员定期对辖区内住用户进行走访，并在走访中查看房屋，主动收集住用户对房屋维修的具体要求，发现住用户尚未提出或忽略掉的房屋险情及公用部位的损坏。为了提高走访查房的实际作用，应建立走访查房手册。

为了方便住用户随时报修，物业管理部门收集服务项目的措施主要有以下几种：

1）设置便民保修箱。在辖区的繁华地段和房屋集中的街巷、院落中设置信箱，供住用户随时报放有关的保修单和预约上门维修的信函。物业管理部门要定期开箱收集。

2）建立接待值班制度。物业管理部门应配备一名专职或兼职报修接待员，负责全天接待记录住用户的电话、信函、来访。接待员应填写报修单，处理回报单上下两联组成的接待登记表。

3）组织服务赶集。一般利用节、假日时间，物业管理部门在公共场所和住用户集中的院落里摆摊设点，征求住用户提出的包括日常服务内容的有关意见。

（2）计划编制

通过走访查房和接待报修等方式收集到的维修服务项目，除室内照明，给水排污等部位发生的故障及房屋险情等应及时解决外，其余维修服务项目，均由管理人员统一收集，逐一落实。其中属于小修养护范围的项目，应按轻重缓急和劳力情况，于月底前编制次月的小修养护计划表，并按计划组织实施。

凡超出小修养护范围的项目，管理员也应于月底前填报中修以上工程申报表。维修管理部门按照申报表，到实地察看，根据报修房屋的损坏情况和年、季度的维修计划，进行勘估定案，安排中修以上工程解决。

管理员对即将进场施工的项目，要及时与住用户联系，做好搬迁腾让等前期工作；对无法解决或暂不进场施工的，应向住用户说明情况。

（3）任务落实

管理员根据上月编制的小修养护工程计划表和随时发生的急修项目，开列小修养护单。养护工凭养护单领取材料，根据养护单开列的工程地点，项目内容进行施工。对施工中发现的房屋险情，可先行处理，然后由开列养护单的管理员变更或追加工程项目手续。

在施工中，管理员应每天到施工现场，解决施工中出现的问题，检查当天任务完成情况，安排次日零修养护工程。

4. **房屋维修日常养护服务考核指标**

日常养护服务考核指标主要有：定额指标、经费指标、服务指标和安全指标。

（1）定额指标

小修养护工人的劳动效率要百分之百达到或超过人工定额；材料消耗要不超过或低于材料消耗定额。同时，要通过合理组织生产，发挥劳动潜力和充分回收利用旧料，努力降低小修养护工程成本。

达到小修养护工程定额指标，是完成小修养护工作量，搞好日常服务的必要保证。因此，工程定额指标的完成情况，应作为考核管养段养护人员劳动实绩，进行工资总额分配的主要依据之一。

（2）经费指标

小修养护经费可通过各种方式筹集，房屋租金和按规定提取的修理费额便是两种渠道。对小修养护经费的使用，应实行包干使用，亏损不补，节约留用的办法。

（3）服务指标

1）走访查房率

一般要求管理员每月对辖区的住用户要走访查房 50％以上；每季对辖区内住用户要逐户走访查房一遍。其计算公式如下：

月走访查房率＝当月走访查房数/辖区内住用户总户数×100％

注：走访查房户数计算时对月（季）走访如系同一户超过一次的均按一户计算

2）养护计划率

管养段应按管理员每月编制的小修养护计划表依次组织施工。考虑到小修养护中对急修项目需及时处理，因此在一般情况下，养护计划率要求达到 80％以上。遇到特殊情况和特殊季节、物业管理部门可统一调整养护计划率。

其计算公式如下：

月养护计划完成率＝当月完成属计划内项目户次数/当月养护计划安排的户次数×100％

3）养护及时率

其计算公式为：

月养护及时率＝当月完成的小修养护户次数/当月全部报修中应修的户次数×100％

（注：当月全部报修户次数，包括经专业人员实地勘查后，认定不属于小修养护范围，并已做其他维修工程类别安排和因故不能安排维修的报修户次数）

（4）安全指标

确保住用、生产安全，是维修服务的首要指标，是考核管养段工作实绩的重要依据，也是实行管理承包经济责任制的主要指标之一。原建设部（88）建房字第328号文件颁发的《房地产经营、维修管理行业经济技术指标》规定，安全生产，杜绝重大伤亡事故，年职工负伤事故频率，小于0.3％。确保住用安全，杜绝塌屋死亡事故。

为确保生产安全，物业管理部门应建立一系列安全生产操作规程和安全检查制度以及相配套的安全生产奖惩办法，管养段在安全生产中要十分注意以下3个方面：

1）严格遵守操作规程，不违章上岗和操作。

2）注意工具、用具的安全检查，及时修复或更换带有不安全因素的工具、用具。

3）按施工规定选用结构部件的材料，如利用旧料时，要特别注意安全性能的检查，增强施工期间和完工后交付使用的安全因素。

3.2.3 房屋渗漏防治

房屋渗漏是目前普遍存在的一大质量问题。它不仅影响着人们的工作、学习和生活，而且还将造成一定的经济损失。

1. 外墙渗漏

外墙面的水通过墙缝渗入墙内，致使内墙面霉变、起壳、脱落，影响使用效果。原因：

（1）对于穿墙洞填补不密实，砖缝不饱满，形成贯穿墙体的孔隙，如果外墙面粉刷层在这些部位存在不易察觉的裂缝，雨水极易从这里渗入墙内。因此，在粉刷前，对这些薄弱环节要进行修补，灰缝要饱满，穿墙孔洞应填补密实，既要达到规范规定的灰缝饱满度为80％，又要粉刷前从内向外看不到亮孔。

（2）外墙面分隔条（尤其是水平分隔条）嵌缝不密实，有砂眼、裂缝或不平整，使排水不畅，雨水渗入墙内。

（3）窗洞上口（窗楣）漏做滴水线、滴水槽或做得不符合规定，致使雨水流向玻璃窗，此时窗扇如有倒翘现象或窗框与墙体间缝隙填嵌不密实，雨水就会渗入室内。滴水线（槽）应整齐、顺直。滴水线的里侧垂直高度按规范不少于1.5cm，滴水槽的宽度、深度均不小于1cm。窗洞下口（窗台）一般是先砌墙留窗洞，后安装钢窗，下口口径一般留得较大，约有两皮砖厚的空隙，或表皮砖已经松动，虽用水泥砂浆粉光，但内部不密实，雨水仍可渗入。因此，补砌砖的砂浆，要密实、饱满。如采用4cm厚细石混凝土现浇窗台板，防水效果更好（图3-1）。

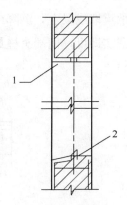

图 3-1　细石混凝土
现浇窗台板

1—滴水线；2—C20细
石混凝土窗台板

（4）女儿墙或山墙压顶砌筑法不正确，排水方向混乱（图3-2）。图3-2（a）压顶下做滴水，压顶与墙面交接处阴角粉刷不密实，有砂眼、缝隙。使雨水渗入墙内；图3-2（b）墙头排水方向混乱、雨水由墙头流向墙面，再沿墙面下流。遇到薄弱处渗入墙内；图3-2（c）为正确的做法，雨水出墙头流向内侧墙面。再经滴水线流向屋面防水层，经水落管排出。

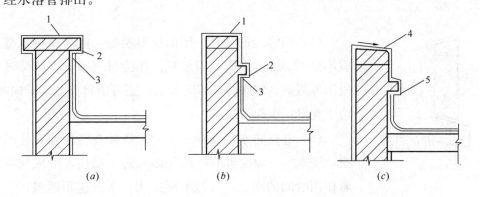

图 3-2　女儿墙节点

1—排水方向不明确；2—漏作滴水；3—阴角粉刷有缝隙；4—排水方向；5—滴水线

2. 屋面渗漏

目前屋面防水材料发展很快，市场上供应品种很多，产品性能有区别。施工方法也不相同，但关键是施工，一要重视后面的防水施工；二要有正确的施工方法。

（1）出屋面立管周围处理不好，容易渗漏。立管安装后，应首先将结构层预留洞周边残存灰浆去除。凿毛并清理干净，然后刷素水泥浆一道；铸铁立管去除埋段周围焦油、锈蚀、油脂等粘结物，塑料立管埋段周围打毛；掉底膜，浇C20细石混凝土。先浇结构层厚度的1/2（图3-3），24h后，将剩余部分浇满，并用1：3水泥砂浆在管子周围粉成网弧形角，凝结后蓄水试验，若无渗漏，随屋面做防水层。

（2）屋面板端头缝处理。屋面板端头缝侧缝的漏水较集中，这是因为屋面板搁置于承重墙或梁上，沉降或温度引起的变形机会多。侧缝一般浇灌 C20 细石混凝土，振捣密实即可，而端头缝最好进行软处理（图 3-4）。

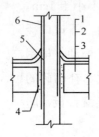

注：浇灌细石混凝土　　注：最好进行软处理

图 3-3　立管处理　　　　　　　　　　图 3-4　板缝处理

1—防水层；2—找平层；3—结构层；4—细石混凝土；

5—300mm 宽防水层；6—出屋面管道

（3）落水头的处理。落水头接水口外侧周围水泥砂浆或油膏要填满嵌实，防水层应伸入接水口内一定长度。落水头前保持一定坡度以防积水，影响防水层的耐久性（图 3-5）。

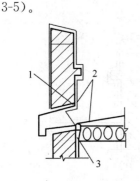

图 3-5　落水头处理

1—油膏；2—防水层；

3—沥青麻线

（4）保温层的处理。屋面保温层施工时要留伸缩缝，缝宽不少于 2cm。此缝不可填死。作为排气槽，否则保温层受气温等影响，膨胀时破坏防水层，还可能将女儿墙推向外侧，留下裂缝，引起渗漏。

（5）卷材防水屋面在施工时。搭接或转角处容易产生砂眼，受水气、温度影响，水气渗入防水层内，形成气泡，随着作用时间的增长，气泡不断扩大，水分越积越多，空鼓越来越大，在结构层遇到薄弱环节之后渗入结构层而引起渗漏。施工时要特别注意卷材搭接和转角处粘贴。发现气泡等空鼓现象应及时处理。

3. 双防水屋面

随着经济建设的发展，城乡居民对房屋建筑标准的要求也逐步提高。鉴于目前房屋渗漏雨水的严重性，适当提高防水层的标准，是完全可行的，也是必要的。例如刚、柔双层防水屋面（图 3-6）。

假设基地共有防水屋面 5400m²，其中钢筋混凝土现浇屋面 1300m²。预制板屋面 4100m²，现浇钢筋混凝土结构层，随捣随光。上面直接做隔气层。预制板层面在做隔气层前尚需做 20mm 厚 1：3 水泥砂浆找平层。隔气层在刷冷底子油后，涂刷热玛瑞脂。保温层为散铺炉渣，2‰找坡，炉渣经过筛选，粒径 5～40mm，去除有机杂质、石块、泥块、未燃尽的煤块。用木夯拍实至紧密，然后铺塑料薄膜或干铺油毡，以代替水泥砂浆找平层。刚性防水层为 4cm 厚 C20 细石混凝土。在结构承重等部位分仓缝，做排气孔（图 3-7）。双坡屋面，排气孔沿屋脊布置，单坡屋而则置于高处。细石混凝土要随捣随光。这样可不做找平层。柔性防水层用沥青防水涂料和玻璃纤维加筋二布四涂。保温层采用铝基反光隔热涂料，两年来未发现渗漏和明显老化现象。

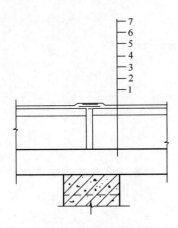

图 3-6 刚柔双层防水屋面

1—结构层；2—隔气层；

3—保温层；4—塑料薄膜一层；

5—刚性防水层；6—柔性

防水层；7—保护层

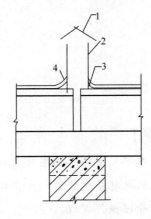

图 3-7 排气孔

1—2mm 厚薄钢板防雨帽；

2—铸铁管；3—300mm 宽

一布二涂；4—二布四涂加保护层

4 物业设备管理实训

【实训目的】

通过本单元实训，熟悉物业设备运行及设备维修管理，尤其是建筑给排水系统的维护管理，供配电系统管理，专用设备（电梯、空调）维护管理的操作过程和方法，掌握物业设备管理操作规程。

【实训内容】

一、准备设施设备的基础资料；

二、现场观察各类设施设备的部件及结构；

三、在实训现场按照操作规程要求进行各类设施设备维护管理操作。

【实训技能点】

一、设备资料的管理能力；

二、设备的部件和结构、保养和维修材料的辨识能力；

三、设备维修养护计划编制能力；

四、设备维修养护操作能力。

【实训作业】

一、编制物业设施设备维修养护计划；

二、设置各类设施设备维护管理的关键点、故障点和漏洞点，提出具体的解决方法。

4.1 物业设备管理基础

4.1.1 物业设备管理内容

1. 房屋设备

房屋设备，是对房屋建筑内部附属的和相关的市政、公用各类设备、设施的简称，它是房屋建筑实体的组成部分。由于工农业生产的发展和人们生活水平的提高，近代的房屋建筑的功能，已从过去的避风遮雨发展成为满足生产上的需要和提供卫生而舒适的工作和生活环境，要求在房屋建筑物内部装设日臻完善的供水、排水、热水、供暖、燃气、通风、供冷、供电等各种设备，这样就出现了房屋设备。

2. 设备管理的内容

设备管理的内容很多，由于设备的不同，其内容也各有不同，但一般包括以下几个方面：

（1）设备的基础资料管理，如设备的登记卡、账册、技术方案、维修方案等；

（2）设备的运行管理，如设备运行、设备值班、设备巡检等；

（3）设备的维修管理，如设备保养和修理、应急抢修等；

（4）能源管理，如采用各种先进技术和管理措施节约能源，节省开支，减少浪费等；

（5）文明安全管理，如按工作制度、操作规程、安全职责实施，设备的运行与维修等。

3. 房屋设备分类

房屋设备种类繁多，功能各异，并且具有更新和更完善功能的新型产品不断出现。现代民用建筑房屋设备主要有：

（1）卫生与机械设备（建筑卫生设备）

1）室内给水设备

是指利用人工方法提供水源，以创造适当的工作或生活条件的设备。一般情况下，室内给水系统由引入管、水表、水平及立式进水管、给水附件（闸阀、止回阀及水龙头等）升压和储水设备（水箱、水泵、气压装置、水池）等组成。

2）室内排水设备

指用来排除生活污水和屋面雨雪水的设备，包括卫生器具或生产设备受水器、排水管系统、通气管系统、清通设备、抽升设备、室外排水管道、污水局部处理构筑物等设备。根据接纳污（废）水性质，房屋的排水管道可分为生活污水管道、工业废水管道、室内雨水管道，组成生活污水排水系统、生产污水排水系统、雨雪水排水系统。

3）热水供应设备

包括淋浴器、供热水管道、热水表、加热器、循环管、自动温度调节器、减压阀、疏水器、自然补偿管道和伸缩器等。

4）供热设备

包括热水供暖设备和蒸汽供暖设备。一般民用建筑大多采用热水供暖系统。两种供暖系统一般由以下三个部分组成：①热源部分，是热量的发生器，如锅炉、蒸汽喷射器等。②输热部分，是热量的输送管网，如室外供暖管道。③散热部分，是热量散发的设备，如散热器、暖风机、辐射板等。

5）空调设备

大型商业大厦多采用中央空调设备，小型大厦或住宅楼则采用窗式或分体式空调机。其中中央空调设备主要包括风管、空调水管、冷水机组和热水锅炉等设备。窗式或分体式空调机的组成与中央空调类似。

6）通风设备

指房屋内部的通风设备，包括通风机、排气口及一些净化除尘设备等。

7）消防设备

主要设备有消防栓、消防泵、喷淋系统设备、烟感器、抽烟送风系统、防火卷帘及防火门、灭火桶等。

8）燃气设备

包括燃气灶、燃气表、燃气管道、天然气管网等设备。

（2）电气工程设备（建筑电气工程设备）

1）供电及照明设备

指给房屋提供电源及照明的各种装置。包括铁盒子、电表、总开关、供电线路、户外型负荷开关、户内型漏电保护自动开关、备用电源、插座及各种照明灯具等。此外，在大型商业大厦、住宅区等规模较大的场合，供电设备还包括变压器房内设备、配电房内设备及楼层配电箱等设备。

2）防雷及接地装置

主要设备如避雷针、避雷网等。

3）娱乐及办公设备

主要包括广播设备、电话设备、共用天线电视系统设备、电脑设备等。

4）运输设备

电梯和自动扶梯是建筑物中主要的垂直运输设备。主要包括电梯机房、轿箱、井道、电动机等部分。

（3）房屋新型设备

1）房屋的装饰性设备

是指房屋建筑内部附属设备中的装饰性部分。主要包括灯具、花岗石、护壁板、衣柜、大理石、地毯、衣橱、庭院设备、铜器和其他特殊装饰等。

2）房屋的库房设备

是指建筑物内部的附属设备中的库房部分，它是房屋建筑实体的一个因素。一般房屋库房设备主要是地下库房，但也有底层库房、中层库房或高层库房。库房内装有保险门、保险箱、保险库、保险柜、通风机具等。也有保险箱式的保险库、保险柜，以保管贵重物品。库房设备中的保险门、保险箱、保险库、保险柜都是库房设备中的保险装置，以保护库房设备中的线路、机器和财物等能在超负荷的情况下不受损坏，或者在异常情况下免遭丢失。

4.1.2 物业设备维修管理

房屋设备的维修是通过修复或更换零件、排除故障、恢复设备原有功能所进行的技术活动。房屋设备维修根据设备破损程度可分为：

（1）零星维修工程。是指对设备进行日常的保养、检修及为排除运作故障而进行局部修理。

（2）中修工程。中修工程是指对设备进行正常的和定期的全面检修、对设备部分解体修理和更换少量磨损零部件，保证能恢复和达到应有的标准和技术要求，使设备正常运转。更换率为 10%～30%左右。

（3）大修工程。是指对房屋设备定期进行全面检修，对设备要进行全部解体，更换主要部件或修理不合格零部件，使设备基本恢复原有性能，更换率一般不超过设备更新和技术改造。

（4）设备更新和技术改造是指设备使用一定年限后，技术性能落后，效率低、耗能大或污染日益严重，需要更新设备，提高和改善技术性能。

（5）故障维修。通常是房屋设备在使用过程中发生突发性故障而停止，检修人员采取紧急修理措施，排除故障，使设备恢复原有功能。

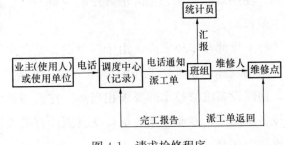

图 4-1　请求检修程序

（6）设备维修日常工作程序：

1）请求检修程序（详见图 4-1）。

2）填写维修单（表 4-1）。

维　修　单
表 4-1

No.　　　　　　　　　　　　　　　　　　　　　　20___年___月___日

报修单位： 报修业主：	维修人员	用工时间：						
故障现象	维修项目和材料	金　　额						备注
		千	百	十	元	角	分	
业主（使用人）评定								
服务态度 服务质量 是否及时现场清理 材料质量								
业主签名	合　　计							

主管：_____派工：_____库房：_____财务：_____

注：1　栏内"业主（使用人）评定"满意打"√"，较满意打"O"不满意打"×"。

　　2　维修工不直接收取现金，住户每月到物业管理公司财务部缴纳维修费（包括材料费）。

3）大型设备检修程序（图4-2）。

4）事故处理程序（图4-3）。

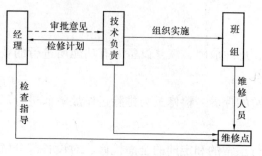

图4-2　大型设备检修程序

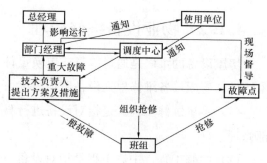

图4-3　事故处理程序

房屋设备维修的特点：

（1）设备投资大导致设备维修成本高。相对于房屋建筑本身而言，房屋设备的维修一次性投资大、成本高，因为房屋设备使用年限较短。一方面房屋设备因使用而发生有形损耗，致使其使用年限缩短，另一方面，由于技术进步，出现了性能更好、使用更舒适方便的新型房屋设备发生的无形损耗，导致其使用年限缩短，这种无形的和有形的损耗，都会引起房屋设备的维修更新间隔期的缩短，从而使维修更新成本增加。此外，新型的、使用效能更高、更舒适方便的设备一次性投资较大，因此，维修更新这种设备的成本就较高。

（2）维修技术要求高。由于房屋设备是在房屋建筑物内部，其灵敏程度和精确程度的要求都较高，而维修工作的好坏会直接影响设备在运行中技术性能的正常发挥，因此，房屋设备维修技术的要求相当高。在设备维修管理中，必须要配备专业技术人员。在设备维修前，专业技术人员要认真阅读有关设备的技术档案和技术资料，建立房屋设备维修责任制。

（3）随机性与计划性相结合、集中维修与分散维修相结合。房屋设备因平时使用不当或其他突发事故等原因，往往是突然发生故障，这就使房屋设备的维修有很强的随机性，事先很难确定故障究竟何时以何种程度发生。但房屋设备又都有一定的使用寿命和大修更新周期，因此，设备的维修又有很强的计划性，可以制定房屋设备维修更新计划，有计划地制定维修保养次序、期限和日期。此外，房屋设备日常的维护保养、零星维修和突发性抢修却是分散进行的，而大修更新又往往是集中地按计划进行的，因此，房屋设备的维修又具有集中维修与分散维修相结合的特点。

4.1.3　设备维护计划编制

1. 物业设备管理岗位设置

（1）工程部经理：保证设备正常运行的总负责人，组织拟定各种设备管理规章制度和技术标准，并监督执行。

（2）技术主管：负责编制主管专业的设备保养和维修计划、操作规程，解决主管专业设备运行的技术问题。

（3）领班：负责本班所管理设备的运行、维护保养和日常工作安排，制定本班设备的检修计划和备件计划，做好各项记录并汇总。

（4）技术人员：执行各项规章制度和操作规程，保证安全、文明生产，不断提高业务素质。

（5）资料统计员：负责收集、整理、保管工程部各种资料及设备档案和相关资料的汇总和存档。

2. 物业设备管理制度

（1）生产技术规程方面的制度，主要有物业设备管理验收制度、物业设备安全操作规程、物业设备维修保养规程等。

（2）管理工作方面的制度，包括物业设备预防性计划维修保养制度、设备运行管理制度、设备巡查工作制度、安全管理制度、预防检修制度和值班工作制度。

（3）责任制度方面，有岗位责任制度、记录与报告制度和交接班制度等。

4.2 建筑给水排水系统的维护管理

■ 4.2.1 建筑给水排水系统管理

1. 给水排水系统的含义

房屋给水排水系统是指房屋建筑物内部附属的各种冷水、热水、开水供应和污水排放的工程设施的总称。

2. 给水排水管理的意义

水是人类赖以生存的基本要素，是物业使用功能的保障条件之一。给水排水系统的工作正常与否，不仅直接影响到人们的工作和生活，而且影响到物业功能能否得到发挥。例如，离开了水，工业生产就无法进行，商业大厦也无法运营，社区生态也将失去平衡。因此，给水排水管理是物业管理中最基本的日常管理服务工作。

3. 给水排水设备的验收与检查

（1）严格验收接管制度

给水排水设施的状况直接影响着给水排水系统的正常运行，也直接关系着未来物业管理工作的难易程度。因此，物业管理部门一定要严格验收接管制度。验收接管中一般应注意以下几项要求：

1）验收均须按中华人民共和国国家标准《建筑给水排水及采暖工程施工质量验收

规范》GB 50242—2002规定执行。

2）参加验收人员应能胜任验收接管工作。验收接管工作要有验收报告（内容包括工程地点、开竣工时间、设计、施工及接管单位、设备概况、工程竣工图纸等），验收完以后各类资料应齐全准确并交接管单位。

3）管道应安装牢固，控制部件启闭灵活、无滴漏。水压试验及保温、防腐措施必须符合GB 50242—2002的要求。

4）卫生器具质量好，接口不得渗漏，接扎平整牢固、部件齐全。

5）卫生间、厨房间的排污管应分设，出户管长不宜超过 8m，检查口不得有渗漏，管道排水流畅。

6）消防设备必须符合《建筑设计防火规范》GB 50016—2014、《高层民用建筑设计防火规范》GB 50045—1995 的要求，并且有消防部门的检验合格证。

7）凡新接管的住宅中，给水排水设备（尤其是生活饮用水和室外排水管线未接好等）不合格者，一律不能进住，也不能接管验收。如已进住，应立即采取措施加以解决。

（2）加强日常检查巡视

维修管理人员应全面了解设备的性能和用途、每种管线的走向和控制阀门的位置、各种用水设备和用水点的布局，以便正常检修。检修人员在检查过程中应重点检查以下方面：

1）各上下井口封闭是否严实，防止杂物落入井内。

2）雨水井及其附件有无白灰、砂子、碎砖、碎石等建筑材料，防止它们被雨水冲入管道而造成管道堵塞。

3）楼板、墙壁、地面等处有无滴水、积水等异常现象，发现管道有滴漏现象时要及时修理。

4）厕所、厨房、盥洗室的地面是否干净，地漏附近有无污物，洁具是否经常冲洗；管道是否刷防腐材料；水箱、脸盆、水嘴是否安稳好用，有无漏水现象。

5）露于空间的管道及设备，需定期检查，涂刷防腐材料。

6）水泵、电机等设备运转是否有异声，如有，应及时上报并修理。此外，冬季来临前，应做好室内外设备防冻保温工作。对设在室外盖子不严的阀门井、水表井、消防栓井，都要在井中填以保温材料。对设在室外的冷水嘴、水箱、阀门、管道、消防栓等，应有保温措施。以防气温突然下降，造成供水系统失灵、水箱爆裂等事故的发生。

4．给水系统的管理

（1）给水系统管理范围界定

给水系统涉及供水等专业管理部门和物业服务公司等单位，要作好给水系统的管理，物业服务公司必须与这些部门划清职责范围，相互分工，通力合作。北京市对普通居住小区物业服务公司与各专业管理部门的职责分工为：

高层楼以楼内供水泵房总计费水表为界，多层楼以楼外自来水表井为界。界限以外（含计费水表）的供水管线及设备，由供水部门负责维护与管理；界限以内（含水表井）至用户的供水管线及设备由物业服务公司负责维护与管理。

（2）给水系统的管理

1）作好房屋给水系统设备的基础资料管理

特别是供水管网的布线要准确、齐全，以便为以后的保养和维修提供便利。

2）建立正常的供、用水管理制度

①定期进行水质化验，保证水质符合国家标准。

②采用新型水箱配件、节水龙头等。

③对供水系统管路、水泵、水箱、阀门、水表等要进行日常维护和定期检修。

④保持水箱水池的清洁卫生，防止二次污染，定期进行水箱消毒工作。

⑤严防供水系统与排水系统混流。

⑥消防水泵要定期试泵，至少每年进行1次。要保持电气系统正常工作，水泵正常给水，管道节门水龙带配套完整，检查报告应送当地消防部门备案。

⑦防止跑、冒、滴、漏、断水等事故。杜绝日常生活中长流水的现象。发现阀门滴水、水龙头关不住的情况，应及时抢修。

⑧建立责任制，由专人负责日常供水、用水的监督检查，作好巡视工作，保证供水的安全运行。

⑨停水应预先安民告示，以便业主和使用人事先作好安排。

3）大力宣传节约用水

①订立奖惩规章，建立节水管理机构，努力提高水的利用效率。

②鼓励一水多用，如把洗浴水处理后作为冲洗粪便、洗车和绿化用水等。

③鼓励家庭节水，比如洗菜、洗米的水可储存起来浇花或冲便器等。

4）作好供水量的计量和计费

定期查表读数，定期督促交费、收费，定期进行数据的统计分析，发现异常情况，要及时查清处理。

5. 排水系统的管理

（1）排水系统管理范围界定

一般普通居住小区物业服务公司与各专业管理部门的职责分工为：

1）室内排水系统由物业服务公司负责维护管理。室外排水设施管理职责是凡道路宽在3.5m以上的，其道路及道路下埋设的市政排水设施，由市政工程管理部门负责维护管理；道路宽在3.5m以下的，由物业服务公司负责维护与管理。

2）供水管网及管网上设置的地下消防井、消防栓等消防设施，由供水管理部门负责维护与管理，公安消防部门负责监督检查；高、低层消防供水系统，包括泵房、管道、室内消防栓等，由物业服务公司负责维修管理，并接受公安消防部门的监督检查。

（2）排水系统管理措施

1）重视巡视检查与维护工作

一般在物业服务公司领导下，配备具有一定经验和技术能力的工人，对排水管线、排水设备进行巡视检查和维护。外巡人员以巡为中心，以预防为主，要及时发现、解决和上报各种问题。内巡人员以查为中心，要求及时准确地为养护工作提供原始资料依据。具体来说，巡视检查和维护工作的主要任务有：

①定期对排水管进行养护、清通及清除污垢。

②定期检查排污管道的工作状态，并进行维护，防止排污管由于氧化生锈而产生渗、漏污水现象。

③对各排水口及沉沙井、化粪池要定期派人清理，防止堵塞。

④对使用期已到或陈旧设备应及时更换，防止重大事故的发生。

⑤室外排水沟渠应定期检查和清扫，清除淤泥和杂物。

2）建立健全排水设备设施档案

物业服务公司要配备排水设施档案资料员，建立档案资料袋，做到有设施就有档案，对各项设施的使用情况，都要记录在案，以备各项工作使用。

另外，管理维修人员也应该用图表的形式记录维护、保养、检修的情况。如设立记录卡，对每次检查维修的项目登记在册，包括检查时间、检查出的问题、负责人、维修人、维修时间等。这样不但能对设备的完好率做到心中有数，还可以作为每年管道设备普查的重要依据。

3）加强教育宣传工作

教育用户爱惜各项排水设备设施，不要把剩菜剩饭及其他杂物等倒入下水管道，也不要随意改动排水线路。同时，在卫生间、盥洗室等处放置污物桶，在拖布池、公共洗碗池上放不锈钢篦网格等，也是防堵的有效措施。

■ 4.2.2　给水排水系统维修服务

1. 给水排水系统操作、保养和维修的基本内容

（1）建立正常用水、供水、排水的管理制度；制定操作规程，并严格执行。

（2）对供水管道、水表、水泵、水箱、阀门进行经常性维护和定期检查，确保供水安全；定期对排水管道进行养护、清通，防止阻塞。

（3）经常对水池、水箱管路进行清洗、保洁、消毒防止二次供水的污染。

（4）节约用水，防止跑、冒、滴、漏、大面积积水事故的发生。

（5）制定事故处理预案。当发生跑水、断水故障时，能及时制定事故处理预案，防

止事故范围的扩大。

（6）限水、停水要提前通知，并积极协助住用户安排合理的用水计划指标分配。

2. 给水排水系统操作、保养和维修的基本制度

（1）水泵房管理规定

水泵房是提供业主或使用人生活用水、消防用水的关键部位。为管理好水泵房，需要制定管理规定。

1）水泵房及地下水池、消防系统的全部机电设备由机电人员负责监控、定期保养、维修、清洁，定时进行巡回检查，了解设备的运转情况，及时发现故障预兆和消防隐患并及时处理，认真做好记录，解决不了的问题书面报告上级主管部门，争取早日解决。

2）水泵房内机电设备由机电人员负责，无关人员不得进入水泵房。

3）消防泵、生活泵、恒压泵、污水泵的选择开关位置与自动位置，操作标志都应简单明确。

4）保证生活供水泵的正常运转，定期检查泵的运转情况，主接处定期检查擦洗。

5）消防泵每月运转一次（10min），以保持正常运转，每半年进行一次"自动、手动"操作检查，每年进行一次全面检查。

6）水泵房卫生每周打扫一次，泵及管道每半月清洁一次。

7）操作人员在2m以上检修设备（包括开关、阀门等），必须戴好安全帽，扶梯要有防滑措施，要有人扶挡。

（2）水箱清洗操作规程

根据环保和卫生防疫部门的要求，为确保水箱水质，每年5月、10月应分别对水箱清洗一次。操作要求如下：

1）准备工作

①操作人员必须持有卫生防疫部门核发的体检合格证。

②通知监控室开始清洗水箱，以免发生误报警。

③关闭双联水箱进水阀门，安排临时排风设施、临时水源、橡皮管，打开水箱进口盖。

2）清洗操作

①当双联水箱内水位降低到一半或时，将待洗水箱出水阀关闭，打开底部排污阀，打开另一联进水阀以确保正常供水不允许一只水箱排空清洗，另一只满水水箱工作，这样会因负荷不均，造成水箱壁受压变形产生裂纹。

②清洗人员从进口处沿梯子下至水箱底部，用百洁布将水箱四壁和底部擦洗干净，用清水反复冲洗干净。

③水箱顶上要有一名监护人员，负责向水箱内送新风，防止清扫人员余氯中毒，并控制另一联水箱的水位。

3）结束工作

①清洗结束。关闭清洗水箱的排污阀，打开水箱进水阀开始蓄水。

②当两个水箱水位接近时，打开清洗水箱的出水阀门，收好清洗工具，将水箱进口盖盖上并落锁。

③通知监控室清洗结束，作好相关记录。

4.3 供配电系统管理

4.3.1 低压配电系统管理任务和内容

用电单位对供电设备管理的目的是在技术上保证其正常运行，不发生事故，不间断地供电。为了做好这项工作，必须首先了解和掌握全部设备的有关情况、数据、资料，然后结合具体要求，针对不同的特点，制定一套有效的管理办法，并随时总结经验，不断充实、完善管理内容。

1. 掌握资料

这是管好供电设备工作中关键的一环，具体需要了解掌握的内容有：

（1）供电范围内各建筑物的构造方式、用电内容及其主要的要求。

（2）供电方式，电压等级，用电容量，分配方案，配线方法。

（3）全部电气平面图，系统图，原理图。所有专用设备的产品说明书，配线图，各类产品的出厂合格证明，有关设备的试验检验报告单。

（4）施工中的各级、各阶段的验收证明书，变更洽商记录单，事故处理报告，竣工时的各种检测记录（如绝缘摇测记录，接地电阻值的测定单，全负荷试验结果报告，各支路的负荷电流实测记录，电压变化情况记录等）。

（5）核对实际安装的线路及设备的数量、规格、型号、位置是否与图纸要求相符，地下埋设的管路具体位置及其平面图。

（6）正式使用以后，各用电户内的主要用电设备数量、容量及使用规律与负荷变动情况等。

2. 制定管理办法

首先要根据管理部门规定的原则来确定管理的范围及其深度，然后按照掌握的资料制定具体办法。一般有下列一些内容：

（1）定期巡视维护和重点检测。应根据供电范围内的具体情况，参照供电局的"电气设备运行管理规程"，定出固定的巡视日期和内容（可分为一般部位及重点部位，一般项目和重点项目等）。按照设备的使用频率和季节的不同，订出测定的项目。如雨季前要将地极的接地电阻值摇测，夏季要对线路的绝缘电阻摇测，特殊节日前的有关项目检查等。

（2）建立各项设备档案。所有较大的用电设备均应按台分别编号，建立档案。如锅炉房内的风机、水泵，厨房内的机具车间内的机床等。一般住宅应以每幢为单位建立档案。其内容大致应包括：

1）电气平面图、设备原理图、接线图等有关图纸；

2）用电电压、频率、功率、实测电流等有关数据；

3）维修记录、运行记录、巡视记录及大修后的试验报告等各项记载。

（3）积极有效的宣传。主要是安全用电、合理用电的宣传工作。例如向用户讲解电的安全常识，说明按要求用电的重要性，介绍违反用电规定造成事故的事例（如不得用铜丝、牙膏皮等代替保险丝，不得用供暖管作保护地线，不得随意使用大负荷的用电器具，平时注意不要触碰导线，不要自行拉扯电线等）。这样的宣传要与热情的服务互相结合，方能收到良好的效果。

此外要重视各项资料、数据的积累，找出管理中带有普遍规律性的经验，随时对已定的各项管理办法、表格进行修改、补充、完善，以提高管理水平，保证供电设备的正常运行。

4.3.2 低压电气设备管理与维护

1. 供电设备的维护

供电设备的维护范围须遵照供用电规则中所规定的产权分界点的划分原则来执行。其中规定：低压供电的以供电接户线的最后支持物为分界点，支持物属供电局，及以下高压供电的，以用户厂界外或配电室前的第一断路器或进线套管为分界点。供电局和用户分工维护管理的供电设备，未经分管单位同意，对方不得操作或变动。此处所讲的维护和保养范围是在属于用户管理的范围内进行。

维护工作可分为日常巡视和定期检查保养两项。根据本单位用电情况分别制定日常巡视的范围和定期检查的项目与内容，普通巡视时多侧重供电系统在本单位的薄弱环节及容易出现故障的部位。而定期检查则多侧重操作频繁、易损、易磨、易动等部位。具体做法在供电局编制的"电气设备运行管理规程"中都有明确的规定。供电规程中的所有规定都是使供电系统正常运行的保证，也是进行维护保养的标准和依据。下述各项不可忽略：

（1）观察总盘上的各类仪表、电压是否正常，使用电流的变化情况，高峰用电时的电流数值，三相电流是否平衡，对照值班记录核查分析有无差异。

（2）核对各个支路的实际负荷是否与装设的保护元件整定值相符合（按规定采用热元件时），整定值应为负荷电流的 $1\sim1.5$ 倍；采用熔丝时，按负荷电流的 $1.25\sim1.5$ 倍选用。

（3）配电箱是否牢固，箱内器件是否完好无损，各闸具的接头有无松动，操作是否灵活，刀刃及接点有无烧伤，导线绝缘是否老化、变脆，熔断器有无焦痕。

（4）导线绝缘是否良好（用兆欧表摇测绝缘电阻值，低压线路应不低于 $0.5M\Omega$），各类绝缘导线的绝缘是否老化，特别是各接头处有无变焦、变脆，绝缘包布有无失效，接头之间有无电腐蚀现象。

（5）沿墙及沿顶棚架设的明线是否松脱、垂落，支持点有无松动、脱落、损伤，有无其他物品触碰导线，室外架空线的瓷瓶是否破裂，导线垂度是否过大，有风时导线摇摆线间有无相碰，电杆有无歪斜，木质电杆根有无破损缺土下凹。

（6）金属管连接的地线是否良好，有无虚脱或腐蚀，各种管路固定是否牢固，管子接头有无脱扣拔节现象，管路有无塌腰变形。

（7）各用电器具如灯头、开关、插座等是否牢固，灯头吊线距地是否太低，有无自行拉扯的临时线路等。

（8）各种地极的接地电阻是否符合规定（防雷接地 10Ω 以下，保护接地 4Ω 以下），接地螺栓有无松动，接地导线有无伤痕和腐蚀。

（9）特殊房间应有特殊要求。例如：潮湿、高温、易燃、易爆等场所应按照有关规定进行检查维护。

2. 供电系统操作、保养和维修的基本制度

配电房是供电的中心，为加强这方面的管理，需要制定管理规定。

（1）配电房的全部机电设备，由机电技术人员负责管理和值班。送、停电由值班人员负责完成，无关人员严禁入内。

（2）建立运行记录。每班巡查一次，每月细查一次，半年大检修一次。查出问题及时处理，并做好记录。不能解决的问题及时上报主管部门。每班巡视内容：记录电压、电流、温度、电表数；检查屏上指示灯、电器运行声音是否正常；房内有否异味。

（3）室内照明、通风良好，室温控制在 40℃ 以下。

（4）供电回路操作开关的标志要显著，停电拉闸、检修停电要挂标志牌，非有关人员绝不能动。

（5）应严格保持各开关状态与模拟盘一致。不能随意更改设备和结线的运行方式及各种开关的整定值。

（6）严格遵守交接班制度和安全、防火、清洁卫生制度。

（7）严格执行岗位责任制，遵守电业系统有关变配电的各项规程。

（8）严格执行各种设备的安全操作规程。

（9）在恶劣的气候环境下，要加强对设备的特巡，当发生事故时，应保持冷静，按照操作规程及时排除故障，并按时做好记录。

（10）操作及检修时必须按规定使用电工绝缘工具、绝缘鞋、绝缘手套等。

4.3.3 接地，防雷装置的维护

（1）建筑物的防雷装置，一般由接闪器（避雷针、避雷带）、引下线和接地装置三个基本部分组成。这三个部分及其他防雷部分应按有关规范的具体要求装置。

（2）避雷接地极与电器设备的接地极应作可靠的连接。接地装置与道路及建筑物的主要入口距离一般不得小于3m。避雷设施各部分之间均应焊接牢固，其接地电阻应符合规范要求，一般不应小于5～10Ω。

（3）避雷装置的检查包括外观巡视检查和测量两个方面。一般可用接地摇表来测量各类建筑物的防雷接地电阻是否符合要求。接地电阻的检测每三年进行一次。

（4）外观检查主要包括对接闪器、引下线等各部分的连接是否可靠，有无受机械损伤、腐蚀、锈蚀等情况，支撑是否牢靠等。外观检查每年应进行一次。雷雨后，也应注意对防雷保护装置进行巡视，发现问题及时处理。

4.4 智能化系统管理

4.4.1 建筑智能化系统在物业管理上的应用

1. 综合布线系统

从布线来说，综合布线又可以简化为建筑群主干布线子系统、建筑物主干布线子系统和水平布线子系统三个子系统。

2. 建筑设备自动化系统

（1）电力监测系统。实现继电保护与备用电源自动投入，还具备对开关和变压器的状态，系统的电流、电压、有功功率与无功功率等参数的自动监测，进行全面的能量管理。

（2）照明控制系统。智能照明控制系统重点是解决照明系统的节能性。通过照明区域亮度的感应实现人走灯熄，并结合程序设定开关灯时间，达到照明节能的效果。

（3）空调监控系统。提供湿度、气流速度、空气洁净度和舒适性控制，控制设备的最佳启、停时间，控制空调及制冷机的节能优化，降低空调系统的能耗等。

（4）环境监测与给水排水系统。监测空气的洁净与卫生，采取排风与消毒等措施。

（5）电梯系统。电梯系统利用计算机实现群控，以达到优化传送、控制平均设备使用率与节约能源运行管理等目的。电梯楼层的状况，电源状态，供电电压及系统功率因数等亦需监测，并通过联网实现优化管理。

（6）火灾自动报警系统。及时报警和输出联动控制信号，具有火灾的声、光信号报警功能，能显示失火位置并有记忆功能。也具有故障自动监测功能，当故障与火灾同时发生，系统具备火警优先功能。

（7）智能建筑安防系统。楼宇中设立安防系统，不仅要求对外部人员进行防范，而且要对人员加强管理。对于重要地点、物品还需要特殊的保护。所以，现代化大楼需要多层次、立体化的安防系统。智能建筑安防系统具有防范、报警、监视与记录，系统自检和防破坏等功能。

4.4.2 智能化系统的运行管理

（1）建筑智能化系统施工、调试时，注意收集系统各类测试数据、原始施工资料，掌握各系统的工作原理、使用功能和运行规律。

（2）针对建筑智能化系统的实际配置，根据物业工程人员的实际技术水平，制定《建筑各智能化系统操作手册》。

（3）规范系统设备的日常运行管理，落实系统设备的日常运行维护，编制大厦《设备管理运行维护、检修计划及材料人工消耗一览表》、《单项设备维护台账》及《设备系统操作规程》等。

（4）落实员工的岗位技术培训。特别是对智能化系统的管理人员，操作人员实行培训、技术培训、专业考核，使员工逐步胜任其相应的技术岗位要求。

4.5 专用设备维护管理

4.5.1 空调设备运行维护管理

1. 空调系统概述

（1）空气调节的任务和作用

空气调节，是采用人工的方法，创造和保持一定的温度、相对湿度、洁净度和气流速度等参数要求的室内空气环境，以促进国民经济和科学技术的发展，提高人们的物质文化生活水平。

（2）空调系统的基本组成

一个空调系统主要由以下几部分组成：

1）工作区（也称为空调区）。通常是指距地面 2m。离墙 0.5m 以内的空间。在此空间内，应保持所要求的室内空气参数。

2）空气的输送和分配部分。主要由输送和分配空气的送、回风机，送、回风管，送、回风口等设备组成。

3) 空气的处理部分。由各种对空气进行过滤、净化、加热、冷却、加湿、减湿等处理的设备组成。

4) 处理空气所需要的冷、热源。指为空调系统提供冷量和热量的设备，如锅炉房、冷冻站、冷水机组等。

（3）空调系统的分类

空调系统的分类方法很多，如按空气处理设备的设置情况来分，可分为：

1) 集中式空调系统。这是把系统中所有的空气处理设备都设置在一个集中的空调机房里，空气在经过集中处理后，再送往各个空调房间。

2) 半集中式空调系统。这种系统，除了设有集中的空调机房外，还设有分散在各个空调房间里的二次空气处理设备，常见的有风机盘管加新风系统。

3) 分散式系统（空调机组）。这是把冷、热源和空气处理、输送设备集中在一个箱体内，就是通常所说的窗式、柜式空调器。它可按照需要，灵活地设置在空调房间内。

（4）空调冷负荷设计指标

空调房间的设计冷负荷与空调房间的使用特点、建筑物的热工性能、空调系统的形式、空气处理过程的方式、新风量的大小等因素有关，应通过认真的设计计算确定。在初步设计或规划设计时，也可根据已经运行的同类型空调建筑的设计负荷指标来估算所需要的空调冷负荷，下表 4-2 是国内部分建筑所需要的空调冷负荷的统计值。

2. 常用空气处理设备的维修与保养

（1）喷水室

1) 喷水室的构造。喷水室处理空气的主要优点是能够实现对空气的多种处理过程，具有一定的净化空气的能力，金属耗量少和易于加工。但有对水质条件要求高、占地面积大、水泵耗电多等缺点。应用较多的有低速、单级卧式和立式喷水室。

立式喷水室占地面积小，空气是从下而上流动，水则是从上而下喷淋，因此，空气与水的热湿交换效果比卧式喷水室好。一般用于要处理的空气量不大或空调机房的层高较高的场合。此外，根据空气热湿处理的要求，还有带旁通风道的喷水室、加填料层的喷水室。前者可使一部分空气不经过喷水室的处理，而与经过喷水室处理的空气混合，得到所要求的空气参数。后者可进一步提高空气的净化效果。

2) 喷水室的维修保养：

① 定期清洗喷水室的喷嘴、喷水管，以防产生水垢。

② 喷水室的底池应 1 年左右清洗和刷底漆一次，以减少锈蚀。

③ 定期检查底池中的自动补水装置，如阀针开关是否灵活，浮球是否好用等。

④ 定期清洗回水过滤网和进水过滤器。

⑤ 在喷水室的回水管上装设水封，以防由于风机吸风产生的负压作用，使回水受阻。

国内部分建筑空调冷负荷设计指标的统计值   表 4-2

建筑类型及房间名称		冷负荷指标（W·m^{-2}）
宾馆、饭店	客房（标准层）	80～110
	酒吧、咖啡厅	100～180
	西餐厅	160～200
	中餐厅、宴会厅	180～350
	商店、小卖部	100～160
	中庭、接待厅	90～120
宾馆、饭店	小会议室（允许少量吸烟）	200～300
	大会议室（不允许吸烟）	180～280
	理发、美容	120～180
	健身房、保龄球馆	100～200
	弹子房	90～120
	室内游泳池	200～350
	舞厅（交谊舞）	200～250
	舞厅（迪斯科）	250～350
	办公	90～120
医院	高级病房	80～110
	一般手术室	100～150
	洁净手术室	300～500
	X 光、CT、B 超诊断室	120～150
商场、百货大楼、营业室		150～250
影剧院	观众席	180～350
	休息厅（允许吸烟）	300～400
	化妆室	90～120
体育馆	比赛馆	120～250
	观众休息厅（允许吸烟）	300～400
	贵宾室	100～120

（2）表面式换热器

表面式换热器具有构造简单、占地面积少、水质要求不高、水系统阻力小等优点，因而得到了广泛的应用。表面式换热器分为空气加热器和表面式冷却器两类，可实现空气的等湿加热、等湿和减湿冷却。

为了增强传热效果，表面式换热器通常采用肋片管制作。表面式换热器通常垂直安装，也可以水平或倾斜安装。但是，以蒸汽作热媒的空气加热器最好不要水平安装，以免集聚凝结水而影响传热效果。

此外，垂直安装的表面式冷却器必须使肋片处于垂直位置，以免肋片上部积水而增加空气阻力。

表面式冷却器的下部应装设集水盘，以接收和排除凝结水。

表面式换热器根据空气流动方向可以并联或串联安装。通常是通过的空气量大时采用并联，需要空气温升（或温降）大时采用串联。

表面式换热器的冷、热媒管路也有并联或串联之分。但是，用蒸汽作热媒时各台换热器的蒸汽管只能并联安装。用水作热媒或冷媒时各台换热器的水管串联、并联都可以。通常的做法是，相对于空气流动方向并联的换热器，其冷、热水管也应并联；相对于空气流动方向串联的换热器，其冷、热水管也应串联。

为了便于使用和维修，在冷、热媒管路上应装设阀门、压力表和温度计。在蒸汽加热器管路上还应装设蒸汽压力调节阀和疏水器。为了保证换热器正常工作，在水系统的最高点应设排空气装置，最低点设泄水和排污阀门。

（3）电加热器

电加热器是让电流通过电阻丝发热而加热空气的设备。具有结构紧凑、加热均匀、热量稳定、控制方便等优点。但由于电费较贵，通常只在加热量较小的空调机组等场合采用。

在恒温精度较高的空调系统里，常安装在空调房间的送风支管上，作为控制房间温度的调节加热器。

电加热器分为裸线式和管式两种。裸线式电加热器具有结构简单、热惰性小、加热迅速等优点。但由于电阻丝容易烧断，安全性差，使用时必须有可靠的接地装置。为方便检修，常做成抽屉式的。

管式电加热器的优点是加热均匀，热量稳定，使用安全。缺点是热惰性大，构造复杂。

（4）加湿器

1）干蒸汽加湿器。干蒸汽加湿器的工作原理是，为了防止蒸汽喷管中产生凝结水，蒸汽先进入喷管外套，对喷管中的蒸汽加热、保温，然后经导流板进入加湿器筒体，分离出产生的凝结水后，再经导流箱和导流管进入加湿器内筒体，在此过程中，夹带的凝结水蒸发，最后进入喷管喷出的便是没有凝结水的干蒸汽。

2）电加湿器。是利用电能产生蒸汽，并直接混入空气中。根据工作原理不同，有电热式和电极式两种。电热式加湿器是在水槽中放入管状电热元件，元件通电后将水加热产生蒸汽。补水靠浮球阀自动控制，以免发生断水空烧现象。电极式加湿器是利用三根铜棒或不锈钢棒插入盛水的容器中用作电极，当电极与三相电源接通后，电流从水中流过，水的电阻转化的热量把水加热产生蒸汽。

电极式加湿器结构紧凑，加湿量易于控制。但耗电量较大，电极上容易产生水垢和腐蚀。因此，适用于小型空调系统。

（5）空气过滤器

1）分类

①粗效过滤器。主要用于空气的初级过滤，过滤掉粒径在 $10\sim100\mu m$ 范围的大颗粒灰尘。通常采用聚氨酯泡沫塑料，及各种人造纤维滤料制作。

②中效过滤器。主要用于过滤粒径在一定范围的灰尘。通常采用玻璃纤维、无纺布等滤料制作。为了提高过滤效率和处理的风量，常做成抽屉式或袋式等形式。

③高效过滤器。用于对空气洁净度要求较高的净化空调里。通常采用超细玻璃纤维、超细石棉纤维等滤料制作。

2）空气过滤器的维修保养。空气过滤器应经常拆换清洗，以免因滤料上积尘太多，风管系统的阻力增加，使空调房间的温湿度达不到设计要求，空调房间的空气洁净程度也会受到影响。

（6）消声器

1）阻性消声器。这是把吸声材料固定在气流流动的管道内壁，利用吸声材料消耗声能，降低噪声。常用的有管式、片式、格式、声流式等。阻性消声器对中、高频噪声消声效果好，对低频噪声消声效果差。

2）膨胀式消声器。这是利用管道内截面的突然变化，使沿着风道传播的声波向声源方向反射，从而达到消声目的。膨胀式消声器对低频噪声有较好的消声效果，但一般要管道截面的变化在 3 倍以上才较为有效。

3）共振式消声器。共振式消声器的特点是，它是当声波通过共振腔孔板的小孔时，利用气体在小孔孔径中的往复运动所产生的摩擦和阻力，把进入小孔的声能转化为热能消耗掉。

共振式消声器对低频噪声消声效果较好，但消声频率的范围较窄。

4）宽频带复合消声器。这是利用阻性消声器对中、高频噪声消声效果好，共振式和膨胀式消声器对低频噪声消声效果好的优点，综合设计成一种从低频到高频噪声范围内都有较好消声效果的消声器。

5）消声静压箱。这是在风机出口处，或空气分布器前设置内壁面贴吸声材料的静压箱，达到既可稳定气流、又可以起到消声的作用。

（7）组合式空调箱

1）构造。组合式空调箱是把各种空气处理设备、风机、消声装置、能量回收装置等分别做成箱式的单元，按空气处理过程的需要进行选择和组合成的空调器。空调箱的标准分段主要有回风机段、混合段、预热段、过滤段、表冷段、喷水段、蒸汽加湿段、再热段、送风机段、能量回收段、消声器段和中间段等。分段越多，设计选配就越灵活。

2）组合式空调箱的安装与维修：

①水管和空调箱之间的连接要加软接头，以免风机振动产生噪声，水管丝扣因震动而漏水；

②进水管上设"Y"形过滤器，以免杂物堵塞热交换器内的水管，使热交换器传热效果降低；

③进出水管上应设置截止阀，以便在检修或更换过滤器等设备时关断管路；

④凝结水管和空调箱连接时，要有坡度，以便排除凝结水；

⑤经常检查空调箱是否有漏风、漏水、凝结水管堵塞等现象，以便及时维修处理。

（8）风机盘管

1）风机盘管的构造。风机盘管由风机和表面式热交换器（盘管）组成。风机盘管的优点是布置灵活，各个房间可独立地通过风量、水量（或水温）的调节，改变空调房间的温、湿度。此外，当房间无人时可关闭风机盘管机组而不会影响其他房间，因而利于运行节能。风机盘管工作时，根据需要在盘管内通入冷水或热水，风机将过滤后的空气经盘管处理后送入室内。夏季冷却去湿时，盘管常在湿工况下工作，需设置凝结水管路。

2）风机盘管的安装和维修：

①风机盘管的进、出水管上应设软接头、截止阀；进水管上设"Y"形过滤器；出水管上宜设电动二通（或三通）阀，以便进行水量（或水温）的调节。

②风机盘管水系统在安装好后，要进行进出水管的清洗。由于盘管的管径较小，初次使用前冲洗干管时，污水不能通过盘管。因此，要安装旁通管。

③为了防止盘管内结水垢，使盘管的热交换能力下降，宜使用软化水。冬季盘管内的热水供水温度一般在 $40℃\sim65℃$，一般为 $60℃$；热水供回水温差在 $4.2℃\sim15℃$，一般为 $10℃$；冷水机组的冷却水进口温度不宜高于 $33℃$。

④要经常清洗风机盘管回风口的过滤器。

⑤经过室内的冷冻水管要保温。凝结水管敷设在技术夹层中时也要保温，但保温层厚度可薄一些。

⑥风机轴承为含油轴承时，要定期加油，以防止噪声增加。一般每年应加油一次。

⑦要保持凝结水盘中泄水孔的通畅，以免产生凝结水溢出现象。

3. 集中式空调系统的运行和故障处理

（1）集中式空调系统的分类

集中式空调系统根据所采用的室外新风量的情况分为三种：

封闭式系统所处理的空气全部来自空调系统，没有室外新鲜空气补充。这种系统冷、热耗量最少，但卫生条件很差。

直流式系统则与封闭式系统相反，这种系统处理的空气全部来自室外的新鲜空气，送入空调房间吸收了室内的余热、余湿后全部排放到室外，适用于不允许采用回风的场合。这种系统的冷、热耗量最大，但卫生条件好。

在以上两种系统中，封闭式系统虽然因为冷、热耗量最少，很经济，但不能满足人体健康的卫生条件要求；直流式系统虽然可满足卫生条件，但因冷、热耗量很大，不经济。因而，两者都只能在特定的情况下使用。对于绝大多数空调系统，是采用一部分回风以节省能量，输入部分室外的新鲜空气以满足人体健康的卫生条件要求，这就是空调系统设计中应用的最广泛的一种系统，称为混合式系统。

（2）集中式空调系统的运行管理

1）制冷系统各设备的开、停机顺序。要使冷水机组启动后正常工作，应当保证：

①冷凝器散热良好，以防止由于冷凝器压力过高，使冷水机组的高压保护器动作而停车和发生故障。

②蒸发器中冷水先循环流动，以免因冷水温度偏低，使冷水温度保护器件动作而停车；或因蒸发温度及对应的蒸发压力过低，使冷水机组的低压保护器件动作而停车；甚至导致蒸发器中冷水结冰而损坏设备。

制冷系统各设备的开机顺序是：

冷却塔风机开—冷却水泵开（延时 1min 后）—冷冻水泵开—冷水机组开。

制冷系统各设备的停机顺序是：

冷水机组停（延时 1min 后）—冷冻水泵停—冷却塔风机停—冷却水泵停。

2）制冷系统各设备的联锁安全保护。制冷系统各设备的联锁安全保护，在电路设计上应保证：

①如果冷却塔风机、冷却水泵和冷冻水泵没有先启动，冷水机组就不能启动；

②冷冻水泵启动后，应延时一段时间（具体参见产品样本），冷水机组才启动；

③冷冻水泵、冷却水泵、冷却塔风机三者中任一设备发生故障停机时，冷水机组应当能自动停机。

3）制冷系统的运行监测。总控制台应设置各个设备的手动控制按钮，显示各个设备正常运行和故障停机的红绿指示灯、警铃等。监测供电电路的电压、电流的仪表可设置在总控制台或配电屏上。

4.5.2 电梯设备运行维护管理

1. 电梯设备控制系统的组成

电梯主要由井道、轿厢、顶部机房、机械装置、控制电路和信号系统等组成。主要有：

（1）牵引电动机

（2）安全设备

1）门开关。装在每层的厅门上和轿厢门上，其接点串接在有关控制电路中。只有把轿门和各层厅门都关好，门开关合上，才能启动电梯。

2）安全钳。轿厢是由钢索牵引的，如果钢索松弛，会产生危险；如果钢索折断，轿厢就会坠落。为防止这种事故的发生，在轿厢底部装有安全钳。当钢索松弛或折断时，把轿厢钳在导轨上，不让它下滑。同时，它串接在控制电路中的安全钳接点会断开，使电动机紧急制动停车。

3）速度限制器。限速器上有一绳轮，当钢索绕过它时的速度过高，串接在控制电路中的限速器接点会断开，电动机也会制动停机，从而使电梯速度受到控制，不会太高而致危险。

4）终点限位开关。轿厢到达向上或向下的极限位置时，必须减速停车。终点装有行程限位开关，可在电梯接近终点时断开控制电路，使电动机制动停车。

（3）控制电路

2. 电梯的管理

电梯和其他机电设备一样，如果使用得当，并有专人管理和定期保养，不但能够及时排除故障、减少停机待修时间，还能延长电梯的使用寿命，提高使用效果。反之，如果使用不当，又无专人管理和维修，不仅不能发挥电梯的正常作用，还会降低电梯的使用寿命，甚至引发人身和设备事故，带来严重后果。因而，对使用的电梯，关键在于加强管理，合理地使用，健全维护和定期保养等制度。

在房屋管理部门接收一部经安装、调试、验收、合格的新电梯后，要指定专职或兼职的管理人员，以便电梯投入运行后，妥善处理运行使用、维护保养、检查修理等方面的问题。

在电梯数量较少的单位，管理人员可以是兼管人员，也可由电梯专职维修人员兼任。

一般情况下，管理人员需开展下列工作：

（1）收取控制电梯厅外自动开关门锁的钥匙、操纵箱上电梯工作状态转换开关的钥匙（一般的载货电梯和医用病床电梯可能没有装设）、机房门锁的钥匙等。

（2）根据本单位的具体情况，确定司机和维修人员的人选，并送到有合适条件的单位进行技术培训。

（3）收集和整理电梯的有关技术资料，包括：井道及机房的土建资料，安装平面布置图，产品合格证书，电气控制说明书，电路原理图和安装接线图，易损件图册，安装说明书，使用维护说明书，电梯安装及验收规范，装箱单和备品备件明细表，安装验收试验和测试记录以及安装验收时移交的资料，国家有关电梯设计、制造、安装等方面的技术条件、规范和标准等。

资料收集齐全后应登记建档，妥善保管，只有一份资料时应提前联系复制。

（4）收集并妥善保管电梯备品、备件、附件和工具。根据随机技术文件中的备品、备件、附件和工具明细表，清理校对随机发来的备品、备件、附件和专用工具，收集电梯安装后剩余的各种安装材料，并登记建账，合理保管。此外，还应根据随机技术文件提供的技术资料编制备品、备件采购计划。

(5) 根据本单位的具体情况和条件，建立电梯管理、使用、维护保养和修理制度。

(6) 熟悉收集到的电梯技术资料，向有关人员了解电梯安装、调试、验收时的情况，条件具备时可控制电梯作上下试运行若干次，认真检查电梯的完好情况。

(7) 在做好必要的准备工作，且条件具备后即可交付使用，否则应暂时封存。封存时间过长时，应按技术文件的要求妥善处理。

3. 电梯日常保养与检修

(1) 电梯的维护保养和预检修周期

电梯投入使用后，维修人员与司机应齐心协力，密切配合。维修人员应经常向司机了解电梯的运行情况，并通过自己眼看、耳听、鼻闻、手摸，以至用必要的工具和仪器进行实地检测，随时掌握电梯的运行情况和各零部件的技术状态，发现问题及时处理。

为了确保电梯安全、可靠、稳定地运行，维护人员除应加强日常维护保养外，还应根据电梯使用的频繁程度，按随机技术文件的要求，制定切实可行的日常维护保养和预检修计划。

制定预检修计划时一般可按周、月、季、年为周期，并根据随机技术文件的要求和本单位的特点，确定各阶段的维修内容，进行轮番维护保养和预检修，维护保养和检修过程中应做好记录，各周期的主要工作内容一般如下：

1) 每周：检查曳引机减速箱及电机两端轴承贮油槽内的油位是否符合要求，各机件中的滚动、转动、滑动摩擦部位的润滑情况是否良好，并进行清扫、补油和注油。检查两端站的限位装置、极限开关、门锁装置、门保护装置（安全触板开关或其他保护设施）等主要电气安全设施的使用是否正常，工作是否可靠，清扫各机件和机房的油垢和积灰，确保机件和环境的卫生。

2) 每月：检查有关部位的润滑情况，并进行补油注油或拆卸清洗换油，检查限速器、安全钳、制动器等主要机械安全设施的作用是否正常，工作是否可靠，检查电气控制系统中各主要电器元件的动作是否灵活，继电器和接触器吸合和复位时有无异常的噪声，机械联锁的动作是否灵活可靠，主要结点被电弧烧蚀的程度，严重者应进行必要的修理。

3) 每季：检查有关部位的润滑情况，并进行补油注油或拆卸清洗换油，检查各主要机件的运行情况是否正常，电气控制系统中各主要电器元件的结点被电弧烧蚀的程度，电气元件的紧固螺钉有无松动，各种引出和引入线的压紧螺钉和焊点有无松动。检查门刀与门锁，隔磁板与传感器，打板与眼位装置，打板与开关门调速，断电开关、绳头拉手与安全铅开关，限速器涨紧装置与限速器断绳开关，安全触板与微动开关等存在相对运动和机电配合部位的参数尺寸有无变化，各机件的紧固螺钉有无松动，作用是否可靠。

4）每年：对有关部件进行拆卸、清洗、换油，检查各机件的滚动、转动、滑动部位的磨损情况，严重者应进行修复或更换。

5）每3～5年：对全部安全设施和主要机件进行全面的拆卸、清洗和检测，磨损严重而影响机件正常工作的应修复或更换，并根据机件磨损程度和电梯日平均使用时间，确定大、中修时间或期限。

（2）电梯常见故障和检修方法

根据电梯制造厂家和部分电梯用户的不完全统计，在造成电梯必须停机修理的故障中，机械系统的故障约占全部故障的85％～90％。电梯的常见故障和检修方法见表4-3。

电梯的常见故障和检修方法一览表　　　　　　　　　表 4-3

故障现象	主要原因	检修方法
按关门按钮不能自动关门	1. 开关电路的熔断器熔体烧断； 2. 关门继电器损坏或其控制电路有故障； 3. 关门第一限位开关的接点接触不良或损坏； 4. 安全触板不能复位或触板开关损坏； 5. 光电门保护装置有故障	1. 更换熔体； 2. 更换继电器或检查其电路故障点并修复； 3. 更换限位开关； 4. 调整安全触板或更换触板开关； 5. 修复或更换
在基站厅外扭动开关门钥匙，开关不能开启厅门	1. 厅门开关门钥匙开关接点接触不良或损坏； 2. 基站厅外开关门控制开关接点接触不良或损坏； 3. 开门第一限位开关的接点接触不良或损坏； 4. 开门继电器损坏或其控制电路有故障	1. 更换钥匙开关； 2. 更换开关门控制开关； 3. 更换限位开关； 4. 更换继电器或检查其电路故障点并修复
电梯到站不能自动开门	1. 开关门电路熔断器熔体烧断； 2. 开门限位开关接点接触不良或损坏； 3. 提前开门传感器插头接触不良或损坏； 4. 开门继电器损坏或其控制电路有故障； 5. 开门机传动皮带松动或断裂	1. 更换熔体； 2. 更换限位开关； 3. 修复或更换插头； 4. 更换继电器或检查其电路故障点并修复； 5. 调整或更换皮带
开门或关门时冲击声过大	1. 开关门限速粗调电阻调整不妥； 2. 开关门限速粗调电阻调整不妥或接触不良	1. 调整电阻环位置； 2. 调整电阻环位置或调整其接触压力
开关门过程中门扇抖动或有卡住现象	1. 踏板滑槽内有异物堵塞； 2. 吊门滚轮的偏心挡轮松动，与上坎的门隙过大或过小； 3. 吊门滚轮与门扇连接螺钉松动或滚轮松动	1. 消除异物； 2. 调整并修复； 3. 调整或更换吊门滚轮

续表

故 障 现 象	主 要 原 因	检 修 方 法
选层登记且电梯关妥后电梯不能启动运行	1. 厅轿门电联锁开关接触不良或损坏； 2. 电源电压过低或断相； 3. 制动器抱闸未松开； 4. 直流电梯的励磁装置有故障	1. 检查或更换电锁开关； 2. 检查并修复； 3. 调整制动器
轿厢运行时有异常的噪声或振动	1. 导轨润滑不良； 2. 导向轮或反绳轮轴与轴套接触不良； 3. 传感器与隔磁板有碰撞现象； 4. 导靴靴衬严重磨损； 5. 滚轮式导靴磨损	1. 清洗导轨或加油； 2. 补油或清洗换油； 3. 调整传感器与隔磁板位置； 4. 更换靴衬； 5. 更换轴承
轿厢平层误差过大	1. 轿厢过窄； 2. 制动器未完全松动或调整不妥； 3. 制动器刹车带严重磨损； 4. 平层传感器与隔磁板的相对位置发生变化； 5. 再生自动距调整不妥	1. 严禁过载； 2. 调整制动器； 3. 更换刹车带； 4. 调整平层传感器与隔磁板的相对位置； 5. 调整再生自动距
轿厢运行未到换速点突然换速停车	1. 门刀与厅门锁滚轮碰撞； 2. 门刀与厅门锁调整不妥	1. 调整门刀与厅门锁滚轮； 2. 调整门刀与厅门锁
轿厢运行到换速点不能换速	1. 该预定停靠层的换速传感器损坏或换速隔磁板的位置调整不妥； 2. 该预定停靠层的换速继电器损坏或其控制电路有故障； 3. 机械选层器换速触头接触不良； 4. 换速接触器不复位	1. 更换传感器损坏或换隔磁板的位置； 2. 更换继电器或检查其电路并修复； 3. 调整触点与接触压力； 4. 调整快速接触器
轿厢到站不能平层停车	1. 上、下平层传感器的干簧管接点接触不良或隔磁板的位置调整不妥； 2. 上、下平层换速继电器损坏或其控制电路有故障； 3. 上、下平层接触器不复位	1. 更换传感器的干簧管接点接触不良或隔磁板的位置； 2. 更换继电器或检查其电路并修复； 3. 调整上、下方向接触器
有慢车没有快车	1. 轿门、某层站的厅门电联锁开关接触不良或损坏； 2. 直流电梯的励磁装置有故障； 3. 上、下平层换速继电器损坏或其控制电路有故障	1. 更换电联锁开关； 2. 检查并修复； 3. 变更继电器，接触器或检查其电路并修复
上行正常下行无快车	1. 下行第一、二限位开关的接点接触不良或损坏； 2. 直流电梯的励磁装置有故障； 3. 下行控制继电器，接触器损坏或其控制电路有故障	1. 更换限位开关； 2. 检查并修复； 3. 变更继电器，接触器或检查其电路并修复

故 障 现 象	主 要 原 因	检 修 方 法
下行正常上行无快车	1. 上行第一、二限位开关的接点接触不良或损坏； 2. 直流电梯的励磁装置有故障； 3. 下行控制继电器，接触器损坏或其控制电路有故障	1. 更换限位开关； 2. 检查并修复； 3. 变更继电器，接触器或检查其电路并修复
轿厢运行速度忽快忽慢	1. 直流电梯的测速发电机有故障； 2. 直流电梯的励磁装置有故障	1. 修复或更换测速发电机； 2. 检查并修复
电网供电正常，但没有快车也没有慢车	1. 主电路或直更换熔体；流、交流控制电路的熔断器熔体烧断； 2. 电压继电器损坏或其电路中的安全保护开关的接点接触不良、损坏	1. 更换熔体； 2. 更换电压继电器或有关安全保护开关
轿厢启动困难或运行速度明显降低	1. 电源电压过低或断相； 2. 制动器抱闸未松动； 3. 直流电梯的励磁装置有故障； 4. 曳引电动机滚动轴承润滑不良； 5. 曳引机减速器润滑不良	1. 检查并修复； 2. 调整制动器； 3. 检查并修复； 4. 补油或清洗更换润滑油脂； 5. 补油或更换润滑油

5 物业的智能化管理实训

【实训目的】

通过本单元实训，熟悉智能化设备的构成和运行原理，掌握智能化设备的操作和维护方法。

【实训内容】

一、准备智能化设备基础资料；

二、现场观察各类智能化设备的部件及构成；

三、按照操作规程现场操作各类智能化设备。

【实训技能点】

一、智能化设备资料的管理能力；

二、各类智能化设备的部件及结构、维修材料的辨识能力；

三、各类智能化设备维护操作能力。

【实训作业】

一、设备物业智能化设备维护管理的关键点、故障点和漏洞点，提出具体解决方法；

二、现场模拟故障排除。

5.1 楼宇智能化系统的管理

随着我国城市数字化，楼宇智能化管理的进程日益加快，人们对居住环境的规划、建设、管理及服务理念不断更新，运用科学、系统的思维来营造现代智能化设备管理的工作环境、居住环境已成为趋势。楼宇智能化设备管理涉及专业多、配套设备和技术繁杂，且设备更新换代迅速，同时智能化设备管理又是物业管理中的新亮点，操作性强，对从业人员的专业技能和专业素质要求很高。

■ 5.1.1　楼宇智能化系统的运行管理

保证系统设备日常运行的主要措施：①建立系统设备使用责任制度；②制定系统或设备操作规程；③制定系统设备巡回检查制度；④制定建筑内各设备系统操作维护规程；⑤建立设备维护制度。

1. 楼宇智能化系统设备的操作规程

操作规程是使系统或设备从运行状态回复到停止状态，或从静止状态进入到运行状态的过程中应遵守的规定和操作顺序。这种规定和操作顺序对于由众多设备组成的智能化系统和诸如中央制冷机组、供配电设备之类的大型设备来说尤其重要，稍有不慎就会对设备造成损害，甚至造成灾难性事故。例如，冷冻水系统和冷却水系统的正常运行又分别建立在空气处理装置和冷却塔启动并工作的基础上，如果不是这样，冷水机组启动后就有可能受到损伤，甚至损毁；又例如，中央空调冷水机组的启动过程，就不是一个孤立的冷水机组启动问题，而必须在冷冻水系统和冷却水系统先后运行起来后才能进行其启动操作。

操作规程要根据系统和设备的类型、功能、使用条件以及结合设备制造厂家提供的技术资料来制定，不能生搬硬套，也不能过于简单，以保证系统和设备的安全使用，达到或超过使用寿命。有些控制系统设计或配置比较好的，具有单向操作保护功能，不按规定顺序操作就进行不下去，系统或设备就无法启动，如果不了解情况，还以为设备出现故障。

应该把相应的、规范的操作规程简单扼要地书写清楚，并醒目地张贴在控制或操作地点，这样才能使系统或设备的开机和停机过程都能安全、正常地进行，以减少人为误操作所造成的损失和危害。

员工在操作时要严格岗位责任，实行定人定机制，以确保正确使用设备和落实日常维护工作。新员工在独立操作前，必须经过对系统的安全操作、结构性能、规范流程、维护要求等方面的技术知识教育和实际操作培训。经过技术训练的员工，要进行技术知识和使用维护知识的考试，合格者获得操作证方可上岗。

2. 楼宇智能化系统设备的运行管理

运行与检修记录是设备技术档案的原始技术资料之一，也是设备技术档案的重要组成部分之一。原始技术资料包括智能化系统设计、施工、安装图纸和说明书，各种设备的安装、使用说明书，系统和设备安装竣工及验收记录等，分别由设计、设备制造、工程安装单位提供，是在智能化系统正式投入运行前就形成的。而运行和检修记录则是在系统投入运行后形成并不断积累起来的。通过这些记录，可以使运行和管理人员从这些记录中找一些规律性的东西，经过总结、提炼后，再用于工作实践中防止因为情况不明、盲目使用而发生问题，使管理和操作检修水平不断提高；另一方面也便于掌握系统和设备的运行情况和现状。

（1）楼宇消防系统设备的运行管理

火灾探测器的种类主要包括：感烟火灾探测器、感温火灾探测器、感光火灾探测器、可燃气体火灾探测器等。火灾报警控制器是楼宇智能化管理消防系统的核心部分，可以独立构成自动监测报警系统，也可以与灭火装置构成完整的火灾自动监控消防系统。火灾报警控制器具有火灾报警优先于故障报警的功能，当火灾与故障同时发生或者先故障而后火灾（故障与火灾不应发生在同一探测部位）时，故障声、光报警能让位于火灾声、光报警，即火灾报警优先。区域报警控制器与集中报警控制器配合使用时，区域报警控制器应向集中报警控制器优先发出火灾报警信号，集中报警控制器立刻进行火灾自动巡回检测。当火灾报警消失并经人工复位后，如果区域内故障仍未排除，则区域报警控制器还能再发出故障声、光报警，表明系统中某报警回路的故障仍然存在，应及时排除。

（2）机械防排烟系统的运行管理

一旦确认火灾发生时，在启动防排烟设备时，关停空调机和送风机。火灾报警消防联动时，排烟口自动打开，排烟风机自动防火门和防火阀自动关闭，安全出口门自动开锁打开，空调机和送风机自动关机。在空调的送风管道中安装的两个防烟防火阀，在发生火灾时应该能自动关闭，停止送风。风管道回风口处安装的防烟防火阀也应在发生火灾时能自动关闭。但在由排烟机控制烟管道中安装的排烟防火阀，在火灾发生时则应打开排烟。在防火分区入口处安装的门，在火灾警报发出后应能自动关闭。

（3）自动消防给水设备的组成及运行管理

自动消防给水系统的水源由消防水池、消防水箱、消防水泵等直接供水。消防水泵应设有功率不小于消防水泵的备用泵。消防水泵在火灾供水灭火时，其消防水流不应进入消防水箱，以免分散水压，造成消防水流不足。消火栓水泵常用消控中心发出的联动控制信号或消火栓按钮开关信号进行远距离启动。消火栓按钮的操作电源应采用安全电压，其开关信号不能直接用于启动水泵，须通过隔离转换，方可接入 220V 或 380V 的水泵控制电路中。

平时无火灾时，消火栓箱内按钮盒的常开触点处于闭合状态，常闭触点处于断开状态。需要灭火时，击碎按钮盒的玻璃小窗，按钮弹出，常开触点恢复断开状态，常闭触点恢复闭合状态，接通控制电路，启动消防水泵。同时，在消火栓箱内还装设限位开关，无火灾时该限位开关被喷水枪压住而断开。火灾时，拿起喷水枪，限位开关动作，水枪开始喷水，同时向消防中心控制室发出该消火栓已工作的信号。

（4）楼宇巡更系统的基本设备运行管理

电子巡更系统也是安全防范系统的一个重要组成部分，其工作原理是在楼宇智能化管理的主要通道和重要场所设置巡更点，保安人员按规定的巡逻路线在规定时间到达巡更点进行巡查，在规定巡逻路线、指定的时间和地点向安全防范控制中心发回信号。正常情况时，应在规定的时间按顺序向安全防范控制中心发送正常信号。若巡更人员未能在规定时间与地点启动巡更信号开关时，则认为在相关路段发生了不正常情况或异常突发事件，则巡更系统应及时地做出响应，进行报警处理，以便报案值班人员分析现场情况，并立即采取应急防范措施。

（5）有线（在线）电子巡更系统设备及系统运行管理

有线巡更系统由计算机、网络收发器、前端控制器巡更点等设备组成。保安人员到达巡更点并触发巡更点开关，巡更点将信号通过前端控制器及网络收发器送到计算机。巡更点主要设备放在各主要出入口、主要通道、紧急出入口、主要部门等处。

（6）无线（离线）电子巡更系统设备及系统运行管理

无线电子巡更系统由计算机、传送单元、手持读取器、编码片等组成。编码片安装在巡更点处代替巡更点，保安人员巡更时用手持读取器读取巡更点上的编码片资料。巡更结束后将手持读取器插入传送单元，使其存储的所有信息输入到计算机。计算机记录各种巡更信息并可打印各种巡更记录。

无线电子巡更系统又叫离线式电子巡更系统，相对于在线式电子巡更系统的缺点是不能实时管理，如有对讲机，可避免这一缺点。它的优点是无需布线，安装简单，易携带，操作方便，节能可靠，不受温度、湿度、范围的影响，系统扩容、线路变更容易且价格低，又不宜被破坏。系统安装维护方便，适用于任何巡逻或值班巡视领域。

（7）防盗报警系统的设备运行管理

防盗报警系统主要由各类探测器、报警开关和按钮、报警主机和报警装置等设备构成。防盗、防入侵报警器主要有以下几种：开关式报警器、主动与被动红外报警器、微波报警器、超声波报警器、声控报警器、玻璃破碎报警器、周界报警器、双技术报警器、视频报警器、激光报警器、无线报警器、振动及感应式报警器等。

防盗报警主机功能：

1）布防与撤防功能。正常工作时，工作人员频繁进入探测器所在区域，探测器的报警信号不能起报警作用，这时报警控制器需要撤防，下班过后，人员减少需要布防，使报警系统投入正常工作，布防条件下探测器有报警信号时，控制器就要发出报警。

2）布防后的延时功能。如果布防时。操作人员正好在探测区域之内，这就需要报警控制器能延时一段时间，待操作人员离开后再生效，这就是布防后的延时功能。

3）防破坏功能。如果有人对线路和设备进行破坏，报警控制器应发生报警。

4）联网功能。作为楼宇智能化管理自动控制系统设备，必须具有联网通信功能，以把本区域的报警信息送到防灾防盗报警控制中心，由控制中心完成数据分析处理，以提高系统的可靠性等指标。

（8）楼宇智能广播系统的设备的运行管理

楼宇智能广播系统的设备一般分为四个部分：节目源设备、信号放大和处理设备、传输线路和扬声器系统。

楼宇智能广播系统作为紧急广播是在事故发生时启用，与人身的安全有密切关系，因而紧急广播有以下特点：一是发生火灾时，紧急广播信号具有最高级的优先广播权，即利用紧急广播信号可自动中断背景音乐和寻呼找人等广播；二是当大楼发生火灾报警时，为防止混乱，只向火灾区及相邻区域广播。

■ 5.1.2 楼宇智能化系统的维修管理

不管如何加强维护保养，都只能降低设备的损坏速度。要想使设备完全不出现故障或发生部件损坏问题是不可能的。只有及时发现、消除系统和设备存在的问题和潜在的事故隐患，才能提高各个设备自动化系统的健康水平，保证系统安全经济运行，防止意外事故的发生，延长其使用寿命，更好地为用户服务。因此，必须定期对系统和设备进行检验和测量，以便根据检测情况及时采取相应的预防性或恢复性的修理措施。

1. 系统技术状态完好标准

系统完好是指系统设备处于完好的技术状态。设备完好标准基本有三条要求。

（1）系统设备运转正常。系统各部件齐全，安全防护装置良好，磨损和腐蚀程度不超过规定的技术标准，计量仪器、控制系统、仪表等工作正常，安全可靠。

（2）系统设备性能良好。动力设备的功能达到原设备规定标准，运转时无超温、超压等现象；控制系统能稳定地满足要求。

（3）原材料、燃料、动能、润滑油料等消耗正常，无漏水、漏油、漏气、漏电等现象，外表清洁整齐。

2. 楼宇智能化系统的维修

（1）维修承担者类型

根据目前的技术水平，设备检修的承担者主要有以下三种类型：

1）内部专职检修部门。多数大企业，由于人员配备较多，技术力量较强，所以分工较细，一般设有专门的检修部门。

2）多技能操作者。一些中小企业为了减少人员配备，用足人力资源，通常将操作与检修结合起来，运行工也是修理工，不另设专门的检修部门。

3）外部专业检修公司。目前，绝大部分物业服务公司为了扬长避短，都采取了将建筑自动化系统的主要设备承包给专业检修公司检修的方式，集中主要精力抓好其他方面的管理工作。

（2）维修方式与制度

检修方式不同，对检测与维修制度的内容制定也有很大影响。企业选择的设备检修承担者不同，其检测与维修制度内容也不同。当前基本上常用的检修方式有以下两种。

1）定期维修。定期检修通常也称为计划检修，是按照一定周期进行检修的传统方式。这种检修方式的优点是可以有计划地利用设备。中长期停机时进行检修，人力、备件均可以有充分的准备。

2）委托维修。目前，绝大部分物业服务公司实行设备委托修理，以便促进设备维修和管理水平的提高。设备的委托修理是指本企业在维修技术或能力上不具备自己修理维护设备的条件，必须委托外企业承修。一般由企业的设备管理部门负责委托专业维修商、制造商承修，并签订设备修理经济合同。

5.1.3 楼宇智能化系统常见的故障及处理方法

1. 常见故障分析方法

引起楼宇智能化系统故障的原因一般有两个方面：系统运行的外界环境条件和系统内部自身故障。由外界环境条件引起故障的因素主要有工作电源异常、电磁干扰、环境温度变化、机械的冲击和振动等，其中许多干扰对于集散控制系统中分站使用的中央站的 PC 机以及 DDC 控制器等设备的影响尤其严重。系统内部的故障有现场硬件，包括各种变送器、传感器、执行器等的故障，以及控制器的故障。例如焊接点的虚焊、元器件的失效，脱焊，插接件的导电接触面的氧化或腐蚀，接触松动，线路连接开路和短路等。

检查系统故障常常先从外部环境条件着手，首先检查工作电源是否正常、工作环境是否符合要求，然后再检查系统内部产生的故障，如各执行部件是否正常，在检查硬件之前通常检查相关参数的设定、自动或手动的操作方式选择是否正确。

根据高层建筑控制系统的原理、构造，在检查维修时通常采用以下几种方法：模拟测试法、替代法、分段检测法、经验法。在实际检修中，以上几种方法都会交叉使用。

模拟测试法：根据 BAS 编程逻辑设定满足设备运行的条件，测试判断故障点的类型，属于硬件故障还是软件故障。

替代法：用运行正常的元器件，代替怀疑有故障的元器件，来判断故障点。在使用这种方法时，要先确认替代元器件的完好性。

分段检测法：通过模拟测量判断出故障处在某一回路后，将此回路分段检测，通常以 DDC 控制盘为分段点，这样能迅速确定故障点范围。

经验法：根据实际的运行维护经验、相关元器件的使用性能及损耗周期等特点，有针对性地检查。

2. 供配电及照明系统故障分析及排除办法

故障现象之一：控制操作失灵。

故障分析及处理方法：

（1）电气控制柜手动或自动开关置于手动位置，BAS无法控制，置回自动位置。

（2）执行元件继电器故障：检测继电器工作电压是否正常，继电器是否插接良好，继电器动作是否灵敏及触点导通良好。

（3）中央控制室PC机操作设定运行时间不对。

（4）DDC箱执行输出模块故障或逻辑控制程序出错情况类似。

故障现象之二：电流或电压值等参数读数误差很大。

故障分析：互感器、变送器故障，或者DDC箱执行输出模块故障或逻辑控制程序故障。

处理方法及步骤：

（1）如果是电流或电压互感器有故障，可用相应表计替代检测，不难排除。

（2）如果是变送器故障，可检测相应输入输出参数值比较得出。

（3）如果是DDC箱执行输出模块故障或逻辑控制程序出错，处理方法及步骤同前面情况类似。

3. 常见的BAS通信故障及排除方法

故障现象：DDC只有部分在线。

故障分析：DDC只有部分在线，不一定说明不在线的DDC都有故障，可能是由于某一个DDC的通信模块故障引起，也可能是总的BUS线、主机通信模块故障。

处理方法及步骤：首先逐个检查不在线DDC盘通信指示灯是否正常，如果指示灯不亮，那么肯定此通信模块故障；观察其他DDC是否回到线上，如果仍然没有回，说明DDC是好的；用同样的方法检测其他DDC，如果都正常，说明BUS线主机通信模块故障，可以采用替代法来判断排除故障。

■ 5.1.4 突发故障事件的处理

除常见设备故障的处理外，在某些因素的影响下，当发生突发故障事件时，要有应急处理办法。下面以大厦突发停电事件为例，说明应对突发事件的处理办法。

目的：迅速快捷地解决突发停电事件，尽可能降低其对用户所造成的影响。

适用范围：大厦因内、外因素影响，例如自然灾害、线路故障、市供电设施；大厦内供配电设备、设施、线路故障所造成的突然停电。

处理程序与职责如下：

（1）通知

值班电工在突然停电的第一时间内，应当立即检查备用发电机是否启动，查看高压侧电压表电压指示，确认停电原因。如是市电停电，立即与供电部门取得联系，询问停电原因、恢复供电大致时间。如停电时间较短，管理处可用大厦广播系统向大厦用户通报；如停电时间较长，应将停电原因、大致恢复供电时间等打印成书面通知张贴于大厦主要出入口的明显位置，向用户告示。如果是大厦内部供配电设施、设备故障，立即查找故障原因，并迅速将情况向管理处负责人报告。

（2）组织

所有电气维修人员立即到配电室待命，打开所有对讲机，听从管理处负责人根据停电情况做出适当的组织和安排，并稳妥指挥和统一部署，组织相关岗位人员重点做好如下工作。

1）检查备用柴油发电机运行负荷状况，观察油压、油温、输出电压、频率等。

2）如是大厦内部供配电设施、设备出现故障，由主任工程师指挥和组织人员进行抢救。

3）检查所有消防通道、楼梯是否有事故照明，停车场车辆出入口闸栏是否有事故电源。

4）水泵工检查水泵是否有事故电源，能否正常工作。

5）值班室应有专人在电话机旁留守，以便随时接听和解答用户的质疑和询问。

6）各岗位保安员要重点维持大厦内外的公共秩序，加强机动车辆出入口的交通指挥和疏通，疏导人群，保持人行通道的畅通。特别要注意维持好大厦主要出入口的秩序。

7）当班保安员负责人应根据现场情况，如警力不足要调派增援人员，做好应急准备，确保不发生治安等意外事件。

8）恢复供电：当故障排除、具备恢复供电条件时，一用一备的高压柜按如下程序操作，查看1号高压柜来电显示灯是否有电；查看2号高压柜电压表（kV）是否有电压显示；查看高压出线柜合闸指示灯是否亮（红色）；检查变压器声音、温度是否正常，切换电压转换开关，检查相关电压、相对地电压是否正常，如正常，合上变压器主进线开关，检查总电流表、电压表指示是否正常；仔细观察变压器温度变化，查看高压拒、电流表指示是否正常；重新启动中央空调系统。

5.2　办公智能化系统管理

5.2.1　办公智能化系统的设计步骤

物业办公智能化系统的设计一般是要根据客户的需求来制定的。整个阶段设计方法分四个阶段进行，它们是系统分析阶段、系统设计阶段、系统实施阶段和系统评价阶段。

1. 系统分析阶段

在办公智能化的系统分析阶段，所要完成的任务主要包括：办公智能化的客户需求调查与分析、系统目标的制定、系统功能的确认、系统硬件和软件的配置，以及系统方案的可行性论证等。

在以上各项任务中，客户需求调查与分析是办公智能化的基础，是整个办公智能化开发和工程设计的依据，只有将该项任务圆满地完成，才谈得上进行后续工作。只有明确了系统的目标和功能，才能保证整个系统开发的方向、规模大小和开发周期的长短，所以系统目标的制定与系统功能的确认是关键；系统硬件和软件的配置，需要考虑办公智能化投资者的实力，以保证办公智能化开发任务的如期完成。系统分析最后阶段的任务就是进行系统方案的可行性论证，这是一个不可缺少的步骤。通过业界专家对系统设计方案进行审核和评定，可以使设计方案在可行性、科学性、先进性方面得到充分的论证。

2. 系统设计阶段

相对于系统分析阶段我们解决的是"要明确做什么"，系统设计阶段的主要任务是要明确"问题的解决方案"。也就是说，系统设计主要是根据系统分析阶段所明确的系统功能确定系统的物理结构，同时设计办公智能化系统硬、软设备的选择以及办公智能化信息的计算机处理流程等工作。

3. 系统实施阶段

办公智能化的建设过程也就是系统实施的过程，一般地说，办公智能化建设要在智能建筑的 BAS 和 CAS 之后进行。因为数据库系统和数据通信系统是办公智能化的两大支柱，通过计算机网络提供的数据通信，可以使办公智能化的数据库构成分布的形式，从而使办公信息的存储更为合理，利用更有效。系统实施的过程也是购置系统硬件和软件的过程，这里需要强调说明的是，系统硬件和软件的选择必须遵循以下三条原则：一是系统硬件和软件必须具有一定的先进性；二是满足合理性，也就是说要满足用户的实际需求；三是系统硬件和软件的性能价格比要高。

4. 系统评价阶段

从系统投入运行起，也就进入了系统运行维护和评价阶段。作为系统的开发者，在此阶段一定要做好系统运行的记录。有了这些记录数据，就为日后对系统的功能、效果以及能否达到预期的系统目标进行全面评价做好准备。

■ 5.2.2 星级宾馆酒店信息系统和校园网络系统

1. 星级酒店信息系统的构成

星级酒店信息系统主要应用于酒店管理、酒店内部办公、客房视频点播系统、客户及内部人员的 Internet 接入服务等。根据宾馆酒店管理水平的不同，通常它的管理模式可分为以下四类。

（1）简单业务处理系统。该系统的内容主要包括电话计费、电子收款、宾客信息管理、电子门锁、外币兑换等。

（2）联机业务处理系统。该系统的内容主要包括前厅服务、前厅账务、客房预订、客房管理、夜间查账等。

（3）综合业务管理系统。该系统的内容主要包括总账管理、物资管理、应收应付账管理、固定资产管理、商场管理、人事工资管理、餐厅管理、经营信息查询等。

（4）扩展信息服务系统。该系统的内容主要包括图文查询、信息服务、酒店内部网站、信用卡、电子商务、IP 电话等。

由上述系统组成的整体，正是酒店的综合业务。目前综合业务管理系统已成为现代宾馆、饭店的主流计算机管理系统，而扩展信息服务系统正在发展中。

2. 校园网络系统的构成

校园网络系统是将各种不同应用的信息资源通过高性能的网络设备相互连接起来，形成校园区域内部的网络系统，对外通过路由设备接入广域网。

校园网络系统的总体设计目标是通过采用技术先进、扩展性强的现代网络设备，建立覆盖全校主要建筑物，包括教学大楼、实验室、图书馆等和学生与教职工住宅区的校园主干网络，形成一个开放式的局域网络系统，进而实现学校教学、科研和管理的现代化和计算机化的要求。

校园网络系统方案的设计要求体现以下五个方面：

（1）系统结构合理，便于维护，且安全可靠。

（2）系统高效实用。整体规划的原则是以充分满足教学、科研为主，兼顾校园其他要求。

（3）系统必须是开放式的，且可扩充性强。

（4）系统能够集成各个智能化子系统。

（5）系统能够实现快速信息交流、协同工作，且支持宽带多媒体业务。

一个完整的校园网建设主要包括技术方案设计和应用信息系统资源建设两个方面的内容。技术方案设计主要包括设备选择、网络技术选型和结构化布线等，应用信息系统资源建设主要包括内部信息资源建设、外部信息资源利用等。

5.2.3　办公智能化系统的维护

物业办公智能化设备是由很多计算机软件、硬件、辅助设备和人共同组成的信息系统。确保系统内信息资源与信息传输的安全，即数据与数据传输的安全尤为重要，因为系统信息的安全采集、处理存储与传输是保证信息资源安全的关键。物业信息化管理系统设备包括的主要内容有软件安全、数据存取安全、数据传输安全等。

1. 软件安全

软件同时具有二重性，它既是安全保护的对象，也是给系统带来危害的潜在途径。软件是计算机信息处理系统的核心，也是使用计算机的工具，是系统的重要资源。因此，必须从技术上高度重视软件安全的问题，在法制上、规范上建立严格的制度，确保软件安全。

2. 数据存取安全

数据存取安全主要考虑以下两个方面：第一，数据存储安全。即对有数据信息存储的文件或数据在访问或输入时均设置监控措施。第二，数据的存取控制安全。指的是从信息处理系统处理角度对数据存取提供保护。因为数据的存取控制需与操作系统密切配合，同时又与系统环境和操作方式的关系极大，时常会因为这方面出现问题而带来损失和危害。在建立计算机系统时必须十分慎重地处理这方面的问题。

3. 数据传输安全

数据的传输安全是确保在数据通信过程中，数据信息不被损坏或丢失，这方面的保护方法有以下三种。

（1）链路加密。对通信网络中两个节点之间的、单独的通信线路上的数据进行加密保护。

（2）点到点保护。在网络中，数据提供从源点到目的地的加密保护。

（3）加密设备的管理。是指必须采取相应的保护措施，包括选用低辐射显示器、可靠的接地，而且计算机的设计应符合国家安全标准的规定。对加密设备的使用、管理、保护要有完整、有效的技术措施。同时，在数据传输的安全中，也必须防止通过各种线路与金属管道的传导泄漏电磁波形成的辐射泄漏。

5.3 通信智能化系统管理

5.3.1 通信智能化系统的管理

通信智能化系统的管理一般集中在系统中心管理、运行和维护，这样有利于管理的专业化和标准化，系统管理的目的在于提供一种对计算机网络进行规划、管理、设计、操作运行、监视、控制、分析、评估和扩展等手段。从而以合理的代价，组织和利用系统资源，提供可靠、安全、正常、有效、充分的服务。

1. 通信智能化系统管理的内容

通信设备的维修需要专门的技术，特别是一些关键设备，应请政府认可的专业公司维修。通信智能化系统的管理主要是对设备的软、硬件进行保养和维护。作为管理公司，一般应做到以下几点：

（1）严格执行网络管理的保密制度。

（2）熟悉通信法规，了解各种通信网络设备的使用方法，制定大厦的通信网络管理制度。

（3）定期检查通信设备的完好情况，对使用不当等情况应及时改正。

（4）禁止擅自更改通信设备。

2. 通信智能化系统的安全管理

安全性一直是通信智能化系统的重要环节之一，而且用户对系统的安全要求也相当高。安全管理是通信系统管理的重要内容。通信系统中主要有以下几个安全问题：授权、访问控制。相应地，通信智能化系统安全管理包括对授权机制、网络数据的私有性、访问控制、加密与解密关键字的管理等。

通信智能化系统安全管理的任务主要是要能控制网上的合法用户只能访问自己访问权限内的资源，以保护网上信息不会在传输时泄漏和修改，保护网上处理的信息不被泄漏和修改，限制没有授权的用户或者具有破坏作用的用户对网络的访问。对数据的保护应该从如下几个方面入手。

（1）关键设备的监控

网络上关键的设备是数据库服务器、文件服务器、交换机、打印服务器等设备。

（2）网络操作系统的控制

网络操作系统对逻辑访问的管理包括两个部分：一是保护文件不被非法用户访问，不随意被修改和删除；二是控制用户对网络的访问。

（3）访问的控制

访问控制的目的是控制用户对网上文件的访问。系统对用户进行授权，根据需要规定它可以访问哪些目录和文件，即层层设防。用户想要对文件进行操作，必须有相应的权限。访问控制还能对非法入网的用户进行跟踪。

（4）病毒的预防

防病毒应该从管理、技术和法律等方面进行。市场上虽然有种类繁多的防杀病毒工具，但很难抵挡不断涌现的新病毒的进攻。病毒是威胁信息安全的大敌，应受到高度的重视。

3. 通信智能化系统常见故障及排除

（1）通信智能化系统常见故障

设备在使用过程中经常会发生故障，必须要经常维护。故障的诊断和维护是一项非常复杂而又细致的工作，除了应具备一定的计算机专业知识外，还必须掌握一定的维护和维修知识和经验。特别在通信智能化系统中，如果工作站发生故障，首先要判断是所有工作站都不能上网，还是只是个别情况，然后根据具体情况，进行不同的处理。

1）所有工作站都不能上网

①网卡安装有问题。若电缆检查正常，就应详细检查服务器和客户机网卡的设置是

否连接好，是否发生资源冲突。

②电缆连接有问题。可以用万用表测量，判断电缆是否短路、断路等；或者检查双绞线不同颜色的线是否连接正确。

③网络协议有问题。若上面两项检查都正常，就要检查网卡驱动程序是否正确，是否绑定了正确的协议，加载过程是否出现错误等。

2）个别工作站不能上网

①网卡有问题。

②网卡与工作站的其他硬件设备冲突。

③网络协议配置不正确。

④工作站与 KUB 或 SWITCH 间的双绞线有问题。

⑤网络设置错误，如 IP 地址，子网掩码、DN5、网关等。

（2）通信智能化系统设备故障处理程序

1）未经允许，不得擅自对系统进行任何操作。

2）机房管理人员发现电路和设备运行不正常时，应及时进行分析并联系有关技术人员，尽量准确地定位故障原因和相应的模块，必要时需直接通知公司有关领导。

3）相关专家人应立即对故障处理做出反应，必要时汇报公司有关领导。

4）机房管理人员采取临时措施前，应记明情况，以便障碍消除后复原。

5）机房管理人员按有关规定、专责人及公司领导的意见进行处理，必要时关机。

6）机房管理人员有义务将故障时间、故障点及抢修等处理措施和效果做真实详细的记录，同时体现在值班日志、故障报告中。

（3）通信智能化系统的维护保养

通信智能化系统的安全主要有以下三方面的问题，即访问控制、物理安全和传输安全，网络规划者有责任对可能遇到的危险进行评估，并在网络设计和运行时考虑相应对策。

1）访问控制

访问控制涉及用户访问资源权限的维护管理以及公有、私有资源的协调和使用。网络的访问控制可以从以下三个方面进行规划。

①网络用户访问资源的权限

一般来说，网络资源包括网络服务器的文件系统、网络服务器及外部通信设备，用户权限主要体现在用户对所有系统资源的可用程度。网络管理系统可以显示用户的应用类型及所需的网络资源，为用户制定网络资源访问权限。例如 Net Wear 对于目录和文件可以授予用户的共有八种权限，即读文件、写文件、建立新文件、删除文件、打开文件、个人权限、搜索目录、修改文件属性。

以上几种权限可能部分或全部授予，对于用户授权时，可以利用用户组的概念，一个用户组是这样一组用户，这些用户可能同享网络上的某些资源，因此，用户的权限有时候可以简化对分组的授权。

目录权限和文件权限可以分别设置，以增加一道防线，只有用户的目录权限与文件权限相一致才能访问文件。

②网络用户注册

网络用户注册可以认为是网络安全系统的最外层防线，只有具有网络注册权的用户才可以通过这一层安全性检查，在注册过程中，系统会检查用户名及口令的合法性，不合法的用户将被拒绝。

注册过程的内部依据是一个用户账号，它是用户安全性的主记录，记录了用户绝大部分安全信息。用户账号中的用户号和口令将用于访问检查，用户的口令通常是以加密方式存放的，只有超级用户或管理员才可以删除一个用户的口令。

只有通过网络访问检查才能进入网络操作方式，访问网络共享资源。值得注意的是，若系统进行分布式的处理，则对网络的访问将采用程序方式而不是命令对话方式，以便在程序设计中设计有关的安全性处理。

③文件属性

对于文件属性的设置可能作为安全措施。文件属性只有"读写/只读"，这种安全措施对保护由很多用户读的共享文件特别有用。如果文件属性是"只读"，不论用户的访问资源的权限如何，用户对该文件只能读，不能写，不能换名或删除。因此，文件属性的安全性优于用户权限。

2）物理安全

物理安全可从两方面来考虑，一是保护人们免受网络的危害，二是避免人为对网络的损害。电缆需要埋置时，应有一定的深度，而且外面应有可靠的保护层，因为电缆可能因洪水、火灾等灾害而损坏。最常见的是施工人员由于不了解埋在地下的电缆的位置，因而弄断电缆，最好的防范措施是标明电缆位置。办公室内的终端或工作站员安全的用网方式是用墙上的接线盒或插头，这样可避免工作人员踩断电缆。服务器不能放在太湿、温度太高的地方，这些在规划电线及服务器位置时应予以考虑。

3）传输安全

传输安全涉及防止网上信息的走漏和被破坏。信息的走漏指非法的从网上获取信息，破坏指向网上加人造假信号。防止信息走漏或破坏的途径是采用密码技术，在发送站先进行信号加密，由接收站解密，这样可防止信息的走漏，因为不掌握解密技术就不知道信息的真正内容，同时由于伪造信息者不知道如何正确加密，因此造假信号很容易被识别出来，如果采用密码加密，必须对密码进行很好的管理。

■ 5.3.2 通信智能化系统网络中心管理组织机构及其职责

通信智能化系统的运行、维护管理对计算机网络进行设计、规划、管理、操作运行，建立切实有效的岗位职责及管理制度，从而以合理的代价，组织和利用系统资源，提供安全、有效、正常、可靠、充分的服务。网络管理的目的在于提供一种分析、控制、管理、监视、评估和扩展等手段。

1. 网络中心管理人员的职责

（1）网络中心主任岗位职责

1）编制设备配件、软件的采购计划。

2）负责对网络中心人员的培训及考核工作。

3）负责网络中心的全面综合管理，包括技术资料的收集、存档和保管。

4）负责网络中心设备委托维修的联系工作，并对维修保养工作进行指导及检查监督。

5）根据运行情况制定中修、大修计划，每年12月份制定下一年度各项设备监测保养计划，软件更新升级计划。

（2）网络工程师岗位职责

负责大厦 ATM、网络服务器、WEB、Internet、SERVER、MAILSERVER、数据库、防火墙的维护和管理。

（3）计算机工程师的岗位职责

1）熟练掌握办公自动化（OA）系统，解决员工提出的疑问。

2）负责定期对 HOMEPAGE 进行及时维护。

3）了解网络中心内各系统的工作原理、性能和维护保养工作，熟练掌握各系统操作。

（4）计算机技术员的岗位职责

1）负责办理客户各种入网手续，大楼所有信息点的管理以及维护。

2）客户局域网接入大厦内部网络，包括联网、跳线、IP 分配。

3）负责二次装修综合布线的审核和验收。

4）办理 E 网的业务。

2. 网络中心管理制度

为确保系统的正常运行和各项管理工作的进一步完善，须制定机房管理、机房值班人员守则、操作运行等一系列制度。

（1）机房管理制度

1）机房内应经常保持整洁，做到进门换鞋（外来参观人员亦应如此），地面清洁、设备无尘、工具就位、排列正规、布线整齐、备件有序、资料齐全、使用方便。

2）机房内严禁烟火，不准大声喧哗，不得存放食品。

3）非机房管理人员严禁进入机房，如果因工作需要进入机房，必须得到领导同意，并登记出入时间、工作内容。

4）机房室空调恒温器刻度应设置在 24℃以下。

（2）机房值班管理制度

1）认真执行维护计划。

2）严格执行维护标准和各项制度。

3）机房管理人员在值班室期间对机房设备的运行及安全负责。

4）保持设备、仪器的完整无损、工具清洁、性能良好、运行正常。

5）遵从领导的指挥调度，密切与有关人员配合，不发生人为故障和人为事故。

6）妥善处理设备出现的各种问题，认真、如实地填写设备故障报告等原始记录，各种技术资料妥善保管。

7）定期对机房设备进行巡回检查，并根据表格作相应记录。

8）如发现电路质量欠佳造成设备故障，应立即采取相应措施并向部门主管汇报。

9）如遇电源变化、气候恶劣情况，应加强巡回检查，并与有关人员保持联系。

10）记录好每天进入机房人员的名单、目的、时间。

11）值班期间报警、系统异常情况发生的时间及当时在场人员名单作详细记录。

12）系统参数及用户参数修改以及其他重要事项记录。

13）机房管理人员请假情况记录。

（3）机房操作流程

1）操作人员向机房管理人员登记后，才可由机房管理人员带领进入机房。

2）操作人员只有自身进入机房的权利，不得擅自许可或带领他人进入机房，由此产生的后果由操作人员负责。

3）操作期间要严格执行机房管理制度，有异常情况应立刻通知机房管理人员。

4）操作员临走时，检查、确定设备正常运行。尽量做好屏幕保护、节能保护，并在"操作记录"上做好记录。

5）操作员通知机房管理人员检查机房后，登记离开时间，方可离开机房。

（4）安全、保密制度

1）维护人员熟悉安全维护的方法，并认真执行，凡进行操作复杂、危险性较大的工作时，必须事先拟定技术安全措施，操作前检查操作程序、操作命令以及涉及的设备、工具和防护用具确实安全可靠时，方可进行操作。

2）在维护、装载、测试、障碍处理、日常操作以及工程施工等工作中，应采取预防措施，防止造成故障和通信事故。

3）增强保密意识，严格遵守通信纪律，各种架构图纸、资料、文件等应严格管理，认真执行使用登记手续。

4）认真执行安全保卫制度，外部人员因公进入机房，须经部门经理批准登记后方可进入。

5）机房内禁止放置易燃易爆及腐蚀食品。

6）机房内除非特殊需要，禁止使用明火，若实在必要，须经有关人员批准，并采取相应严密措施后，方可动用明火。

7）机房备有可靠的避雷装备，配合适当的采用防火、防雷、防潮、防腐、防盗等工作。

8）机房应具备在各种紧急情况下，能与上级部门及时取得联系的措施。

9）安全保密工作应有专人负责，加强指导。

10）检查、维修设备时，如需要关掉电源，则合上电源，以免造成损失。

11）严禁私自使用外来软盘，不准进行与工作无关的操作。

（5）通信智能化系统网络管理程序

1）客户到网络中心办理网络开通的程序

①领取申请表；②填写申请表；③网络中心技术员去客户处核对信息点；④用户准备集线器和工作台网络线（包括五类 UTP）；⑤网络中心通知通信公司跳线；⑥通知客户网络开通。

2）通信智能化系统网络的日常管理

①网络工程师或技术员应用网络测试工具，每天上下午要对网络各巡视一次，观察网络运行是否畅通，如果发现故障，要及时通知有关部门前来维修并记录下来，填写"网络中心系统日常记录表"。②计算机工程师使用相关软件每天上下午对 Web Server、Database Server、Mail/FTP 等 server 各进行一次观测，如果发现有故障出现，要马上记录下来，填写"网络中心设备故障报告"，及时通知有关部门前来维修。③为了保证机房的安全，对进出机房人员都要进行登记，填写"网络中心进出入员登记表"。

5.3.3 智能化"一卡通"管理

智能化"一卡通"是一种基于各系统软件集成意义上的系统工程。为满足业主的需要，将诸如停车场、门禁、消费、缴费等有各自独立设备和软件的单项智能化系统组合在一起，安装在某一区域，每个人只需持有一张卡片，即可实现进出停车场、开门、购物、缴纳各项费用等功能，因此称之为"一卡通"。

1."一卡通"的类型

"一卡通"的卡的名称来源于英文名词"smart card"，叫智能卡，又称集成电路卡，即 IC 卡。它将一个集成电路芯片镶嵌于塑料基片中，然后封装成卡的形式。

（1）据卡中所镶嵌的集成电路分类。根据卡中所镶嵌的集成电路的不同可以分成以下三类。①存储器卡：卡中的集成电路为 EEPROM（可用电擦除的可编程只读存储器）。②逻辑加密卡：卡中的集成电路具有加密逻辑和 EEPROM。③CPU 卡：卡中的集成电路包括中央处理器（CPU）、随机存储器（RAM）、EEPROM 以及固化在只读存储器（ROM）中的片内操作系统（COS）（chip operating system）。

（2）根据卡与外界数据传送的形式分类。根据卡与外界数据传送的形式不同可以分成以下两类。①接触型 IC 卡：在这种卡片上，IC 芯片有八个触点可与外界接触。②非接触型 IC 卡：非接触型 IC 卡集成电路在卡片靠近读写器表面时即可完成卡中数据的填写操作，它成功地将射频识别技术和 IC 卡技术结合起来，因而称这种 IC 卡为非接触式或者感应式卡（RF 射频卡）；而且它不向外引出触点，因此除了包含上述三种卡的电路外，还带有射频收发电路及其相关电路，该读写器对卡的读写为非接触式，是世界上最近几年发展起来的一项新技术。

与接触式 IC 卡相比较，非接触式 IC 卡具有以下优点：

1）可靠性高。非接触式 IC 卡与读写器之间无机械接触，避免了由于接触读写而产生的各种故障，例如，由于粗暴插卡、非卡外物插入、灰尘或油污导致接触不良等原因造成的故障。此外，非接触式 IC 卡表面无裸露的芯片，无须担心脱落、静电击穿、弯曲、损坏等问题。

2）安全防冲突。非接触式 IC 卡的序列号是唯一的，制造厂家在产品出厂前已将此序列号固化，不可更改。世界上没有任何两张卡的序列号会相同。非接触式卡与读写器之间采用双向验证机制，即读写器验证卡的合法性，同时卡也验证读写器的合法性。

3）操作方便、快捷。由于使用射频通信技术，读写器在 10 cm 范围内就可以对卡片进行读写，没有插拔卡的动作。非接触式比卡使用时没有方向性，卡片可以任意方向掠过读写器表面，读写时间不超过 0.1s，大大提高了每次使用的速度。

2. 智能化"一卡通"的组成与实现

智能化"一卡通"系统由 IC 卡家庭管理和 IC 卡物业管理两部分组成。小区 IC 卡家庭管理系统的主要功能是为小区居民提供以家庭日常消费和安防的管理系统。小区IC 卡物业管理系统的主要功能在于减少现金交易；提供小区内业主的消费服务；通过系统和终端自动收集信息并归纳整理，为决策提供依据，对各种设备进行实时监控。

归纳起来看，可通过非接触式 IC 卡完成对门禁管理系统、停车场管理系统、巡更管理系统、消费管理系统、考勤管理系统等的管理。"一卡通"系统一般包含门禁管理系统、消费管理系统、考勤管理系统、停车场管理系统等。下面以可容纳下 900 户，地下停车场 6 个，地上停车场 2 个、停车位 920 个的住宅小区为例说明智能小区"一卡通"系统的组成与应用。

（1）门禁管理系统

该小区的门禁系统分为两部分。第一部分：小区的 6 个大门、26 个单元门及住宅区地下车库的 18 个电梯厅的大门处各装设一套门禁系统。第二部分：小区的 900 个家庭，每户装设一套门禁系统。小区共装设门禁系统 950 套。

IC 持卡人在读卡器的有效距离内一晃，卡内信息就通过读卡器读出，同时传至控制器及主控电脑，由控制器瞬间自动识别身份后启动电子门锁。此时，控制器及主控电脑均将持卡人的卡号、姓名、出入时间及出入门禁控制点等信息实时记录，并可以根据需要随时打印报表。如果持卡人的权限受限不准通行时，电子锁不动。如强行进入，系统自动将报警信号传至主控电脑报警，由保安人员处理，从而达到禁止不符身份人员进入的目的。如果卡片不慎丢失，只要在控制器或主控电脑的软件中将该卡片注销即可。

当住户或外来人员需要进入本小区时，用户使用此卡开门，也可以通过呼叫物业管理中心监控室开门。当住户将车停在地下停车场后，用自己的 IC 卡在电梯厅门前的门禁读卡器上进行读卡，听到清脆的蜂鸣声后，电梯厅大门打开，住户可顺利进入电梯厅，乘电梯到达要去的楼层。外来人员只能呼叫物业管理中心监控室开门。同时，物业管理中心监控室的计算机上，记录住户何时、何地通过地下车库的哪个电梯厅。

住户进自己家门也是将 IC 卡在自己家的门禁读卡器上读卡，听到清脆的蜂鸣声后，防盗门电子锁打开，住户人员可直接进入家中。

（2）消费管理系统

在社区内的消费网点，设立持卡消费专位，持卡人用此卡直接支付费用。系统采用数据库管理系统，所有消费终端通过 RS—485 网络与中心数据库连接，对持卡人进行实时扣款。实时扣款的集中数据库方式具有最强的安全性和可靠性。

1）水、电、燃气及物业管理缴费

该小区水、电、燃气三表的数据为计算机自动抄收远程系统，与小区中心的物业管理系统数据共享，因此持卡人可持卡在物业管理中心交费，刷卡后收费终端宜直接从持卡人的账户中扣除费用，也可在与物业公司签署代扣协议后，由物业公司从持卡人的账户中扣除相应费用。

2）商场消费

小区内的商场可设消费终端，每台 POS 机配置一个读卡器，读卡器带有键盘接口，持卡人缴费时，直接刷卡，POS 终端读取卡片的唯一卡号，从数据库读取卡片账号的余额，并显示本次消费金额扣除；非持卡人消费时直接由 POS 机计算消费金额，并缴纳现金进行结算。

3）健身娱乐场所消费

小区的网球场、游泳馆等健身会所和棋牌室等娱乐场所可设计为自助消费形式，只对小区内住户开放，分别在出、入口处各设门禁系统一套，持卡人只能在入口刷卡进入，并在出口刷卡出去，门禁系统根据进出时间及卡号，由中心管理系统对消费者进行消费扣款。

（3）停车场管理系统

小区的五个地下停车场均为固定用户使用，一个地上停车场为临时用户使用。

1）入场

临时车进入地上停车场时，由保安人员发卡给司机，自动路障放行车辆，车辆通过后，自行放下栏杆。

固定车进入地下停车场时，地感线圈检测车到，司机把 IC 卡在入口感应器前掠过，读卡器读卡，判断其有效性，并依据相应卡号，存入电脑主机的数据库中。若有效，自动路障放行车辆，车辆通过后栏杆自动落下；若无效，不允许入场。

2）出场

临时车辆驶出地上停车场时，收费电脑自动计费，司机将临时卡交给收费员，通过收费显示牌，提示司机缴费。收费员确认无误后，按确认键，电动栏杆升起放行车辆。车辆通过后，收费电脑将该车信息记录到消费数据库中，同时电动栏杆自动落下。

固定车辆驶出地下停车场时，地感线圈检测车到，司机把 IC 卡在出口感应器前掠过，读卡器读卡，判断其有效性。若有效，自动路障放行车辆，车辆通过后，栏杆自动落下；若无效，则报警，不允许放行。

（4）考勤管理系统

考勤读卡器可安装在员工上下班进出的通道口，由计算机联网控制，分散考勤，自动记录，提高管理效率，统一读取记录信息，自动统计管理，杜绝人为作弊。考勤读卡器读取持卡人刷卡信息，将该持卡人卡号及刷卡时间上传考勤主控制器，考勤主控制器通过计算机网络定时将该考勤记录上传给系统管理中心，系统管理中心根据考勤记录自动统计，生成考勤报表。

6 物业环境管理实训

【实训目的】

通过本单元实训，熟悉物业环境管理的基本内容、保洁管理要求、工作流程以及管理标准。熟悉环境管理各项工作内容和环节、操作规程、工作特性，熟练使用相关设备和工具。

【实训内容】

一、准备环境管理相关设备与工具的资料；

二、现场观察保洁设备和工具的部件及结构；

三、现场观察绿化设备和工具的部件及结构；

四、按照操作规程操作各类设备和工具。

【实训技能点】

一、编制物业环境管理计划的能力；

二、保洁设备和工具的部件及结构辨识能力；

三、保洁和消杀材料的辨识能力；

四、保洁设备和工具的操作能力。

【实训作业】

一、设置环境管理工作的关键点、故障点和漏洞点，提出具体的解决方法；

二、分组对不同类型物业项目给出绿化建议；

三、针对实训现场的水景设计存在的问题提出解决方案。

6.1 物业环境卫生的治理

■ 6.1.1 物业垃圾的分类和防治

1. 物业垃圾的种类

（1）按来源分类

1）生活垃圾。包括居民丢弃的大件家庭物品、废塑料、废纸张、厨房废料、茶叶、碎玻璃、炉渣、金属制品、粉煤灰等。在城市，由于人口不断增加，生活垃圾正以每年10%的速度增加，构成一大公害。生活垃圾中一些物品本身并不造成污染，但由于同废弃物，垃圾过多无法处理而与其他垃圾混在一起发生腐烂，也造成污染。

2）工业废物。包括有害污染物和固体废渣两大类。有害污染物是指对环境或人们的健康造成现实和潜在危害的工业废弃物。主要有化学工业、核工业、食品加工业、制革工业、医疗单位等生产过程中排放的有腐蚀性、放射性、易燃性、传染性的垃圾物质，它具有很大的危害性。这种垃圾在迅速增多，由此给人造成的损害也呈增长趋势。固体废渣是指工业生产、加工过程中产生的废弃物。包括：建筑业的废弃物，如砂石、灰土、砖瓦等废料形成的建筑垃圾；建筑装修、装饰过程中丢弃的废旧材料；工业原料废料和工业燃料废料等。另外，发达国家的不法企业向发展中国家倾销的工业垃圾，这些外来的洋垃圾会造成意外的严重污染，值得高度重视和警惕。

3）农产品废物。是指农业生产、产品加工和农民生活排出的废弃物品。如农作物蔬菜、果壳、秸秆、水果、农药、塑料薄膜、烟草、人畜粪便等，它们对城市周边环境和农村环境本身造成污染。

4）街面垃圾。包括公众丢弃的纸屑、果皮、烟头，如落叶、灰尘等的自然物，或人们吐出的痰、口香糖残渣和其他废品，以及城市建设中残留在街面的污水、沙土等物品。街面垃圾是造成物业和城市脏、乱、差的重要因素。

（2）按回收目的分类

物业垃圾按回收目的划分，可分为可燃型垃圾、不可燃型垃圾、资源型垃圾、有毒型垃圾和大型垃圾五类。

1）可燃型垃圾。此类垃圾燃烧对人体和环境不会产生危害，回收后可以通过燃烧来处理的垃圾，并且特别是能够避免二次污染物的产生。如变质水果、菜根烂叶、木块、纸类、食用废油等。

2）不可燃型垃圾。这种垃圾如果采用燃烧方式可能会造成有损人体健康、导致环境进一步污染或产生新的二次污染物。通过回收后不能采用燃烧的方式来处理，应该引起重视的是，有些垃圾本身无毒无害，但是通过燃烧后，就可能产生有毒有害物质，有些可能在燃烧时还会产生危险。不可燃型垃圾主要包括金属、玻璃、皮革、塑料、小型电器等。

3）资源型垃圾。这些垃圾可以通过回收分类，处理后转化为可利用的资源，称为资源型垃圾。主要是指饮料类、酒类、调味品类的瓶罐盒等，以及旧衣物、被褥、报纸、宣传品、纸箱、鞋帽等。

4）有毒型垃圾。是指具有毒性的废弃物，如日光灯管、干电池、温度计、消毒物品残罐、放射性残渣等。

5）大型垃圾。主要是指废弃的自行车、摩托车、家具、电视机、洗衣机、电冰箱、消毒柜、洗碗机、微波炉、空气清新器、空调等大型电器。

另外，根据其危害性大小可分为有害垃圾和一般垃圾；根据垃圾成分组成可分为有机垃圾和无机垃圾；按其形状可分为团体（颗粒状、粉伏、块状）垃圾和泥状（污泥）垃圾。

2. 物业垃圾的防治

为了给物业业主、使用人和受益人提供一个适合的工作、学习、生活的物业环境，必须搞好物业垃圾的防治工作。因为环境总体表现为一种物业面貌——我们通常所说的清洁物业、卫生小区、文明小区等。在物业垃圾的防治中，我们应该按照自然生态系统规律办事，着重做好以下几个方面的工作：

（1）垃圾减量化

生产过程中的垃圾减量，主要是指在生产过程中，加强生产技术的改进和革新，尽量减少废料的产生，最终实现无废料生产——绿色生产。垃圾来源于人类生产和消费的过程。在生产不可能完全无废料化的情况下，垃圾就不可能完全断源。生活垃圾的减量，主要是提倡能用则用、勤俭节约、补旧翻新的生活习惯，减少因互相攀比而频频丢弃的恶习，使垃圾量大大减少，实现垃圾减量化。

（2）清扫经常化

物业区域内的卫生清洁程度是人们关注物业环境的重要着眼点。对物业区域内的公共地面进行经常性清扫，是确保物业区域内地面保洁、物业容貌良好的重要手段。地面保洁的工作很多，包括清除乃至消灭无所不在的纸屑、尘土、烟头、果皮、落叶、口水痰迹等。物业保洁重在管理。物业服务公司必须建立专门的物业环境卫生管理机构，专门从事物业的保洁工作。

（3）垃圾资源化

物业垃圾的资源化过程，主要包括三个基本环节，它们是回收、处理和利用。

1）垃圾回收。回收是资源化的基础，包括垃圾分类、垃圾收集两方面。

垃圾分类是垃圾资源化的关键，主要是居民的责任。在这方面，主要是加强分类指导，提高人们的自觉意识，加大废物回收和交换的力度。分类有许多方法，其中日本的方法值得借鉴。日本将垃圾分为五类，居民要根据物业管理者的要求和指导做好初步的处理工作。其具体要求如下：①第一类为可燃垃圾。要求将菜根、果皮等要滤干水分，食用油浸入纸或布中或用固态剂固化，尿布则要除去污染，木块要处理成 $50m^3$。②第二类为不可燃垃圾。要用透明塑料袋装，便于收集人员检查。刀具等铁器用布包好，使收集人员一目了然；对于喷发胶、打火机充气剂、消毒杀虫剂等空罐，要求先做打孔处理，以免回收中爆炸。③第三类为资源垃圾。要求将饮料、酒、油等的空瓶罐洗净装入专用的资源回收袋，将衣服类包好，被褥类卷叠捆扎好，将纸张叠齐十字捆扎。④第四类为有毒垃圾。如干电池和温度计等要装入特配的处理困难物件专用袋，以便收集人员收拣；日光灯管，要求装入原配箱盒内；医疗垃圾则要做专门处理。⑤第五类为大件垃圾。要与政府垃圾处理部门联系，人派车运走。仍可使用的物品运往该部门的物资交换处，让居民在该处自由交换。居民家庭搞好垃圾分类，是提高废物再利用率的一种行之有效的方法。

在居民进行分类的基础上，垃圾的收集也要分类。首先，要按用途的不同进行处理和堆放，为资源再生和其他处理方式做好准备。然后，对于没有分类的垃圾要搞好分拣工作。分拣做好了，资源的利用率就能提高。据测算，北京每天 17 万 t 垃圾可分检出 1500t 废纸，相当于得到可生产 1200t 纸张的 $6000m^3$ 木材。废纸回收 1 万 t 可抵上 20 万根直径 14cm、高 8m 的圆木，等于是拯救了一大片森林。

2）垃圾处理方法：

①堆放法。对于不溶解、不腐烂、不飞扬、不散发气体的块状和颗粒状的废物，如废石、钢渣、废建筑材料等可在指定地点集中堆放。

②填埋法。将污泥、生活垃圾、粉尘等填埋在指定采石场、垃圾场的土坑、废矿坑中。

③焚化法。在焚烧中要防止污染空气。利用焚烧，可减少垃圾的体积，从而减少了垃圾填埋量。

④垃圾无害化处理。利用微生物降解某些有机物，将生活垃圾经发酵处理，制成有机肥料。留下的少量剩余物，除综合利用外，施行卫生填埋，建成垃圾无害化系统。

3）垃圾的利用：

①回收资源和能源。从工业废渣中可以提炼多种金属和化工产品。还可利用植物秸秆、有机垃圾、人畜粪便、污泥制取沼气。

②生产建筑材料。利用煤渣、后矿渣、灰渣、废石等制水泥、制砖、铺路等。

③堆肥法。将垃圾、粪便进行微生物生化处理，作为肥料施于农田。

6.1.2 物业卫生保洁工作

1. 清扫与保洁

物业区域面积一般较大，要清扫与保洁的项目和内容较多。除了解建筑物及其内部各项目和内容的保洁外，还要特别注意道路的清扫与保洁。对于每天清扫的项目和内容，必须达到1次以上，确保全日清洁。道路的清扫，目的在于除污去尘。有条件的物业服务公司，可采用洒水和水洗路面的保洁方式。这种方式在夏季不仅可以降低气温、提高大气湿度，还可以减少空气的含尘量。但这种方式也存在着严重的弊端；一是容易造成浊水横流，二是耗水量大。

2. 生活废弃物的清除

生活废弃物应做到及时收集，迅速送到垃圾转运站、垃圾堆放场等适当地点，进行无害化处理。根据现行城市环境卫生的有关规定，以燃气（包括液化石油气）为燃料的地区，必须实行垃圾袋装化。在物业管理实践中，这一规定的实施范围逐渐扩大。如有的物业服务公司规定，装修垃圾或建筑垃圾必须用蛇皮袋袋装，并运送到规定地点。这一做法是学习国外先进管理经验的产物。据悉，法国等西方国家20世纪60年代起就提倡生活垃圾分类化、减量化、资源化处理，大大改善了人们生产、生活环境的质量。实行生活垃圾的袋装化，至少可以带来以下几方面的好处：①有利于垃圾集中分类和处理；②有利于消除垃圾裸露现象，减少空气污染，净化美化环境；③有利于避免垃圾运输中的散落；④有利于降低蚊蝇虫的数量和密度，减少滋生地；⑤有利于减少拾荒及辖区（楼）的治安保卫；⑥有利于改变乱倒乱扔垃圾的陋习，培养良好的卫生习惯；⑦有利于区域内人们的防病。

物业服务公司应向物业业主和使用人大力宣传生活垃圾袋装化的优越性，要求居民将日常生活垃圾装入相应的塑料袋内，存放各种生活垃圾的塑料袋应完整无损，袋口应扎紧，不造成撒漏，放入指定的容器或者指定的收集点，不随意乱扔、乱倒。

3. "黑色污染"的防治

"黑色污染"，是对某些人在建筑物、构筑物、树木及其他设施上乱涂写、乱张贴、乱刻画（简称"三乱"），造成环境污染的通称，它给环境带来了恶劣影响。例如，小区崭新的墙面常会被某些人用墨汁或油漆乱涂乱写乱画，做非法小广告。

"黑色污染"体现出某些人缺乏文明素质和公共道德，危害性很大。首先，破坏了小区原有的容貌；其次，造成了人们的视觉污染和心理厌恶；再次，降低了小区的文明等级。因此，对于"黑色污染"必须加强管理，及时防治。

物业服务公司应按照专业化的物业管理要求，对物业区域内的"黑色污染"进行防治。

（1）加强门卫防守，采取封闭式管理方式，严禁外来人员进入小区内搞"三乱"活动。

（2）加强管理，选择适当地点，设置公共招贴栏。

（3）对于损害其整洁的行为，及时制止和检举；通过各种渠道，对区内有关单位和个人进行宣传教育，要求自觉维护建筑物、构筑物、树木及其他设施的整洁。

（4）除经市、区（县）市容管理部门批准的特殊情况外，禁止任何人和单位在建筑物、构筑物、树木及其他设施上张贴、涂写和刻画。

（5）物业服务公司有权发现行为人后，按照规定标准，要求行为人支付代为清除的费用；有权要求"三乱"的行为人及时清除污迹，并赔偿损失，一时难以发现行为人的，应当先代为清除。物业服务公司可以视"黑色污染"情节轻重，报请市、区（县）市容管理部门或者街道监察队按规定对行为人进行行政处罚或经济处罚。

4. 垃圾的收集处理

垃圾的收集处理是大厦清扫保洁的重要项目。如果处理不当，不仅影响美观，还容易产生臭味，滋生各种细菌、害虫，严重污染环境。在垃圾收集处理方面要实行垃圾袋装化，不同垃圾分装并要求对垃圾进行分类粉碎压缩等中间处理。

（1）大厦垃圾的存放。大厦和各个场所应视情况分别设置垃圾箱、垃圾桶、垃圾车、纸篓、烟灰缸、茶叶筐等临时存放垃圾的容器，但需注意下述问题：①存放容器要按垃圾种类和性质配备；②存放容器要易存放、易清倒、易搬运、易清洗；③存放容器要按垃圾的产生量放置在各个场所；④存放容器处及存放容器周围（地面、墙壁）要保持清洁；⑤有些场所的存放容器应加盖，以防异味散发。

（2）垃圾收集清运的操作程序：①及时清除楼面上的所有垃圾。收集清运时，只能使用货运电梯，不可使用客梯，垃圾用垃圾袋装好，选择适宜的通道和时间清运；②在清除垃圾时，不能将垃圾散落在楼梯和楼面上；③要注意安全，不能将纸盒箱从上往下扔；④要经常冲洗垃圾间，保持垃圾间的整洁，防止产生异味及滋生虫害；⑤配合做好清运垃圾工作。

（3）垃圾房的卫生标准：①垃圾做到日产日清；②无堆积垃圾；③所有垃圾集中堆放在堆积点，做到合理、卫生，四周无散积垃圾；④垃圾间保持清洁，无异味，经常喷洒消毒药水和除虫剂以免滋生病菌和虫害；⑤可用作废品回收的垃圾，要另行放置；⑥按要求做好垃圾袋装化。

6.2 物业的绿化管理

6.2.1 物业环境绿化的日常培育

绿化的日常培育管理工作，一般来说主要有浇水、排水、施肥、中耕和除草、防寒过冬等。

1. 浇水

植物正常的生长发育，需要足够的水分。如果土壤水分不足，根系吸水困难，地上部分将停止生长。只有满足植物对水分的要求，才能使枝条伸展，叶片葱郁，花朵丰满。短期水分亏缺，会造成临时性萎蔫；若长期缺水，超过树木所能忍受的限度，就会造成死亡。因此，要保证按时足量地浇水是非常重要的。

（1）浇水的时间把握

绿化植物浇水的时间，主要根据一年中各个物候期对水分的要求、气候特点相当地土壤水分的变化规律来决定。不同种类绿化植物对水分的要求不相同，同一种植物在一年中不同的生育期内对水分的需求也不相同。早春浇水不但有利于新梢和叶片的生长，而是有利于开花与结果。在春旱严重的地区，对于碧桃、海棠、月季等，为确保春季开花植物花果繁茂、萌发开花，需浇花前水。夏季是树木生长旺盛期，此时气温高，蒸腾量也大，需水量大，而且如雨水不充沛，要注意浇水。夏季久旱无雨时，防止由于缺水致使叶片发黄或焦边，提早脱落，更应勤浇水，以保证树木绿树成荫。我国北方地区，出于冬季严寒多风，为了防寒，应于入冬前浇冬水，称为封冬水。另外．植物施肥后，应随即浇水，使肥料溶解下渗，以利于根系吸收。对新植大苗或大树，带有较多的地上部分，蒸发量大，根系受损尚未恢复，抗旱能力较差，第一次浇水要浇足浇透，通常称为定根水。以后，灌木和草本植物每次浇水相隔 4～5d，乔木每次浇水相隔 7～8d。

（2）浇水量掌握

浇水量与土壤、植物品种、气候及植株大小有关。绿化植物的浇水量，以能使水分渗透根系分布层为宜。耐旱的树木浇水量要少些，不耐旱的树木浇水量要多些。如果浇水量过多，会减少土壤中空气的含量，不利于植物的呼吸，会抑制根系的生长。所以应该掌握合理的浇水量，调整土壤中水、肥、气、热的比例关系。

（3）浇水质量要求

1）浇水要浇透，切忌栽植层上湿下干，做到均匀灌溉。这是最基本的质量要求。

2）灌溉用水源，有河水、湖水、井水、自来水等。无论利用哪种水，都必须不含有害有毒物质。

3）浇水前要求土壤疏松，土表不板结，以利水分渗透。浇水后，待土壤表面稍干，应及时加盖干细土或中耕松上，切断土壤毛细管，减少水分蒸发，以利于保湿。

4）夏天天气炎热时，中午温度高，一灌冷水，土温骤降，会造成根部吸水困难，引起生理性干旱，甚至会出现暂时萎蔫。所以中午不要灌温度太低的冷水。

2. 排水

一般在绿地营造整地时，应形成一定坡度，便于排水。以往如果土壤中的水分过多，会导致土壤中空气含量减少，减弱根系的吸收机能，进而影响植物养分的运送与合成，给树木带来危害。因此，要注意做好雨后排水。排水的方法主要有地表径流排水和沟道排水。自然排水不畅时，要使用人工或机械排水。

3. 施肥

为了保证植物的正常生长发育，必须经常给土壤施入肥料。园林植物长期生长在同一地点，每年生长发育都需要从土壤中吸收大量的营养元素，势必使土壤肥力下降，反过来又不利于树木的生长发育。

（1）施肥时期选择

一年内植物要经历不同的物候期，如根系活动、萌芽、抽梢长叶、开花结果、落叶休眠等。施肥也要根据植物生长习性和观赏特性而定。如观叶植物和林木类树木在植株不生长、不影响抗寒力的前提下，可适当在生长季节多施氮肥，促使枝叶茂盛，叶色浓绿光亮；而早春开花种类植物，则应保证冬季充足的基肥供应，以使花大而多。此外，在每个物候期到来之前，及时施入当时生长所需的营养元素，能使植物正常地生长发育。早春和秋末是根系的生长盛期，施入基肥和磷、钾速效肥，对根系生长有利；花芽分化时期，如果氮肥过多，枝叶旺长会促使叶芽形成，此时应以施磷肥为主；抽梢长叶期，叶子生长很快，树木体量不断扩大，此时需要大量的氮肥；开花期和结果期，施入适量的磷、钾肥，使植物开花鲜艳夺目，果实发育饱满。不同肥料施用的时期也不同，迟效性的有机肥料，施入土壤后，需要经过一段时间的腐熟，才能被根系吸收，一般作基肥使用，多在树木休眠期施入；速效性的肥料易被根系吸收利用，常在植物生长期间作为追肥使用，在植物需要的前几天施入为宜。

（2）施肥方法

施肥可分为土壤施肥和根外追肥两大类。

1）土壤施肥。将肥料施到土壤中，被根系吸收利用，称为土壤施肥。一般土壤施肥深度应在 20～50cm。磷、钾素应适当深施，氮素应浅施，基肥应深施。在植物生长期间施肥称为追肥，追肥的肥效较快，宜浅施。

2）根外追肥。根外追肥也叫叶面喷肥。此法通常是在树木生长期内因缺乏某一元素而造成的营养缺乏症或为保花保果而采用。在施肥时，将肥料配成溶液状喷洒在树木的叶子和枝条上，营养元素由气孔和皮孔进入植株，称为根外追肥。

（3）施肥注意事项

1）要选晴天且土壤干燥时施肥。施后要及时浇水，使肥料溶解，被植物充分吸收利用。

2）施用含有机物质的肥料（如堆肥、绿肥等），必须充分腐熟，防止烧伤树木根系。

3）施肥的结束时期不能过迟，防止树木组织不充实，当年生枝条来不及木质化，冬季遭受冻害。

4）施用有机肥时，应注意环境卫生。

4. 中耕和除草

中耕和除草是两种不同的技术操作，通常相辅进行。

中耕能疏松表土，切断土壤毛细管，以减少水分的蒸发，增加土温，使土壤内空气疏通，以利于土中有益微生物的繁殖和活动，从而促进土壤中有机质的分解，为植物根系生长和养分吸收创造良好的条件。雨季中耕，可增加上壤透气性，有利于根系生长发育。中耕还兼有除草和消除部分病虫害的作用。在旱季能起到保湿抗旱的作用。

园林绿地滋生杂草，与树木花草争夺水分和养分，影响园林植物生长，并使人产生荒芜凋落之感，降低了观赏价值。故对园林绿地内的杂草要经常铲除。除草要本着"除早、除小、除了"的原则。初春杂草生长时就要铲除。但杂草种类繁多，不能一次除尽，要多次进行。

中耕除草的次数、时机和深度，依各种条件的不向而有不向。花灌木每年至少2～3次，大乔木每年至少1次，小乔木每年至少1～2次。中耕除草多集中在上半年至初秋的晴天或雨后2～3天进行。幼苗期中耕宜浅，以后随苗株生长远渐加深；中耕深度依栽植植物种类、根系深浅和生长期而定，浅根性树种宜浅，深根系树种可深些；株行中间应较深，近植株处应浅。一般为5～10cm。夏季中耕结合除草宜浅些，秋后中耕宜深些。如结合施肥，则可加大深度。除草要抓住时机，注意勿让杂草结子。除草剂种类很多，要根据杂草的种类正确选用。小面积除草以人工为主，大面积除草可用化学除草剂。同时注意使用浓度。除草剂在晴天喷布，可发挥最佳效果。

5. 防寒越冬

在入冬前应根据各树种对低温的忍耐能力分别采取保护措施，提高树木抗寒能力，从而使树木安全越冬。

（1）防寒措施

在冬季降温之前，要根据各种树木耐寒能力的强弱，采用适当的方法预防冻害的发生。

1）加强栽培管理，增强树木耐寒能力。生长后期控制灌水，适量施用磷、钾肥，可促进枝条尽早结束生长，延长营养物质的积累时间，也可增强抗寒能力。在春季加强肥水供应，促进新梢生长和叶片增大，提高光合能力，增加营养物质的积累，可增强树木的抗寒力。

2）浇冻水和浇春水。水的比热和热容量大，冬季土壤中水分多，可以起到保温作用。北方地区冬季严寒，为防止根系受冻，应在封冻前浇冻水。早春土地解冻后浇春水，能降低土温，推迟根系活动期，延迟花芽萌动，免受冻害。

3）保护根系和根茎。入冬前用石灰水加盐，对树木进行涂白、搭风障；用稻草或绳将当地不耐寒的树木或新植树木的主干包裹起来等，都能起到较好的防寒效果。

（2）及时抢救受冻害树木

发现受冻害树木，应及时挽救并加强管理。在树木管理上，对受冻害树体要晚剪和轻剪，给枝条一定的恢复期；对受冻枯死部分要及时剪除，以利伤口愈合。受冻后恢复生长的树木，一般生长不良，因此首先要保证前期的水分供应，亦可从早期追肥补给养分，使其迅速恢复长势。

6.2.2　病虫害防治

园林植物的病虫害防治，是防护管理中一项极为重要的工作。必须贯彻"预防为主"的方针，对症下药，综合防治，保护环境，减少农药污染。

1. 了解害虫的生活习性

掌握害虫的生活习性，就能把握时机，有效地加以防治。不同的害虫有不同的生活习性：

（1）食性。按害虫取食植物种类的多少，分为单食性、寡食性和多食性害虫三类，可用农药杀灭。

（2）趋性。指害虫趋向或逃避某种刺激因子的习性。可利用灯光诱杀具趋光性的害虫。

（3）假死性。指当受到刺激或惊吓时，立即从植株上掉落下来，暂时不动的现象。对于这类害虫，可采取振落捕杀方式加以防治。

（4）群集性。指害虫群集生活，共同危害植物的习性，一般在幼虫时期有该特性，在该时期进行化学防治或人工防治效果很好。

（5）休眠。指在不良环境下，虫体暂时停止发育的现象。害虫的休眠有特定的场所，可集中力量在该时期加以消灭。

2. 园林植物病虫害的防治方法

应将各种经济有效、切实可行的办法协调起来，取长补短，在园林植物病虫害的防治过程中，组成一个比较完整的防治体系。

（1）耕作防治法

1）轮作。实行轮作，可使病原菌和害虫得不到合适的寄主，从而使病虫害显著减少。因为花卉中不少害虫和病原菌在土壤或带病残株上越冬。

2）选用抗病的优良种苗。选择或培育适于当地栽培的抗病虫的品种，培育种植大病、强壮的苗是防治花卉病虫害最为经济有效的重要手段。

3）改变栽种时期。使栽种、播种的时期避开病虫害发生的旺季。

4）肥水管理。合理的灌溉对地下害虫具有驱除和杀灭作用，排水对喜湿性害虫具有显著防治效果。改善花卉的营养条件，增施磷、钾肥，使植株生长健壮，提高抗病虫能力。

（2）物理机械防治法

利用人工或简单的工具捕杀害虫和清除发病部分。如人工摘除病枝、剪除病枝，人工捕杀小地老虎幼虫等；利用夜间昆虫的趋光性，采用灯光诱杀等。

（3）生物防治法

生物防治效果持久、经济、安全，是很有发展前途的防治方法。它的本质就是利用生物来控制病虫害的方法。

1）以菌治病。利用某些微生物的代谢产物来达到抑制病原菌的生长发育甚至死亡的方法，或者利用有益微生物和病原菌间的拮抗作用，如"五四〇六"菌肥能防治某些细菌病、真菌病及花叶病毒病。

2）以菌治虫。利用害虫的病原微生物使害虫感病致死。

3）以虫治虫和以鸟治虫。利用寄生性或捕食性天敌昆虫和益鸟防治害虫。

4）生物工程。如将能使夜盗蛾产生致命毒素的基因导入到植物根系附近生长的一些细菌内，夜盗蛾吃根系的同时，也将带有该基因的细菌吃下，从而产生毒素致死。

（4）化学防治法

化学防治法是利用化学农药的毒性防治害虫的方法。突出的优点是防治效果好、收效快、适用范围广、急效性强、使用方便。但如使用不当，会引起植物药害和人畜中毒，长期使用会对环境造成污染，易伤害天敌，易引起害虫的抗药性等。所以应特别注意的是，要将化学防治与保护天敌最大限度地协调起来，将农药的副作用降低到最低限度，减少农药对环境的污染。

要避免盲目施药和滥用药剂，造成害虫抗药性和害虫天敌的死亡，造成防治上的被动。针对园林植物的主要虫害，选用相应的药剂，适时施用。药剂浓度以最低的有效浓度获得最好的防治效果为原则，不可盲目提高浓度，以免植物产生药害。减少和避免往树上喷药，以减少对天敌的杀伤。阴雨天和中午前后一般不进行喷药。喷药后如遇降雨，必须在晴天后再补喷一次。防治园林植物害虫，尤其防治观果树木的害虫，要选用高效低毒、低残留的农药，尽可能避免在天敌旺盛活动期施药。

使用化学药剂应注意以下几点：①妥善保存各种农药，以防出现意外事故；②使用各种农药的浓度要求精确，两种或两种以上药剂配合时，用量要准确，否则所配合制成的药剂会降低药效甚至产生药害；③使用农药时应戴手套、口罩和风镜，确保安全。④喷洒农药的浓度要考虑花卉的生育期，一般在落叶或生长旺盛时期，浓度可略高；花卉开花期一般不使用喷洒的农药；发芽和幼嫩小苗，浓度要低；⑤喷洒农药要均匀，以防多药处出现药害，少药处病虫未除；⑥一旦花卉出现药害，应尽快用清水冲洗；⑦遇阴雨或大风天不喷洒农药。小风天喷药切忌迎风操作，以免喷药者中毒；⑧农药喷洒完毕，必须用清水洗手，并彻底清刷喷雾器等设备。

6.2.3 物业环境的美化管理

1. 住宅小区绿化管理

环境优美的小区绿化可极大地提高业主和使用人的生活质量。住宅小区绿化建设已成为衡量小区建设水平及居住物业质量的重要标准之一。它能创造一个优美的生活环境，提供一个良好的户外活动场所。这是人们物质和文化生活提高的重要标志。住宅小区绿化设计，必须把生态效益原则放在第一位，即住宅小区的绿化规划要以所在城市的生态系统为基础，要坚持"实用、经济、美观"的原则，努力提高绿化覆盖率，并在维持和保护城市生态平衡的同时，充分改善小区整体生态环境。

（1）住宅小区路旁绿化管理

住宅小区路旁绿化设计，要根据小区道路的走向、主次、住宅建筑的排列形式、道路外绿地面积等情况，采取不同的绿化方式。一般南北向的入口主路，由于两旁住宅楼山墙与道路之间留有较宽的绿化地，为了打破楼群间生硬的建筑轮廓线，宜采用自然式的植物配置手法；东西走向的入口主路，因直接与住宅门户或其他公共建筑的入口相通，可采取规则式与自然式相结合的绿化方式。支路和小路的绿化，由于受面积、地域的限制，且紧邻居民住宅，宜选择红枫、樱花、茶花、紫薇等中小型花木。要在一条路或一段路中重点突出一种植物，这样，既可表现大自然植物的多样性，创造小区景观的多姿多彩，又便于在小区相同的住宅形式之间识别楼层家门。

（2）住宅小区宅旁绿化管理

住宅绿化设计，应综合考虑绿地面积的朝向、大小、地下管线的分布情况及宅间道路等因素，绿化形式可多种多样。若宅间绿地面积较大，可以草皮为底，适当点缀些建筑小品、雕塑等环境小品，并留有一定的活动空间。若宅间绿地面积较小，为尽量增大绿化量，可考虑在绿地周边布置成绿篱，使绿化与保护功能兼而有之。植物选择应以低矮的花灌木和地被植物为主，通过各种球形植物、花木等不同植物的多种种植方式和植物组合，形成丰富多彩、错落有致的植物景观。同一住宅小区内，宜采用大同小异的绿化形式，使绿地之间能在互相协调的基础上各具特色。对宅前宅后的围墙则可用不同品种的攀援植物分片进行垂直绿化，并结合实际，积极推广住宅的墙面绿化，可改善小区生态，增大小区总绿量。

2. 单位庭院绿化管理

随着经济建设的发展，人们对环境质量要求的提高，单位庭院绿化越来越为人们所青睐。多数单位在制定整体规划设计时，都很重视安排绿化项目，给绿化以应有的位置，保证绿化用地，精心规划设计，收到了良好的效果。

（1）学校绿化

1）中小学校的绿化。中小学校绿地绿化原则应是方便人流通行，布局形式以规则式为好。可分为教学楼四周、体育运动场地附近、自然科学实验园地周围三大块。

教学楼四周绿化布置形式应与建筑物相协调。建筑物的主要入口处两侧，可配置四季花木和种植较名贵的树种，以点缀建筑物的正立面，丰富校园景色。在离开建筑物5m以外的地方，才可种植乔木树种，但应以中小型乔木为主，避免长大后枝叶产生遮光的弊端。在朝南方向，临窗植物的种植应以小灌木为主，高度不宜超过底层的窗口，以利于室内通风和采光。在教学楼东西两侧，可种植速生高大乔木，以利山墙的遮阳。校园的道路绿化以遮阳为主要目的，在主要林荫道两侧可种植绿篱或花灌木。学校的出入口可以作为校园绿化布置的重点，可设置花坛、种植草坪等，布置形式可多种多样。学校的杂务用地，可用粗放的绿篱相隔。

体育运动场地与教学楼建筑物之间要设置隔离林带，以减少体育活动噪声对课堂的干扰。体育运动场地周围应种植高大浓荫的乔木，不种或少种灌木，以便留出较多空地供体育活动使用。

自然科学实验园地要尽可能选用丰富多彩的绿化材料，常绿与落叶、观花树、观果树、阔叶与针叶、低矮灌木、秋叶树、攀援植物合理配置，力求有不同形式，并具景观层次。这样既可丰富学生的自然科学知识，又可使校园环境生动活泼，多姿多彩。自然科学试验园周围应种植矮小的围栅或种植绿篱，与外界环境有所隔离。

2）大专院校的绿化。大专院校通常占地面积较大，且有明显的功能分区，如教学区、居住区、生活服务区、办公区、娱乐活动区以及实验园区等。这些功能区往往用道路或建筑物作区分线。各条道路绿化后，就形成道路绿化网络，构成一个院校的骨架。

大门通往主楼道路两侧的绿化，是院校内的绿化主体，应根据道路的宽度，选择比例适当、树冠浓荫、遮阳效果好、观赏价值高的大中型乔木作为行道树，如银杏、合欢树等。另外，校内道路的行道树和林植带应选高大乔木栽植，使其具有一定纵深感。一是增大校内总绿量，净化空气，增强绿化效果；二是遮阳效果好，形成浓荫；三是营造良好的学术氛围和丰富的文化内涵。路外侧的绿地边缘，种植绿篱等。绿地可按小游园进行布置。

大专院校的绿化装饰，应根据功能分区的性质进行相应的设计。教学区的绿化，通常采用规则式的布局方式栽植树木；院校大门内外和主楼前后设置的小广场，其布置则要求具有亲切和谐、视线开阔、素雅宁静的气氛，需建造大型草坪，种植树形优美的乔木；居住区、娱乐区、生活服务区的绿化，通常采用自然式的布局方式种植植物；在广场可设置喷水池和雕塑加以点缀，广场周边可布置花坛。

（2）机关和事业单位绿化

机关和事业单位大门内外和主楼前是绿化装饰的重点，是整个庭院绿化的中心。通常采用规则式绿化，显得气派壮观。楼前栽植花灌木，错落有致地配置一些海桐球、大叶黄杨球等观赏型植物和深山含笑、桂花、红枫、海棠、山茶花、南天竹、杜鹃、紫荆、木模等四季变化的植物，以增加绿地季节相变化和空间层次。楼前面积宽敞，可建一座花坛，中间栽植姿态优美的雪松，周围布置绿篱，树种可选用红继木、金边黄杨、含笑等。院落围墙最好是通透式或半通透式的，以利增加光照和通风。墙院四周应栽植高大乔木，如柿树、广玉兰树、核桃树、马褂木等。围墙内侧应该混植常春藤等藤蔓花卉或凌霄、紫藤等，引蔓爬墙，使其枝蔓遮盖墙头，形成绿色的屏障，使院墙变为"花墙"，从而增加庭院情趣。门外两侧沿围墙可种植一行龙柏，门外道路两侧栽植银杏树或湿地松，体现气魄。院内空地除留出一定面积的停车场外，其他均可作为绿化装饰用，可铺设草坪，其间点缀花灌木和零星针叶树，如桧柏、金钱松、湿地松、雪松等，力求整个平面布局端庄雅致又富有生气。墙外空地可种植常绿的植物如麦冬、沿阶草或草皮。这样，就使院内外和道路都有较好的绿化效果。

6.3 物业水景水系的管理

■ 6.3.1 物业水景水系设计的原则

1. 宜"小"不宜"大"原则

在设计水体时，多考虑设计小的水体，而不是那种漫无边际、毫无趣味可言的大水体。也许大水体会让人更能感觉到水的存在，更能吸引人们的视线，可是建成后的大水体往往会出现很多的问题：大水体的养护之困难可能是设计师在设计之初所没有考虑到的；大水体往往让人有种敬而远之的感觉，而一旦发生水体污染问题，那将是致命的。而小水体容易营建，这是其中一个方面，更重要的是小水体更易于满足人们亲水的需求，更能调动人们参与的积极性，更何况在后期养护管理中，小水体便于更好的养护，并且在水体发生污染的情况下，小水体更易于治理。

2. 宜"曲"不宜"直"原则

水体最好设计成曲的，即在设计中要遵循大自然中的规律。大自然中的河流、小溪，它们大都是蜿蜒曲折的，因为这样的水景更易于形成变幻的效果。尤其是在居住区中更易于设计成仿自然的曲水。

3. 宜"下"不宜"上"原则

此处的"下"与"上"是一种相对的关系，宜"下"不宜"上"指的是设计的水景尽可能与自然中的万有引力相符合，不要设计太多的大喷泉，因为大喷泉是向上喷的，需要能量来支持它们抵消重力影响的，此过程中就会耗费大量的人力、物力、财力。

4. 宜"虚"不宜"实"原则

在水资源缺乏的地区，象征、抽象、虚拟的水景也是一个很好的解决办法。此处的虚的水景是相对于实际水体而言的，它是一种意向水景，是用具有地域特征的造园要素如石块、沙粒、野草等仿照大自然中自然水体的形状而成的。这样的水景对于严重缺水地区水景的营建具有特殊的意义，同时这样的水景更易于带给人更多的思考、更多的体验。这也许是真实水景所无法比拟的，因为真实的水景往往只能带给人们一种视觉上的满足和表层的体验。

6.3.2 目前水景设计中存在的问题及处理方法

1. 水景设计中存在的问题

（1）目前流行的水景大多属于观水型的水景，追求开敞、宏大的气势，多为开阔的大水面，面积动辄上千平方米，水面很少设置任何景观及植物；

（2）许多受欧美景观风格影响，设计对称、几何化形式的水池，设置喷泉或大型瀑布，在喷泉运行时景观效果尚可，当关闭时仅剩一池死水及纵横交错的水管、喷头；

（3）大多水景为石材砌筑池壁，形式呆板、僵硬，完全抹煞了水的灵性、生动。这些所谓的水景仅仅让人们看到水的存在，而无法让人欣赏到水的美感与情趣，重要的是也无法让人们，特别是儿童与老人（居住区环境两大主要使用人群）参与到水景中，将人与景观生硬的隔离开，失去了景观的参与意义。

2. 改进水景设计问题的方法

（1）根据居住区实际情况合理布局水景，灵活运用集中与分散两种布局形式。居住区原始地貌中若有天然湖泊、池塘等，可以借以设计集中式的水面，对水面的形状适当调整，塑造半岛、水湾，甚至水中设岛，形成有收有放，对比突出的水体，部分水面辽阔开朗，部分水面曲折幽深，形成丰富的水体空间；居住区内若没有天然水体，可根据地势的变化分散设水，用化整为零的办法设计若干小水面，各水面通过蜿蜒的溪流互相连通，通过水的来去流淌产生曲折无穷、深邃藏幽的景致。

（2）水景中适当设计景桥，景亭、廊架、平台，亲水步道等景观元素，并与绿化植物相结合，塑造丰富的休闲、活动空间。景桥的设置既可丰富景观，又可以丰富游览路线，创造出步移景异的景观；景亭、廊架、平台一方面本身是景观元素，另一方面提供了供人们休憩、交流的空间场所，是一个人可以亲密地接触水的场所，可以满足人们赏水、嬉水的双重需要；亲水步道一般是紧贴水面的走道或是由多级沿水岸的台阶组成的，有些台阶淹没于水面以下，有些则高出水面，这样，就可以使人们的亲水活动不受水面高度变化的影响，沿着石阶在水边漫步的同时，只需弯下身子，就可接触到水，与水的亲近程度非常高。亲水步道尽量不要太直，应该曲折一些，丰富水景内容，增加人们的欣赏兴趣。通过这些景观小品的设置，便于人们融入到水景中，同时依托水景进行各种活动。

（3）水岸避免硬质的垂直驳岸，采用自然式坡岸，水生植物与自然河石衔接、过渡，大大小小的石头、郁郁葱葱的植物，一方面软化、丰富水岸线，一方面形成各具特色的景点。

（4）水景要充分考虑人的参与性，因为水的魅力单凭远观看是绝不可能真正体验的。同时人具有亲水的心理，人们非常注重水空间诸多因素的完整体验观水、听水、闻水、亲水并重。在确保安全的前提下，水景中可以设计戏水池，适宜儿童接触的浅水面、水雾等活泼的水景元素，创造出丰富、生动的室外空间。小区内的儿童可以就近嬉水，也方便家长看管。只有与水达到零距离的接触，去近水、亲水，才能真正体会到水的魅力与美感。在这种体验水的过程中，享受水的乐趣，活跃人的思维，从而体现水的社会、美学价值。

■ 6.3.3 水景运营和管理中存在的问题和处理方法

1. 运营成本过高，水质污染问题严重

（1）设计师经常设计较大的水面，土建投入非常高，消耗较多地初期投入，从而影响园区其他的景观投入。居住区水景运行、维护占了小区物业管理中的极大比重，水泵投入、电力投入、消毒投入、维护投入以及人工投入。过高的运行维护成本令很多物业公司不堪重负，于是，一些居住区也出现了水景入住前是活水，入住后变成死水；喷泉周末开放，平常关闭等现象。

（2）中国大中城市普遍缺水，而水景由于蒸发、更换等每年又消耗大量水资源，浪费了资金，导致许多水景大部分时期缺水、少水，甚至无水，场地中仅剩下僵硬的水池。

（3）由于居住区内的水体大多为封闭水域，一般具有易污染、水体自净能力低等特点，如果对居住小区内的水面管理不好，很容易成为小区内雨水及生活垃圾的受纳体，从而导致水体不同程度的污染，严重时会引起水体富营养化，致使水中藻类大量繁殖，水体变黑变臭，严重影响周围的自然环境和居民的生活环境质量。目前多数居住区水景水质净化方式主要以定期过滤、换水和药物净化两种，这两种方式均存在弊端，前者浪费水资源，后者药物影响水中植物、鱼类的生长。

2. 减少运营成本和处理水系污染的方法

（1）合理控制水景中水体的面积、体积，尽量设计小型水面、线状水体（溪流、小的瀑布、壁泉、叠水）以及各种各样的点状的泉，可以做成丰富特色景观，水体的面积相对能够小一些，如此一来土建的费用就降低，同时水分蒸发就相对少一些，减少后期补充水体的投入；另一方面，运行所使用的电的费用也降低，人工、净化等相关的费用都能降低，但效果也会很好，因为小水面、线状、点状水体同样可以影响周围的气候，给周围增加湿度，重要的是形式活泼、景观内容丰富，参与性强，更适合居住区居民欣赏、参与。

（2）水景中水体的蒸发、净化、更换消耗大量的净水，可以采用利用居住区中水、回收园区雨水的方式来解决。雨水回收系统为一个完善的收集系统，利用预先埋设的管

网，将房顶及绿地、道路多余的雨水"自流"进地下储水池，通过过滤、沉淀、净化，再用水泵排入小区景观水体，从而节约用水。在居住区内若使用中水，主要有两种方式，一是城市市政中水系统建立并运行，供水管道通入居住区，另一种方式为居住区根据园区用水量，自行安装中水处理系统，供园区供水使用，这适用于园区居民户数多，水景及绿化用水量大的居住区。

（3）水质的净化可充分利用科技的发展成果，采用便捷、有效的新工艺。比如，通过气浮处理技术处理过的污水，出水透视度可以达到2m；净化时间较短，一般2～3天就可以使水质明显改善；费用较低，每吨水的处理成本在0.06～0.15元，远远低于常规处理成本或自来水费；同时在处理的同时可以向水中大量充氧，大幅度提高水的自净能力，这更是其他处理技术无法比拟的；对藻类的有效去除，可以大量去除水中氮和磷，降低藻类暴发的风险。南方部分项目经过应用，也较好地解决了水中富营养化、藻类植物导致水体变质的问题。

6.4 物业保洁设施的操作

6.4.1 保洁基本工具的操作

1. 扫把的使用操作

（1）扫把的操作要领

1）扫把的握法：用一只手的大拇指按在扫把端上，并用其他四指握住。另一只手则在下方30～40cm处握住。这种握法便于用力，又可防止扫把碰撞家具。

2）姿势：上身向前微倾，但不可太弯曲，要用不易疲劳的姿势。

3）扫法：扫把不离地面，扫动扫把时，手要用力往下压，既要把灰尘、垃圾扫干净，又要防止灰尘腾起。地面灰尘较多时，每扫一下，应在地面上墩一墩，以拍除粘在扫把上的灰尘及垃圾。

（2）扫把作业方式

1）为了不踩踏垃圾，应不断向前方清扫。

2）从狭窄处向宽广处清扫，从边角向中央清扫。

3）室内清扫时，原则上由里面开始向门口清扫。

4）将桌下的垃圾向宽广的地方清扫。

5）清扫楼梯时，站在下一级，从左右两端往中央集中，然后再往下扫，要注意防止垃圾、灰尘从楼梯旁掉下去。

6）若垃圾、尘灰较多时，要随时将其扫入垃圾铲，不要总是推着垃圾、灰尘往前推。

（3）作业注意事项

1）要求一定要扫干净，不可留下垃圾和灰尘，不可在地面上留下扫把痕迹，特别是将垃圾扫入垃圾铲时，不可留下未扫进去的垃圾和灰尘。

2）扫把容易粘附棉状尘，应经常用毛刷子或毛梳子等工具将其除去。

3）经常清洗扫把，使扫把保持干净、平直。

4）地面上粘着口香糖等污垢时，要及时用小铲刀除去，并用地拖拖净。

2. 抹布的使用操作

（1）用抹布擦拭的几种方法

1）干抹：有些表面，如高档漆面、铜面、不锈钢面等不宜经常湿抹，可用干抹擦拭。操作时要轻擦，以去除微细灰尘。如果用力干擦，反而会产生静电粘附灰尘。

2）半干擦：对于不宜经常湿擦，但干擦又难净的表面，可用半湿半干抹布擦拭。

3）油处理抹布法：用少许油类浸渍抹布后擦拭。这种抹布粘灰尘效果好。

4）湿抹：去除建筑表面及家具表面的灰尘、污垢时，广泛用湿抹布可将污垢溶于水中，去污除尘效果好。使用时要经常抖洗脏了的抹布，保持抹布清洁。另外，抹布不可渍水过多。

5）加清洁剂擦拭：对于含有油脂的污垢，可用抹布沾上清洁剂后擦拭。擦拭后，再用清洗干净的抹布抹去残留的清洁剂。

（2）抹布的使用方法

1）抹布以选用柔软、吸水力强、较厚的棉制毛巾。使用时将毛巾折三次叠成8层，正反16面，正好比手掌稍大一点。

2）折好的毛巾用脏一面后再用另一面，直到16面全部用脏后，洗净拧干再用。注意不可用脏布反复擦拭。

3）擦拭一般家具的抹布、擦拭饮食用具的抹布和擦拭洗手间的抹布等，必须严格分开专用。

4）擦拭时应从左到右（或从右到左）、先上后下，将被擦拭物全部均匀地擦一遍，不要落下边角、不要漏擦。

5）有些污垢用一般抹布擦不掉，可用百洁布或刷子去除。

3. 地拖的使用操作

（1）地拖拖抹的各种方法

1）干拖：用干地拖擦拭地面，主要用于擦亮地面或抹去地面上的水迹。

2）半干拖：用半湿半干的地拖擦拭地面，用这种方法，既可以除去地上的灰尘、污垢，又可以不使地面留下水迹，使地面失去光泽。如在打了蜡地面，就要用半干拖。

3）推尘：尘推是种特殊地拖，由尘推幕和尘推架组成。使用时为增强附尘能力，减少灰尘浮动，常在尘推幕上加上尘推油（一种石油类物质）。使用尘推简单省力，除尘干净，又可以保持地面光亮。但推尘时要注意尘推不要离地。

4）水拖：将地拖浸湿后拖抹地面，主要用于清除地面上的泥和污垢。水拖是通过浸将泥和污垢溶于水中，然后再拖擦净。但水分过多，反而有可能弄脏地面，因此要适度掌握。拖擦后地面如留有水迹，应将之拖干。

5）加清洁剂拖擦：为了除去不被水溶解或含有油脂的污垢，需用地拖沾上清洁拖擦，拖擦后再用清水过一遍，除去残留清洁剂。

（2）地拖使用方法

1）地拖握法：与扫把相同，即用一只手的大拇指放在地拖顶端并握住，另一只手握住下方 30～40cm 处。

2）拖法：原则上应左右挥动，使擦痕呈横向一字形。在角落处可用直拖擦一次，要翻动一下，尽量使地拖干净面都用到。使用扁型地拖时，先用一面，用脏后再翻面使用，两面都脏了，用清水洗净拧干后再用。

3）洗地拖：将地拖头全部放入桶中，上下抖动、左右来回转动，洗净后挤干地拖头脏水。

4）拧干方法：用脚按住把柄或用臂夹住把柄，把地拖头分成两半，左右手各持一半，向外拧转，也可以先拧一半，拧干后再拧一半。用拖布压干器挤干更好。

（3）作业进展方式

1）用手按在洗净的地拖上，仔细擦净踏脚板。

2）采取左右挥动的方式，边拖边后退或边拖边前进，尽量不要踩踏已擦过的地方。

3）先拖擦角落，后拖擦中央。

4）原则上应从里面开始作业，逐渐向出入口处进展。

5）注意不使地拖碰到墙壁。

（4）作业注意事项

1）拖头必须经常投洗，不可用脏地拖拖擦。已经用旧的拖头容易碎落，要及时更换。新拖头应浸湿后再使用。

2）在移动地拖时，不要扛在肩上或在地面上拖着走，以免碰到他人或墙壁玻璃等。为避免地拖头脏水滴在地面上，应放在地拖桶上连桶一起移动。

3）办公室、食常、卫生间等各处使用的地拖，应分别使用，不可混在一起。

4）地拖头暂不用时，应放在指定地点，不可随意放在不该摆放的地方，以免影响整体美观。

5）作业结束后，必须将地拖洗干净，把地拖理顺，吊起或倒立于架子上晾干备用，否则地拖头容易腐烂。

6.4.2 保洁设备的操作

1. 洗地机的操作

（1）洗地机的操作要领

1）解开电源线，检查电源线有无破损易漏电地方，若完好，则可以装上针盘、洗地垫或洗地刷，然后将手柄调节到便于自己操作的角度。

2）检查确认开关处于关闭状态后，插上电源。

3）将电源线放在背上，双手握住把柄，然后打开开关。此时刷或针盘与地面保持水平，刷盘开始转动，确认无故障后，即可开始作业。

4）工作时，不要靠自己手臂强使机器前后左右移动，而是通过按压把手，使机器本身移动；人体自然地随着机器移动。将把手柄向下按，机器向左方移动、反之，将把手向上抬，机器则向右方移动（注意不要按压过分）。按下左手把手，机器重心向左时，机器向前；反之，按下右手，机器重心向右时，机器后退（注意不要按压过分）。

5）工作完毕或中止时，关上开关，机器停止转动。

（2）工作进展方式

1）工作时应使毛刷盘或针盘的擦痕呈横向一字形，并一点点后退往复，第二行擦痕与上行擦痕有几厘米的重叠。

2）靠近墙壁的地方，可以先沿着墙壁擦洗，然后再擦洗中间，以防止操作不当弄脏或损坏墙壁，特别是安装落地玻璃的地方。

3）工作移动时，要注意接线的位置，不要使接线绕在脚上或室内的设施上。

（3）使用洗地机注意事项

1）将插头插入插座前，必须先检查开关是否关闭，以防机器突然转动引起事故。

2）作业过程中中断机器或遇到停电暂不能作业时，必须关闭开关。

3）作业时必须避免刷子接触电源线，以免电源线卷入刷子内。

4）使用清洁剂时，注意不要让水弄湿电动机。

5）使用完毕时注意安全，不要随便离开手柄，等机器完全停止后再切断电源，卸下地刷或针盘。

（4）洗地机保养

1）使用完毕，把机盘及毛刷或针盘洗干净。

2）用毛巾擦机器、电线，并将电线绕回机挂钩上。

2. 抛光机的操作

（1）准备抛光的地面必须干净，无尘无积水。

（2）刚打蜡的地面，必须等蜡干透后才能抛光。

（3）抛光从插座最近的地方开始，行走路线为一直线，两条抛光痕迹应有几厘米重叠。

（4）高速抛光机一定要调节好抛光垫位置，调至抛光垫刚好与地面接触。

（5）抛光垫一般用红垫或白垫，抛光完毕后洗净晾干。

3. 吸尘机的操作

（1）吸尘机操作要领

1）解开电源线，把软管接驳机身，并接上吸尘扒头，接上电源。

2）开动吸尘机顶上按钮。

3）把握好吸尘把柄，将吸尘扒自然放在地面上，如果过分用力，可能妨碍吸尘。

4）掌握好吸尘扒头的角度，将吸尘扒向前伸，吸嘴稍稍向自己一方抬起，然后向自己一边慢慢拉动。这样空气和灰尘容易进入，吸得干净，操作也方便。

5）吸地毯时，将吸嘴的毛刷伸出，这样在吸尘时，亦起梳理地毯作用，使吸尘后的地毯整齐。

（2）作业进展方式

1）作业时，一般从里面的角落开始，一边作业，一边往后退，向入口方向进行。这样操作，可不留下作业人员的踏痕。

2）吸尘时，一般应由前向后横向移动。两个吸尘部位应有几公分左右的重叠部分。

3）机器的主体和配件等，尽可能放在入口外，以便吸尘工作完成后撤出，不在地毯上留下痕迹。

（3）吸尘机操作注意事项

1）视不同的吸尘环境，选用不同的吸尘嘴，如清洁窄缝、铝合金道轨等，则要用扁吸尘嘴。

2）工作时，不要让吸尘嘴碰到墙壁或家具，不要让电源线绕在家具腿上，以防损坏家具。

3）移动机身时，不能拉着吸尘管行走。

4）不能用吸尘机吸水，以免烧坏电动机。

5）不能用吸尘机吸铁钉、玻璃片、小石块等尖锐物体，防止损坏尘袋。

6）要经常将机内尘袋、电动机所聚集的杂物清洁干净，否则影响吸尘效果。

7）吸尘完毕后，必须除去内部积存的垃圾和灰尘，清洁尘袋、整理电源线和接管等配件，最后用抹布擦净。

4. 吸水机的操作

（1）操作要领

1）安装好软管、吸水扒及过滤袋和保护球，解开电源线，插上电源。

2）地面吸水用吸水扒，地毯吸水用地毯扒。

3）把握吸水扒把柄，将吸水扒放于地面，来回推动吸水扒吸水。吸地毯时要稍用力。吸水扒痕迹要有几公分重叠，防止漏吸。

（2）注意事项

1）吸水时，要注意贮水桶的水位，满时要及时倾倒。

2）不能用吸水机吸灰尘、大块的石块、钉子等。

3）作业时，遇上带泡药水，如起蜡水、全能水、地毯水等，需要添加化泡剂，否则泡沫会淹盖电动机。

4）吸水时要注意吸水扒不要碰到家具、墙壁等，以免损坏家具。

5）使用完毕后，要倒掉污水，用清水洗净贮水桶、过滤网、球等，用抹布抹净吸水机表面、接线、收好接线。

■ 6.4.3　石材的打蜡、抛光操作

石材是一种天然、环保的装饰材料，其色彩亮丽、豪华气派，所以对其的保养尤为重要。打蜡就是密封石材表面的一些用肉眼看不到的细小孔洞，防止受到灰尘的侵入和污渍的渗透，从而提高其美观程度，延长其使用寿命。

石材地面上蜡操作：

（1）先将上蜡的告示牌放置工作现场；

（2）抬起洗地机机座，套好黑色纤维垫；

（3）配好起蜡水装入水箱；

（4）启动机器，将起蜡水均匀涂在地面上；

（5）控制机器走向，由左至右，来回走动 2～3 次；

（6）上下行互叠 10cm；

（7）5min 后将地面吸干；

（8）待地面干透进行蜂蜡；

（9）将蜡拖沁透蜡水，均匀涂于地面；

（10）层与层之间相隔 30min；

（11）约 3d 后，待最后一层蜡干，进行高速抛光；

（12）一般石材地面应每 2 月打蜡一次。

■ 6.4.4　石材养护具体实施方案

1. 石材地面保洁标准

石材地面清洁光亮，布蜡均匀，无污迹。

2. 石材地面清洗、打蜡、抛光的保养操作程序

（1）起蜡

工具及材料：刷地机连水箱，洗地针座连黑色百洁刷（棕、红色百洁刷），吸水机

连皮吸水刮，起蜡水。

①把机器开到工作现场，套好洗地针座，连百洁刷；②水箱装入已配好的起蜡水；③按动机身电源开关，使底盘针座带动百洁刷转动。注意：当手柄向上时，机身向右移动；手柄向下，机身向左移动；④按动水箱控制杆将起蜡水均匀擦在地面上；⑤控制机器走向，由左至右，来回走动 2～3 次；⑥上下行之互叠约 10cm；⑦完毕后，用吸水机把起蜡水吸干；⑧边角位用长柄手刷拖抹两次；⑨用清水过两次；⑩待地面吹干后可进行封蜡。

（2）打蜡

工具及材料：落蜡拖头，地拖桶，榨水器，底蜡，面蜡。

①把落蜡拖头套在落蜡架上；②把拖头浸透蜡水；③把拖头放在榨水器上夹至拖头不滴蜡为止；④将蜡水均匀涂在地面上；⑤完毕后，待蜡干，用抛光机抛光（1500rad/min）。

■ 6.4.5　清洗地毯操作

包括各种真皮、纯毛、化纤质地的地毯、挂毯、床毯、装饰毯等。地毯处理是蒸汽桑拿机、多功能机清洗机、吸尘吸水机，结合专用消毒、除污药剂对地毯蒸汽杀螨虫、杀菌、泡沫清洗除污、吸尘吸水机吸污水、风干、梳理，最后用防污喷剂处理，使地毯表面形成防水薄膜，达到防水防尘效果。

1. 水抽清洗地毯（可适于化纤地毯）

使用设备：地毯刷，喷雾器，吸水机，地毯清洗机。

使用料剂：地毯香波，地毯浓缩清洁剂。

操作方法：①用吸尘器全面吸尘；②稀释清洁剂，也可注入水箱；③在地毯上全面喷洒清洁剂；④作用 10～15min 后，污渍脱离纤维；⑤用洗地机抽洗，操作向后行走而使每操作行有一部分重叠，最少经过两次抽洗；⑥在清洗地毯的同时，用吸水机吸净已洗完的地毯；⑦让地毯完全干透，为加快地毯干透，可开动地毯吹干机。

2. 干泡地毯清洗（适用于纯毛地毯）

使用设备、工具：带地毯刷和打泡器的单盘擦地机，地毯梳或耙，吸尘器。

使用料剂：地毯高泡清洁剂。

操作方法：

（1）用吸尘器全面吸尘。

（2）局部处理即是用专用的清洁剂在地毯上边油渍、果渍、咖啡渍单独进行处理。

（3）稀释地毯泡沫清洁剂，注入打泡箱。

（4）用手刷处理地毯边缘、角落和机器推到之处。

（5）用装有打泡器、地毯刷的单盘扫地机，以干泡刷洗地毯。

（6）作用一会儿，然后重复。

（7）地毯梳或耙梳起地毯纤毛，这对地毯外观非常重要，尤其是纤维较长的棉绒地毯，而且有加快地毯干燥作用。

（8）让地毯毛完全干透。

（9）用吸尘器吸去污垢和干泡结晶体。

3. 地毯干式清洁保养

（1）对地毯表面的不同污垢，分别用装有中性地毯除渍剂、地毯除油剂、口香糖清除胶剂的喷壶，喷涂在地毯表面。

（2）用板刷或毛巾擦拭地毯表面，如有擦拭不掉的污垢可用小刀轻轻刮去，并用吸尘机吸去地毯子中的污垢。

按比例用热水（50℃）稀释中性干洗地毯清洁剂，注入多功能擦地机的电子打泡箱中，并按上清洁刷。

（3）开启多功能擦地机，适量打开液体阀门，对地毯进行清洗，清洗应从里到外，并留有通道，一次性结束，不得踩踏，并对残存的污垢、色斑、重点清洗。

（4）清洗完毕后晾干 4h 以上，晾干后用直立式吸尘梳理机吸去地毯中清除出来的污垢结晶，并梳理地毯绒面。

（5）所用工具、用品在操作完毕后全部清洗、晾干、备用。

（6）清洁剂的用量由多功能擦地机液体箱阀门的大小来控制，擦地机的移动速度均由地毯的污染程度来决定。

4. 地毯湿洗清洁保养

（1）首先按照 6.4.5 来操作。

（2）按比例用热水（50℃）稀释浓缩地毯清洁剂，注入多功能擦地机的液体箱中，并按上清洁刷。

（3）开启多功能擦地机开始湿洗地毯，在吸水辅助工具上安装好吸水耙，并用注入消泡剂（增泡剂）的吸水机吸去地毯表面水分。

（4）吸去水分后，在地毯两边安放涡轮多速干风机，加速地毯干燥。地毯干燥后，用直立式吸尘梳理机吸去干燥的污垢结晶，并梳地毯绒面。

（5）所用工具、用品在操作完毕后全部清洗、晾干、备用。

（6）地毯清洁区域的隔离时间不得少于 12h。

5. 地毯蒸汽干式清洁保养

（1）首先按照 6.4.5 来操作。

（2）按比例用热水 50℃ 稀释中性干泡地毯清洁剂或溶解超浓缩干洗地毯粉，注入蒸汽洗地毯溶液箱中。

（3）启动蒸汽干洗地毯机，平衡、匀速推动地毯机，对角落，用板刷擦拭清洗。

（4）地毯清洗完后，4h之内不得踩踏，地毯干燥后，用直立式吸尘统理机吸尘、梳理地毯绒面。

（5）所用工具、用品在操作完毕后全部清洗、晾干、备用。

（6）蒸汽干洗地毯机工作前，应将地毯上的零星杂物清除掉，以免卡住滚刷。

6.4.6 实木地板保养

1. 清洁

无论是天然漆实木地板还是油蜡实木地板，在日常清洁时，可先用吸尘器来清除，之后再用软布蘸上专门清洁剂或皂片的稀释液进行清洁对于大面积的清洁，可用喷雾器或旋转清洁机进行对于天然漆实木地板，水对它并没有什么好处，清洁时要尽量减少多余的水分，擦洗时一定要将抹布拧干而油蜡实木地板要除去黑色橡胶的磨痕和其他不能用水清除的污痕可用软布蘸低浓度的酒精或少许白酒擦去。

2. 养护

天然漆实木地板：在地板清洁干净以后，应该涂上一层稀释的地板上光剂如果地板的使用率相对频繁，可适当加大上光剂的浓度一般情况下起居室可以每月养护一次，而经常出入的厨房、客厅等则需要每周进行保养。

油蜡实木地板：将地板完全清理干净并保持干燥，之后在地板表面涂上一薄层轻油蜡，用软布将地板擦亮并将多余的油迹擦掉以避免产生亮斑涂过轻油蜡的地板不要急着使用，应在晚间自然风干。

3. 防污

在经过一段长时间的使用之后，天然漆实木地板或油蜡实木地板都会有难以用普通清洁方法除去的污垢，不同的情况有不同的解决方法。

天然漆实木地板：当地板因很多的积垢而变得难以清洗，可以用脱脂剂和25℃的温水相混合，在使用脱脂剂前，地板应进行充分的清洁对于污损过于严重的地板，应将实木地板的表面打磨掉，然后重新上漆，但此法应是万不得已才会使用，因为打磨必然会使地板变薄。

油蜡实木地板：如果地板出现大面积的污渍，可以用装有干燥的软性抛光垫的打磨机来进行处理，以保持光泽度一致，但必须在地板表面涂油蜡4h内进行，之后让地板自然风干16～24h。

7 物业公共秩序维护实训

【实训目的】

通过本单元实训，熟悉物业公共秩序维护的基本内容、基本要求、工作流程以及管理标准。清楚物业公共秩序维护各项工作内容和环节的要求、安全管理工作的操作规程、工作特性；掌握物业治安管理工作的内容和安防系统的运行方法；熟悉物业消防管理工作的内容和消防设备的使用方法；了解物业车辆管理系统的构成，掌握该系统的运行方法；掌握处理物业治安突发问题的方法和应急对策。

【实训内容】

一、准备实训相关设施设备资料；

二、现场操作消防器材和消防设备；

三、现场操作安防设备；

四、现场操作车辆管理设备。

【实训技能点】

一、编制物业公共秩序维护管理计划的能力；

二、物业公共秩序管理设备的部件及结构的辨识能力；

三、按操作规程对安防设备、车辆管理设备进行操作维护的能力；

四、按照操作规程对物业公共秩序进行维护管理的能力。

【实训作业】

一、模拟突发的简单消防事故，分组设计方案处理；

二、针对现有的车辆出入口系统，提出改良建议；

三、模拟水浸现场，制定应急解决方案。

7.1　物业防火管理

7.1.1　加强防火消防宣传教育

防火财务在物业公共秩序维护中占有头等重要的地位。物业管理中最常见的意外事故是火灾，给住用人的生命财产带来最大危害的也是火灾。搞好消防工作是物业安全使用和社会安定的重要保证。火灾发生的原因固然很多，但都与人的消防意识、对消防工作的重视程度和社会责任感有关。因此，消防管理中的首要任务就是向全体物业管理人员和所有住户，特别是儿童，作好消防宣传教育。

1. 消防宣传教育的内容

消防宣传教育的内容为普及消防知识和增强消防意识两个方面。

首先，普及消防知识。消防知识包括各种防火知识、灭火知识和紧急情况下的疏散与救护知识。如明火使用要求，各类灭火器材的正确使用，电气设备安全使用规定，火灾初起时如何报警，火灾中怎样有秩序地疏散与自救、互救等。

其次，通过对消防法规的宣传，不仅使物业管理人员而且使每个住户都能做到"消防意识，警钟长鸣，消防工作，常抓不懈"，增强每个人的消防意识和社会责任感。

2. 消防宣传教育的形式

消防宣传教育的形式多种多样，主要有：

（1）消防轮训。普通物业要对全体管理人员进行必要的防火、灭火、疏散的训练和消防常识的培训。高层楼宇还要对所有的住户进行培训。

（2）在楼宇内外利用板报等形式进行宣传，在适当位置张贴标语，如"注意防火"、"严禁烟火"等。

（3）住户入住时发放消防须知，在春节和干燥季节的重大节日给住户写信、发宣传单，提醒注意预防火灾。

7.1.2　建立高素质的、专群结合的消防队伍

物业服务公司应建设一支高素质的、专群结合的消防队伍。消防队伍的建立是消防工作的组织保证，因此要组成以物业管理企业为主、住户为辅的消防管理网络。

1. 专职消防管理人员

物业管理企业应根据所管物业的档次、类型、数量，设立相应的专职队消防管理人员，负责消防工作的管理、检查、指导、监督与落实。其主要任务是进行消防检查、消防值班、消防培训、消防器材的管理与保养和协助公安消防队的灭火工作。

2. 义务消防队

我国消防力量中的一个重要组成部分是义务消防队。义务消防队是群众性的基层消防组织，是由在职职工和街道居民组成。物业管理公司可在企业内部其他部门人员和住户中选定义务消防员，并在此基础上成立义务消防队。

3. 消防训练

无论专职消防队还是义务消防队，都要定期进行消防训练，并模拟火灾事故现场进行抢救伤员、灭火及保护财产的训练演习。

7.1.3　制定防火工作的消防规章制度

为了约束和规范管理人员和住用人的日常行为，避免火灾事故的发生，物业服务企业应根据所管物业的环境和条件，制定完善的消防制度和防火规定。

1. 消防制度

（1）岗位责任制制度

根据消防工作"谁主管，谁负责"的原则，建立各级领导负责的逐级消防岗位责任制，上至企业经理，下至消防员，都对消防负有一定的责任。

（2）消防值班制度

这是消防值班员的工作制度，包括工作职责与要求：交接班制度，定时巡视，发现火灾隐患的处理程序，消防设备、设施的定期检查与保养制度等。

（3）消防档案管理制度

建立消防档案，对火灾隐患、消防设备状况（位置、功能、状态等）、重点消防部位等都要记录在案，以便随时查阅。

2. 防火规定

防火规定指从预防的角度出发，对易引起火灾的各种行为做出规定，以杜绝火灾隐患。防火规定主要有：公共通道、楼梯、出口等部位的管理规定；消防设施设备的使用、维护、管理规定；电气设备安全使用规定；房屋修缮和装修中明火使用规定；易燃、易爆物品的安全存放、贮运规定等。

7.1.4　消防器材和消防设施的配备与管理

1. 消防器材、消防设施的配备

消防设施、器材是灭火工作的物质基础，一般包括：

（1）灭火器

灭火器是一种比较方便、容易操作的灭火器材。灭火初起时，完全有可能用灭火器控制火势，因此楼宇内外都要安放一些。常用的灭火器主要有两种，即干粉灭火器和泡沫灭火器，可根据情况选用。

（2）消火栓

高层楼宇和商贸楼宇在设计建造时一般都在关键部位安置消火栓和水龙带、水枪，以供遇有险情能及时扑救。

（3）自动喷水灭火系统

自动喷水灭火系统是按照适当的间距和高度装置一定数量喷头的供水灭火系统，它主要由喷头、阀门报警控制装置和管道附件等组成。自动喷水灭火系统的优点有：结构简单，维修养护方便；安全可靠，控制灭火成功率高；灭火成本低，且对环境无污染；使用时间长，一般可保持几十年完好无损；可用电子计算机进行监控，便于集中管理和分区管理，自动化程度高；适用范围宽等。目前，一些高档公寓、别墅、酒店以及商贸楼宇都已安装了这种装置。

（4）火灾自动报警系统

火灾自动报警系统是用于探测初期火灾并发出报警的系统。它在火灾初期报警便于采取相应急救措施，如：疏散人员，呼叫消防队，操作防火门，启动灭火系统、防火卷帘、防烟排烟机等。火灾自动报警系统有三种基本形式：

1）区域报警系统。由手动火灾报警按钮、火灾探测器及区域火灾报警控制器组成，适用于小范围的保护。

2）集中报警系统。由手动火灾报警按钮、火灾探测器、区域火灾报警控制器和集中火灾报警控制器组成，适用于较大范围内多个区域的保护。

3）控制中心报警系统。由手动火灾报警按钮、火灾探测器、区域火灾报警控制器和消防控制设备等组成，适用于大型建筑的保护。此系统容量大，能完成较复杂的输出控制程序，消防设施控制功能较全。

2. 消防器材、消防设施的管理

政府部门和物业服务企业都必须强化对消防设施、器材的管理。因为消防器材和消防设施最大的特点是平时不使用，只有在发生火险时才使用，必须确保其随时处于完好状态，随时可以启用。政府管理部门通过制定严格的消防法规，制定了消防合格证制度。任何建筑，只有取得消防合格证后，才可投入使用。对新建房屋，必须经常检查消防设施、设备，在消防设施、设备符合消防要求和安全规定后，颁发消防合格证。与此同时，建立消防工作的检查监督制度，在重大节假日、火灾易发季节及每年都要进行消防工作检查，重点是核查制度落实，确定设施完好，消除火灾隐患。

物业服务企业则主要负责消防器材、消防设施的日常管理、保养和维修。消防设施的维修需要专门的技术，特别是一些关键设备的维修，应聘请持有合格消防牌照的专业公司进行。通过专人定期的检查、巡视、保养和发现问题时及时维修，确保各类消防设施、器材随时处于完好状态。

7.1.5 高层建筑消防管理

1. 高层建筑消防的特点

（1）火险因素多

高层建筑内火源、电源多，电气线路纵横交错，电气设备多，因而引起火灾的可能性也大。

（2）耐火极限低

出于减轻建筑物自重的考虑，对其燃烧性能和耐火极限不能定得过高。加上现代高层建筑内的装饰材料、家具等很多是高分子材料，这也增加了火灾的危险性。

（3）火势蔓延快

高层建筑物内有许多通道、竖向井，发生火灾时这些都成为火势蔓延的良好途径。另外，越是在建筑物的高处，风速越大，这也是加速火势蔓延的一个因素。

（4）扑救难度大

高层建筑高达几十米，甚至超过一二百米，一般的地面消防车和登高消防车的能力，都难以满足扑救高层建筑火灾的供水需要和登高疏散抢险的要求。

（5）疏散困难

高层建筑平时常集中很多的人员，层数多，疏散距离长；发生火灾时普通电梯电源被切断，这些都增加了疏散的困难。

因此，消防管理对于高层建筑有更重要的意义，要有特殊的安全措施。

2. 高层建筑消防管理的主要措施

（1）防火分隔

消防部门要对电梯井、管道等进行分隔；对高层建筑进行内部分区，设置防火和防烟区域。

（2）做好安全疏散的准备工作

要经常检查消防供水系统，保证消防用水输送到必要的高度；检查楼房公共通道，不要把闲杂物品堆放在楼道内。

（3）设置自动报警设施

物业管理消防部门要在楼房适宜部位安装固定灭火装置。

（4）设置火灾事故照明和疏散标志

在高层建筑的走道、楼梯间、人员集中场所和一些发生火灾时必须坚持工作的地方（如配电房、消防控制室等）要求设有事故照明，在人员疏散的走道、楼梯等处设有灯光显示的疏散标志。疏散标志的电源应用蓄电池，其他事故照明也可使用城市电网供电。

■ 7.1.6　紧急情况下的疏散

当火灾或爆炸等其他意外事故一旦发生，而处于无法制止或控制险情的紧急情况时，就应立即报警、切断火源或事故源，并积极组织人员疏散。尤其是高层住宅和商贸楼宇，疏散路线长，人员分散，组织疏散困难。紧急情况下的疏散关键是组织工作，平时应进行一定的训练，以便有备无患。一般做法是：先及时切断火源；然后利用楼宇内的分割装置，如商场内的防火卷帘等将事故现场隔断，阻止灾情扩大；组织人员通过紧急通道、疏散楼梯等迅速撤离。在确保人员安全的情况下，为避免险情扩大，应尽量将危险品转移至安全处，然后可将贵重财产运送至安全地带。

■ 7.1.7　消防控制系统

1. 消防控制系统的组成

系统的工作原理是探测器不断向监视现场发出检测信号，监视烟雾浓度、温度、火焰等火灾信号，并将探测到的信号不断送给火灾报警器。报警器将代表烟雾浓度、温度数值及火焰状况的电信号与报警器内存储的现场正常整定值进行比较，判断是否发生火灾。当确认发生火灾时，在报警器上发出声光报警，显示火灾发生的区域和地址编码，并打印出报警时间、地址等信息，同时启动火灾现场的声光报警器。为防止探测器或火警线路发生故障，现场人员发现火灾时也可手动启动报警按钮或通过火警对讲电话直接向消防控制室报警。值班人员打开火灾应急广播通知火灾发生层及相邻两层人员疏散，各出入口应急疏散指示灯亮，指示疏散路线。在火灾报警器发出报警信号的同时，火警控制器可实现手动/自动控制消防设备，如关闭防火阀、风机、非消防电源，迫降消防电梯、防火卷帘门；打开消防泵，显示水流指示器、报警阀、门阀的工作状态；开启防烟、排烟（含正压送风机）风机和排烟阀等。以上控制均有信号反馈到火警控制器上。

纯粹报警而没有联动控制能力的报警控制器产品也是不多的，因为在消防报警系统中不具有任何联动控制功能的报警控制系统是没有太大实际意义的。事实上，一个完整的消防系统主要由报警与联动控制设备组成，其具体设备如下。

（1）报警设备：其中包括各类报警控制器、火灾探测器、紧急报警按钮、手动报警按钮、设备（电铃、紧急电话、紧急广播等）。

（2）自动灭火设备：洒水喷水、泡沫、粉末、气体灭火设备等。

（3）手动灭火设备：灭火器，包括粉末、泡沫、室内外消火栓。

（4）防火排烟设备：防火风门、防火卷帘门、排烟机、空调通风设备等。

（5）通信设备：一般电话、应急通信机、对讲电话、无线步话机等。

（6）避难设备：引导灯、应急照明装置、引导标志牌。

（7）其他设备：应急插座设备、洒水送水设备、防范报警设备、消防水池、航空障碍灯设备、燃气检测设备、地震探测设备、电气设备的监视设备等。

2. 火灾自动报警系统

（1）火灾自动报警系统

火灾自动报警系统探测火灾隐患，肩负安全防范重任，是智能建筑中建筑设备自动化系统（CBS）的重要组成部分。火灾自动报警系统在建筑物内的不同位置设置适宜的火灾探测器和火灾报警控制器，实现火灾的早期发现和及时报警，以便把火灾扑灭在火灾初期，最大限度地降低火灾损失。智能建筑中的火灾自动报警系统设计首先必须符合《火灾自动报警系统设计规范》GB 50116—2013 的要求，同时也要适应智能建筑的特点，合理选配产品，做到安全适用、技术先进、经济合理。火灾自动报警系统一般分三种形式设计：集中火灾自动报警系统、区域火灾自动报警系统和控制中心报警系统。就智能建筑的基本特点而言，控制中心报警系统是最适用的方式。

1）火灾自动报警系统的主要设备——火灾报警控制器

火灾报警控制器接收信号并分析判断，一旦发生火灾，它立即发出火警信号并控制相应消防设备的动作，它是火灾自动报警系统的中枢。

火灾报警控制器有两种类型：集中火灾报警控制器和区域火灾报警控制器。前者有多个测控回路，容量大，一般有联动控制功能；后者为单一检测回路，容量小，一般无联动控制功能。在智能建筑中，火灾通常采用集中火灾报警控制。

2）集中火灾报警控制器举例

一种典型联动型集中火灾报警控制器的组成与功能如下：①LCD 显示屏（一个屏最多可显示 120 个 16×16 点阵汉字）：显示对探测器的测试情况；显示报警区域；显示报警探测器详细位置；显示时间。②手触式键盘：上、下翻屏键；系统复位键；系统消音键；0～9 数字键；功能切换键 F1～F8；输入系统参数；输入联动程序。③发光二极管显示：电源信号；火警信号；备电故障信号；故障信号，消隐信号，主电故障信号；消防联动自动/手动切换信号；故障隔离信号。④六个多线制联动直接输出节点控制开关：对重要的消防设备（如喷淋泵、消防泵、气体灭火的瓶头阀或分配阀等），建议采用该六组一一对应的多线输出控制节点。⑤主机板：数据存储器 RAM 和 EEPROM；CPU 处理器，程序存储器 EPROM；通信接口。⑥微型打印机。⑦电池。⑧YD 025—801 电动式扬声器。

（2）控制中心型火灾自动报警系统的组成

1）典型的控制中心型火灾自动报警系统的组成

①报警控制系统主机。②操作终端和显示终端。③打印设备（自动记录报警、故障及各相关消防设备的动作状态）。④彩色图形显示终端。⑤带备用蓄电池的电源装置。⑥火灾探测器（分为光电感应、烟雾离子、差定温复合、温感光电复合、定温、差温、红外线火焰、感温电线、可燃气体等）。⑦手动报警器。⑧消防广播。⑨疏散警铃。⑩

用于监控所有消防关联的设施的输入、输出监控模块或中继器。⑪消防专用通信电话。⑫区域报警装置和区域火灾显示装置。⑬其他有关设施。

2）控制中心火灾自动报警系统的主要工作方式

①火灾发生初期，火灾探测器根据现场探测到的温度、烟、可燃气体等情况，发信给各所在区域的报警显示器及消防控制室的系统主机，当系统不设区域报警显示器时，将直接发信给系统主机，或者有人员发现后，用手动报警器或消防专用电话报警给系统主机。

②消防系统主机在收到报警信号后，首先将迅速进行火情确认，确定火情后，系统主机将根据火情及时做出一系列预定的动作指令。例如，及时开启着火层及上下关联层的疏散警铃；同时打开着火层及上下关联层电梯前室、楼梯前室的正压送风及走道内的排烟系统；消防广播通知人员尽快疏散；在开启防排烟系统的同时，停止空调机、抽风机、送风机的运行；开启紧急诱导照明灯；同时启动消防泵、喷淋泵，水喷淋动作；迫降电梯回底层，普通电梯停止运行，消防电梯投入紧急运行。

（3）火灾探测器及其选用

火灾探测器根据其探测原理及功能分为感温火灾探测器、感烟火灾探测器、感光火灾探测器、可燃气体火灾探测器四种基本类型。

1）感温火灾探测器

感温火灾探测器是一种对警戒范围内的温度进行监测的探测器。感温火灾探测器的种类很多，根据其感温效果和结构形式可分为定温式、差温式和差定温组合式三类。当测到温度达到一定数值时发出报警信号。

定温探测器是一种能够感知环境高温（大于60℃）的传感器件，差温探测器是感知环境温升高速率（大于20℃/min）的传感器件。常用的有热敏电阻定温火灾探测器、双金属定温火灾探测器等。

2）感烟火灾探测器

感烟火灾探测器是一种感知燃烧或热分解产生的固体或液体微粒，用于探测火灾初期的烟雾并发出火灾报警信号的探测器。它具有灵敏度高、发现火情早、响应速度快和使用面广等特点。感烟火灾探测器包括光电式感烟火灾探测器、离子感烟火灾探测器、红外光束感烟火灾探测器和激光感烟火灾探测器等。

3）感光火灾探测器

感光火灾探测器比感温、感烟火灾探测器的响应速度快，其传感器在接收到光辐射后的极短时间里就可发出火灾报警信号，特别适合对突然起火而无烟雾产生的易燃易爆场所火灾的监测。此外，感光火灾探测器不受气流扰动的影响，是一种可以在室外使用的火灾探测器。

火灾发生时，除了产生大量的热和烟雾外，火焰会辐射出大量的辐射光，如红外线光、紫外线光等。感光火灾探测器就是通过检测火焰中的红外线光、紫外线光来探测火灾发生的探测器。常用的有红外火焰探测器和紫外火焰探测器。

4）可燃气体火灾探测器

可燃气体火灾探测器是根据远低于可燃气体爆炸浓度的下限值，就其火灾的危险性而进行报警的，以保证在火灾之前采取通风措施。常用的有催化型可燃气体火灾探测器、半导体型可燃气体火灾探测器等。

火灾探测器的选择要根据探测区域内可能发生的早期火灾的形成和发展特点、环境条件以及可能产生误报的因素、房间高度等条件综合确定。例如，当火灾初期有阴燃阶段，产生大量的烟和少量的热，或没有火焰辐射的场所，应选用感烟火灾探测器；对火灾发展迅速，有强烈的火焰辐射和少量的烟、热的场所，应选用感光火灾探测器；对火灾发展迅速，产生大量的烟、热和火焰辐射的场所可选用感烟火灾探测器、感温火灾探测器、感光火灾探测器或其组合；对使用、生产或聚集可燃气体或可燃液体蒸汽的场所，应选用可燃气体火灾探测器。

（4）手动火灾报警按钮

为了提高火灾报警系统的可靠性，在火灾自动报警系统中，除了设置火灾探测器之外的自动触发器件，还应设置手动触发装置。手动火灾报警按钮是用手动方式产生火灾报警信号，启动火灾自动报警系统的器件。手动火灾报警按钮可兼有消火栓启动按钮的功能。每个防火分区至少设置一个手动火灾报警按钮。从一个防火分区内的任何地方到最近一个手动火灾报警按钮的距离不大于30m。手动火灾报警按钮应设置在明显和便于操作的地方，如设置在公共活动场所的出入口处；有消火栓的场所，应尽量设在消火栓的位置。

7.2 物业治安防盗管理

7.2.1 物业治安防盗管理工作的内容

物业治安防盗管理工作分为安全保卫工作和维持正常的工作、生活秩序两部分，其主要工作包括：

1. 制定和完善各项治安保卫岗位责任制

2. 建立健全物业安全保卫组织机构

物业服务企业应设立保安部来具体负责落实所管区域内的治安保卫工作。

3. 保安员的配备及其培训

定期对保安员进行职业道德教育与业务培训。培训后，应经考核方能上岗。培训内容包括法律、心理学、职业道德教育、文明礼貌用语、物业管理的各项规章制度、擒拿格斗、队列训练、治安保卫常识、消防基本知识等。根据治安区域大小和当地社会治安情况配备相应数量的保安员，实行 24 小时值班制度。

4. 建立正常的巡视制度

建立正常的巡视制度，并明确重点保卫目标，做到点、面相结合。该项工作分为门卫、守护和巡逻三个方面。

（1）门卫。商贸楼宇和封闭式住宅小区的进出口应设置门卫，并实行 24 小时值班制。

（2）守护。安排守护人员时，应根据守护目标的范围、特点及周围环境，确定适当数量的哨位。守护要对特定或重要目标实行实地看护和守卫，如一些重点单位、银行、商场、证券所、消防与闭路电视监控中心、总配电室、电机房、地下车库等。

（3）巡逻。这项工作指在一定区域内有计划地巡回观察，以确保该区域的安全。在巡逻时要特别注意重点部位的巡察。一是发现和排除各种不安全因素，如车辆未按要求停放、门窗未关好、各种设施设备故障和灾害隐患、守护或值班不到位或不认真等；二是及时处置各种违法犯罪行为。巡逻路线一般可分为往返式、交叉式、循环式这三种方式，但无论采用何种方式都不宜固定，上述三种方式也可交叉使用。

5. 加强区域内车辆的安全管理

6. 完善区域内安全防范设施

治安管理还应注重除了人力外的技术设施，物业服务企业可根据财力与管理区域的实际情况配备必要的安全防范设施。

7. 联系区内群众，搞好群防群治

要充分发动群众，调动社会各部门的积极性，因为社会治安是一项系统工程，增强广大住户和用户的自我安全防范意识和遵纪守法意识，配合物业服务企业共同搞好社会治安的综合管理。

8. 在当地公安派出所的指导下搞好治安管理

根据我国《治安管理处罚条例》，社会治安工作由公安机关统一负责管理。物业服务企业应与当地公安部门建立良好的工作关系，接受指导，争取配合，这对搞好治安管理工作具有重要意义。

9. 与周边单位建立联防联保制度

保安工作具有一定的危险性，因此要为保安人员配备必要的警械器具和通信设备。治安案件的发生，有时并不局限于物业服务企业所管范围，因此，需要与相邻单位或相邻物业服务企业建立联防制度，密切配合，共同搞好治安工作。为保安员配备必要的保安器具之外，还应为其办理人身保险，解除其因意外事故带来的一系列问题的烦扰。

7.2.2　物业治安防盗系统

1. 出入口的控制系统

出入口的控制系统在技术上一般由各种出入口目标识别装置采用专线或网络传输，连接计算机进行显示、分析，然后指令门锁启用装置，实施控制。该系统采用现代电子与信息技术，在建筑物内外的出入口对人或物的进出实施放行、拒绝、记录和报警等操作的一种防盗自动化系统。常用的出入口控制系统可分为四大类型。

（1）识别门禁系统

进入者须持编有密码的有效出入凭证卡才可放行，否则拒绝进出。出入凭证卡形形色色，不同卡之间的门锁应用软件是不同的，这由智能化物业承建商和物业服务公司设定。无论使用何种卡，门禁系统均忠实地记录进出时间和设定各卡内的不同编码。

这里重点介绍几种。

1）感应卡

感应卡由一片可编程的专用芯片和一组天线组成。感应卡具有防水功能，能用于易受摩擦、环境潮湿等恶劣情况。芯片是感应卡的核心元件，天线用来发射和接收电磁波。使用时无须传统的刷卡动作，感应速度快，非常方便，可节省识别时间，并且具备隔墙感应特性，因此，具有隐秘性。

感应卡又称接近卡，可两面识读，记录进出时间。由于它是非接触性读卡，即使频繁地读、写或拿来拿去，也无须担心使用时接触不良或资料被抹掉。

2）接触式卡

①IC卡，即集成电路卡。IC卡智能门禁系统是一套现代化的出入管理识别系统，主要识别持卡人的身份。系统既保证了允许已授权人员的正常出入、限制未授权人员的出入，同时又对出入人员的出入时间、代码、门号进行登记与存储，从而形成一套方便、快捷、安全、高效率、多功能、高档次的现代化管理系统。持卡人的身份信息储存于IC卡中，由计算机统一控制管理，具有授权、查询、记录、统计、防盗、报警等多种功能。

②威根卡，也称铁码卡。威根卡中间的特殊材质为极细金属线内嵌而成，采用金属磁扰原理，威根卡一经剥离，金属线排列便遭破坏而无法复制。它是目前国外最流行的采用最新技术制造的识别卡。因为威根卡内部的特殊金属线不会受磁场磁化，所以具有防水、防磁、防压性能。在极恶劣天气区域，威根卡可长期使用，是目前安全性较高的卡。

（2）生物特征识别门禁系统

人体生物特征有着"人各有异，终身不变"和"随身携带"的特点，因此生物特征识别系统以人体生物特征作为辨别条件，无法假冒与借用，不怕遗失，不会遗忘，有着唯一性、独特性、安全性的特点，适用于智能物业保安门禁系统。生物特征识别门禁系统有指纹比对、掌形比对和视网膜比对三种。

1）指纹比对

指纹识别主要包括人体指纹图像获取、提取指纹特征和指纹比对三个部分。使用指纹识别门禁机，只需在面板的键盘上或无接触式读卡器上输入出入者的 ID 号码，同时扫描一下出入者的指纹，即可控制门的开启。指纹门控，以指纹鉴别仪作为出入口的信号输入设备，以人体指纹作为通行证，能够真正做到认人不认物，具有很高的保密性、安全性，是生物识别技术与计算机技术的结合，是现代门禁技术中最具先进性、实用性的一种。

2）掌形比对

掌形比对是在指纹比对的基础上发展而来的产物，原理与指纹比对大同小异。目前的掌形识别机读取、判定掌形的时间为 1～2s，误判率在千分之一以下。

3）视网膜比对

视网膜比对是比指纹比对、掌形比对更为精确的判断，因为人死后视网膜就会消失，而指纹、掌形在人死后还可保留复制。视网膜的血管路径同指纹一样为个人所特有，如果视网膜不受损就终身不变。这种方法检查的对象如果不是生物活体即无法反应，因此，不可能伪造。此外，每个人的血管路径差异很大，外观看不出来，所以被复制的机会很小。市场上销售的装置是使用微弱的远红外线来检查视网膜的路径。

（3）可视对讲门禁系统

可视对讲门禁系统是一套为业主或使用人与访客之间提供图像及语音交流的现代化楼宇控制系统。物业管理内的门口主机可与物业管理中心的管理主机联网，物业管理人员可看到和听到门口主机的图像及通话。业主或使用人如遇到如火情、急救、警情等紧急情况，可呼叫物业管理中心，物业管理人员同样也可呼叫分机与其联系。来访者在门口主机上输入房号呼叫业主或使用人，业主或使用人听到铃声后，可在屏幕上看到来访者的容貌，并可与之通话。业主或使用人可选择按开锁键开门，让来访者进入；也可选择不理睬来访者或报警求助。

（4）尾随检测系统

尾随检测系统不仅可以检测在受控门外发生的尾随行为，还可依据持卡人自由出门和进门两种状态对出入门进行控制，确保每一次仅有一名持卡人能够自由进出。尾随监测系统带有夜间红外线的摄像机，以低速快门驱动和视频存储体来达到月光级和星光级摄像。通过它们与值班中心的大型计算机联网，不仅减少了成本，而且杜绝了在人工巡逻的时间空隙造成非法人员乘虚而入的危险。

尾随检测系统采用循环工作方式，它是采用红外光束进行检测，持卡人每刷一次，即记录进入放行一次。若持卡人带家属或友人进出，持卡人按同行人数刷若干对应次数，家属和友人便可出入了。这样，既能保证持卡人带家眷和友人进出方便，又可真正防止尾随犯罪嫌疑人蒙混进出，从而达到确保安全门禁的功能。

2. 视频监控系统

（1）闭路电视监控报警系统

长期以来，闭路电视监控报警系统被认为是对重要场所的人员和物品实施保安最理想的手段。闭路电视监控报警系统是为保安中心提供实时视频图像的一套最直接的安防系统。在智能物业区中，闭路电视监控报警系统使物业管理人员在控制室内能观察到物业区所有重要场所的现场情况，为保安系统提供了远程视觉效果，为物业区各种人员的活动提供了有效的监控设施。闭路电视监控报警系统可在出入口、车库等公共场所观察人员的流动情况，可以监控并记录各种工作、生产、生活等情况。

（2）数字式视频监控系统

数字式视频监控系统一般由高清晰摄像机、多媒体计算机、多媒体通信、信息高速公路、宽频带构成，从而达到监控整个物业区内的道路、设备的目的。数字式视频监控系统可以克服模拟式闭路电视监控系统的局限，它不受距离的限制，图像清晰，信号不易受干扰，共用计算机网络，利用宽频带网络传输，无须重复布线，可以数字化存储。视频数据经过压缩处理保存在光盘上，其容量大、体积小、查询方便，所以，智能化物业安全巡逻系统一般采用此系统。

3. 周界防范系统

周界防范系统是在物业区周边和诸如住宅、大厦这样的独立建筑物外围建立的电子监视系统，构成电子篱笆，并连接值班中心的计算机。周界防范系统是智能化高档物业报警系统的一个子系统，与整个物业区的其他各类报警子系统共用一套计算机报警响应系统。计算机将接到的入侵信息进行处理，及时发出不同等级的报警钟，在电子地图上标明入侵者，通知机动保安队前往处理。

采用红外对射装置，在物业区周围形成一个保护网，形成一道不可逾越的红外光屏障。红外对射探测器接到物业区保安中心的报警接收机上，当有人非法跨越时，将切断红外线路触发报警，保安中心则马上凭此判断出事地点。系统还带有分辨的能力，用以防止系统误报。周界防范系统与物业区其他防范手段结合，便可形成全方位的防范体系，可以覆盖数十个防护区。

目前最常用的红外线周界防范系统是采用光束被遮断方式的探测器，它是由一个红外线发射器与一个接收器以相对方式布置组成的。当有人横跨过物业区围墙或业主门窗以及其他监视防护区时，就会遮断不可见的红外线光束而引发警报。探测器的红外线必须预先调整为特定的频率，再发送出去，而接收装置也必须有相应的频率与相位，更好地防止来人可能利用另一个红外光束瞒过警报器。

所有报警接收主机、控制键盘和报警处理计算机均放置在物业区的中央监控室，在计算机屏幕上可以标注报警点与巡逻点，对报警点可以任意分区，实时监控各个报警点、巡逻点的状态，并以电子地图判断巡逻人员的位置。实时对各个报警子系统进行布防，从而真正实现智能化高档物业区内外检查的防范体系。

7.2.3 物业治安防盗管理中日常问题的处理

保安人员在治安防盗管理过程中经常会碰到各种各样的问题需要处理，保安员既要坚持原则，依法处理，又要有一定的灵活性，不让事态和矛盾扩大。治安管理中常见问题的处理方法如下：

1. 业主或住用人发生刑事案件时处理方法

首先，要迅速向公安机关或保卫部门报案；其次，注意保护现场，禁止无关人员入内，以免破坏遗留痕迹和物证；再次，抓紧时机向发现人和周围群众了解情况并认真记录；最后，向到达现场的公安人员认真汇报案件发生情况，协助破案。

2. 遇到犯罪分子偷盗或抢劫时处理方法

（1）保持镇静，发出信号，召集附近保安员或群众支援，设法制服罪犯。

（2）对逃跑的罪犯，要看清人数、面貌、衣着、身体特征、所用交通工具及特征，及时报告公安部门和保卫部门。

（3）有固定现场的，要保护好现场，没有固定现场的，保存好犯罪分子遗留的物品，特别是作案工具，避免破坏指纹痕迹。

3. 执勤中发现客户斗殴处理办法

（1）立即劝阻斗殴双方离开现场，如能确认属违反治安管理规定或犯罪行为，应及时报告公安机关或将行为人扭送公安机关处理。

（2）说服、劝阻围观群众离开，确保保安区域的正常秩序。

（3）提高警惕，防止坏人乘混乱之机，进行破坏活动或偷窃活动。

4. 对醉酒滋事或精神病人闯入目标的处理办法

（1）进行劝阻或阻拦，让其离开保安目标区域。

（2）及时通知醉酒者和精神病人的家属或工作单位，由他们将其领回，或对其采取控制和监护措施。

（3）如有危害保安目标或危害社会安全的行为时，可将闹事者强制送到有关部门处理。

5. 发现有人触电的处理方法

发现有人触电应马上赶到现场，立即关闭电源，在未关掉电源之前切不可用人体接触触电人，以防自己触电，要用绝缘的东西把线头或人拉开，立即进行人工急救，并打电话给医院马上派医生抢救或送医院急救。

6. 停电或电梯发生故障、电梯关人的处理办法

遇电梯发生故障或停电、电梯关人时，应首先通知电梯维修人员前来处理。电梯关人应依下列步骤先行释放电梯内乘客：①在行动中要注意自己的安全；②应先将电梯机房总电源切除；③用专用厅钥匙小心开启厅门，用力开启电梯轿厢门，通知厢内乘客保持镇定，身体各部位不可探出轿厢，以免发生危险，同时查看轿厢地台与楼面高低相差情况，在确保安全的情况下可放行乘客。

7. 遇到不执行规定、不听劝阻者的处理办法

发生纠纷时，要沉着冷静，以理服人，对蛮横无理者或故意扰乱者，视情节报告公安机关依法处理。对不执行有关管理规定者，要立即规劝。对不听劝阻者，查清姓名单位，如实记录并向保卫部门汇报。

7.3 物业交通秩序管理

7.3.1 物业交通秩序管理系统的设备构成和工作原理

1. 物业交通秩序管理系统设备构成

物业交通秩序管理系统按照功能分主要由三个基本部分组成，即中心控制部分（管理服务器、车库管理软件、工作站）、数据传输部分（系统控制器）、现场部分（包括出入口控制箱、数据采集器、地感线圈、LED车位显示屏、车辆探测器、自动栏杆机等）。一个完整的系统主要硬件部分包括有通信部分的计算机服务器、系统控制器、现场控制接口单元、地感线圈探测器、数据采集器、读卡器、线缆等；操作部分的自动栏杆机、自动出卡机、地感线圈、车辆探测器以及辅助的刷卡用卡片、语音对讲设备、各类显示屏。

2. 物业交通秩序管理系统的工作原理

车辆进入停车场时触发检测线圈探测器，电压信号输入到系统主控板。系统主控板接收信号后通过单片机执行继电器动作，使连接在继电器常开点的读卡器数据线短接，读卡器处于等待接受指令状态。此时用户只需将非接触式感应卡在出、入口的票箱读卡器前晃一下，卡片数据信息通过读卡器控制单元上传到系统服务器进行数据比较。如果卡片已经授权，则读卡器控制单元输出电压信号给系统主控板并通过主控板单片机执行继电器动作，输出的I/O信号控制自动栏杆机执行抬杆动作，用户即可进出停车场。当车辆经过入口的第二个地感线圈时，系统主控板通过检测线圈探测器提供的信号系统，输出I/O信号控制自动栏杆机执行落杆动作。

用户驶离停车场时，工作原理与入口略有不同，系统增加了计费功能。系统数据库记录了用户进入停车场时间和驶离停车场时间，根据管理软件设定的金额进行计算并显示在收费显示屏上。

系统管理特点包括：

（1）车辆到达入口后，车辆感应器通过地感线圈检测到信号，提示用户按下票箱上的出卡按键，自动发卡系统自动弹出一张感应卡，同时票箱内暗置的读卡设备同步完成读卡过程。由于取卡时间极短，防止了塞车现象的发生。

（2）车辆感应器可准确检测到是否有车辆到达，只有在入口控制箱处停放车辆时按下出卡按键，自动发卡系统才会出卡，防止了无车时小孩或其他人员乱取卡，避免卡的流失。

（3）入口控制器将进入车场的各种信息自动分析处理，对入口系统进行控制。

（4）车辆在入口控制箱停车取卡时，该系统将自动记录停放车辆的车牌、车型、颜色等信息并将其自动存入服务器的数据库中。

（5）在入口控制箱上设置有对讲按钮。用户有需要的时候通过此按钮可以与停车场管理人员进行直接对话，解决现场问题。

（6）车辆在出卡处取卡并读卡完成后，自动栏杆机将自动抬杆，让车辆通行。

（7）车辆驶到栏杆下时，车辆感应系统将会给自动栏杆机信号，使自动栏杆机此时不落杆，从而避免车辆未驶离栏杆下时栏杆就落杆而砸到车辆。

（8）车辆到达出口后，车辆感应器通过地感线圈检测到信号，提示用户在出口控制箱上读卡或将临时卡交还停车场管理人员读卡。

（9）出场车辆读卡同时，系统自动显示车辆的车牌、车型、颜色等信息并将该车进入停车场的各种信息自动调出，进行图像对比（即将该车入场时图像捕捉的画面与出口处图像捕捉的画面进行比较，以确认是否是同一辆车），自动计算出该车停放时间及应缴多少费用等，并将整个停车过程中关键信息自动存储在服务器中进行备份，防止操作人员舞弊现象发生。

（10）在管理员收费的同时，系统将打印收费凭证并自动保存相关数据。

■ 7.3.2 车辆入口操作流程

用户使用卡根据系统授权情况分为固定卡和临时卡。固定卡的使用者，其用户信息、卡号、准入权限已预先输入系统并发至用户手中。临时卡是指已经授权的卡片放置在车辆经过的现场，临时进入停车场的车辆需自己领取卡片，刷卡经过系统检测后车辆图片进行保存。

1. 固定车辆进入

固定车辆进入停车场时，设在车道下的车辆感应线圈检测到车辆，同时启动读卡器工作。用户晃动卡片刷过读卡器，读卡器将读取该卡的特征和有关信息并上传至系统管理数据库，判断此卡的有效性。若用户使用卡有效，则执行相应指令操作将自动栏杆抬起，准许车辆通过，同时 LED 车位显示屏显示"欢迎光临"等字幕。

车辆通过后前行，经过又一检测线圈后，此线圈将信息上传至控制器。系统接收到指令后执行操作将自动栏杆自动放下。若车辆停滞不前，则该检测线圈没有向系统发出信息，自动栏杆机不会落杆；若用户使用卡无效，则系统会向入口处的电子显示屏发送有关信息，现场语音模块同步发出语音提示，自动栏杆机不抬杆，不允许车辆进入。

车辆进入后，驶入固定车位。

2. 临时车辆进入

临时车辆进入停车场时，设在车道下的车辆感应线圈检测到车辆，入口处的电子显示屏会显示取卡信息提示用户取卡，现场语音模块同步发出语音提示，提示用户按按钮取临时卡，指导用户操作。用户按按钮后，自动出卡机即发出一张感应卡，同时图像捕捉卡被触发，安装在现场的摄像机对该车进行拍摄，并将拍摄图片上传到管理计算机系统数据库中进行存储。此时读卡器处于工作状态。用户取出感应卡后晃动卡片刷过读卡器，读卡器感应到卡片后，系统执行相应指令操作将自动栏杆抬起，准许车辆通过，同时 LED 车位显示屏显示"欢迎光临"等字幕。

车辆通过后前行，经过又一检测线圈后，此线圈将信息上传至现场控制器。系统接收到指令后执行操作将自动栏杆放下。若车辆停滞不前，则该检测线圈没有向系统发出信息，自动栏杆机不会落杆。车辆进入后，根据车位引导显示屏驶入指定车位。

3. 车位满位显示

当车位前端的探测装置探测到所有车位均已存在车辆，即车位已满时，入口处的 LED 满位显示屏将显示"车位满位"。系统将自动关闭入口处的读卡系统，发卡机将不再出卡，读卡器也不再读卡。系统禁止车辆进入。

■ 7.3.3 车辆出口操作流程

用户使用卡根据系统授权情况分为固定卡和临时卡。固定卡的使用者，其用户信息、卡号、准入权限已预先输入系统并发至用户手中。临时卡是指已经授权的卡片放置在车辆经过的现场，临时进入停车场的车辆需自己领取卡片，刷卡经过系统检测后车辆图片进行保存。

1. 固定车辆驶出

固定车辆驶出停车场时，设在车道下的车辆感应线圈检测到车辆，同时启动读卡器工作。在出口处用户只要拿固定卡在读卡器前晃一下进行刷卡操作，读卡器将读取该卡的特征和有关信息，并上传至系统管理数据库，判断此卡的有效性。若用户使用卡有效，系统将触发图像捕捉卡，通过安装在现场的摄像机对该车进行拍摄。同时将该卡片存在系统数据库中的对应车辆图片调出。通过人工进行车辆图片对照。如果车辆图片相符，则将信号上传至系统服务器，下传指令使自动栏杆机进行抬杆操作，准许车辆驶出，同时 LED 车位显示屏显示"欢迎再来"等字幕。如果通过图片对比发现与实际不符，则系统发出报警信息，自动栏杆机不动作。同时系统会向出口处的电子显示屏发送有关信息，现场语音模块同步发出语音提示，不允许该车辆驶出。

车辆驶出后经过又一检测线圈，此线圈将信息上传至控制器。系统接收到指令后执行操作将自动栏杆放下。若车辆停滞不前，则该检测线圈没有向系统发出信息，自动栏杆机不会落杆。

2. 临时车辆驶出

临时车辆驶出停车场时，设在车道下的车辆感应线圈检测到车辆，同时启动读卡器工作。用户拿临时卡在出口处读卡器前晃一下进行刷卡操作后将感应卡交给管理人员。刷卡后的信息通过控制器上传至系统管理数据库进行核对，同时出口处的收费显示屏显示进场时间及收费金额。安装在出口处上方的摄像机将抓拍车辆的图片并上传至管理计算机，管理员将上传的照片与自动调出的该卡存储在计算机中的对应车辆图片进行比对确认。如果车辆图片相符则管理人员收费后手动打开栏杆，予以放行。同时系统有语音提示，LED车位显示屏显示"欢迎再来"等字样。

车辆驶出后经过又一检测线圈，此线圈将信息上传至控制器。系统接收到指令后执行操作将自动栏杆放下。同时LED车位显示屏显示"祝您顺风"等字样。若车辆停滞不前，则该检测线圈没有向系统发出信息，自动栏杆机不会落杆。

7.3.4 物业交通秩序管理系统的软件应用

1. 管理系统软件功能

（1）智能网络功能。采用三层网络拓扑结构，以TCP/IP协议为通信基础，每个区域网都可以按用户需求实现自由拓扑，每个设备可以通过本地前端机的串口或者网络接入系统中，并通过服务应用层实时采集和交换数据。每个客户端可以根据授予的不同权限，在一定程度上控制和监视远程设备。

（2）安全性。安全性一般体现为系统安全性和设备安全性。车库管理软件使用SOL Server2000数据库，可以保证数据的稳定存储和访问安全；用户多级管理机制，按系统的功能结构表划分为多项。每个操作者可以分出许多不同权限。每个用户都可以限定其特定的时间和准入的进出口，管理者可以灵活配置。

（3）通用型。可以使用多种卡格式，兼容各种国际厂商的标准，如M1、M2、M3、W37位Wiegand卡等。

（4）多时间区段设置。灵活的时间区设置，系统可以定义足够的时间区，每个时间区又可分为若干个时间区段。系统限时间、限时段允许车辆进入。

（5）电子地图。系统有地图编辑功能，将停车场车位编辑在各自的区域平面图，实时显示车位状态。通过系统连接车库软件，管理人员可以准确知道车位的占用情况。当有车辆进入停车泊位时平面图上的车位图标闪烁，直观地显示该车位已有车辆进入，并以绿色显示在平面图上。空余车位以其他颜色图标区分。

（6）CCTV视频监控。当有车辆经过检测线圈时触发系统视频监控，及时打开摄像机进行抓拍。管理人员通过管理计算机屏幕查看拍摄的车辆信息，防止盗窃事件的发生。

（7）实时远程监控。系统可以远程监控停车场车辆进出情况，并可以远程操作入口机、出口机的动作。

（8）动态组合打印。打印方式灵活多样，可以按照用户的设定条件组合打印，打印统计图等。方便用户进行有效的管理工作。

（9）进出事件查询。记录每次读卡、抬杆等各种事件的资料，可按时间、出入口地点、固定卡持卡人等进行检索查询，并自动生成各种综合管理报表。进出事件可以随时进行查询打印，查询方法直观、易操作，根据用户需要实现多条件组合，全方面查找。操作简单，只需1～2步骤，即可实现查询、数据转换功能。

2. 车库管理软件特点

（1）操作软件使用 Windows 平台，界面友好。操作员只需简单操作，即可完成各项功能。系统可容纳 3000 部车辆。

（2）操作员管理采用密码管理或刷卡管理机制，分为三级管理：操作员级、管理员级、系统工程师级。

（3）自动记录所有操作员登录情况，包括登录时间、注销时间及收费金额。

（4）提供灵活多样的统计表格及图示。具有财务核算报表功能，可根据需要打印日报、周报、月报、季度报表等。

（5）多种费率的自动结算功能，可通过显示屏显示收费金额。可设置月卡、季卡、年卡、贵宾卡、免费卡等多种类型卡片，也可提供一次性使用卡，如会议卡、参观卡等，并可定义各类卡的结算方式。

（6）电子满位显示屏进行提示，系统智能计数、车位显示，自动记录车辆进出时间。

（7）电脑自动核费、收款、收卡。

（8）软件集成监控系统，可以与影像捕获系统连接监控车辆出入。系统服务器端实现图像截取，将入口处摄取的车辆图像存入计算机硬盘；出口处工作站端将摄取的车辆图像存入计算机，计算机自动调出入场时车辆图像及出场时的图像实现图像比对。自动识别后，确认同一卡号、同一车辆时放行。整个过程完全由计算机判断，记录车辆车牌及车型特征进行图形对比，实时记录并进行图像复核。车辆的详细资料也可从系统服务器随时调阅。

（9）具有防逆行功能，防止使用一张卡片同时进入两辆车。

（10）具有开放的软件接口，采用 TCP/IP 协议，可以上网。方便与其他软件进行数据交换共享。

车辆管理系统示意图（单进单出系统）如图 7-1。

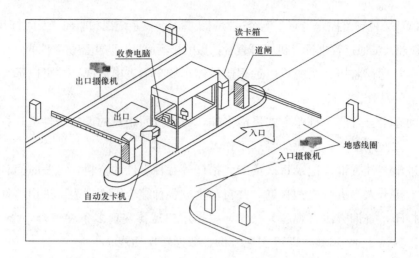

图 7-1　车辆管理系统示意图

7.4　物业突发事件管理

7.4.1　物业突发事件处理的一般原则

在物业管理中，紧急事故可能随时发生，我们必须为处理这些情况做好准备工作，以尽量减低业主、用户和物业服务公司的人员和财产可能受到伤害或损失的程度。物业突发事件主要是指由于自然界或社会中的破坏性力量引发的非常规的、可能使物业安全受到极大威胁的事件，如火警、台风、水灾、暴乱等紧急事故。做好准备工作就形成了物业管理中的突发安全问题处理预案。只有制订和贯彻执行了这些预案，物业服务公司才能拯救生命、保护业主的投资和用户的利益，并能扩展管理公司可以提供的服务范围。

现在以高层楼宇为例，阐述物业突发事件处理预案的管理原则：

（1）在物业管理手册中向全体业主和用户告知有关的紧急电话号码，如消防局、紧急医疗救护中心的值班电话，公安局、物业所在地派出所、巡警支队的报警电话，以及物业管理部、消防控制中心、保安部的值班电话等。使得每一位遭遇危机的业主和用户都能够立即与有关组织和部门取得联系。

（2）利用电话联络时，报案人必须提供以下所有资料：①报案人姓名、所在公司、部门；②紧急事故的位置：包括大厦的名称与地址、单位编号、楼层数；③紧急事故和种类；④有人受伤与否待对方确定了上述资料后，才能挂断电话。

（3）当紧急事故造成意外或有人需要紧急医疗时：①尝试尽可能获取有关此次损伤的全部资料；②使伤者处于温暖和舒服的状况，并加以陪伴；③拨打紧急医疗服务电话，请求援救；④在任何情况下，保持镇静。

（4）定期检查单位内存放的物品，及时移走任何可能引起、促成火灾或其他可能危害物业安全的物件，如旧布、报纸、易燃易爆物品都不能放在单位。

（5）除大厦高层举行消防演习外，在本物业范围内发生火警或其他紧急事故时，所有人都应该完全撤离大厦，任何业主和用户不能例外。在这期间，用户的贵重物品自行负责，最后离开的人须负责锁上本单位所有进出口的门。如果情况允许，应该去预先指定的楼梯按撤离程序逃生。如果因浓烟的关系不能通往楼梯，则应先关门，放一条毛巾在门底的缝间，打开窗户保持空气流通，在窗外挂一块布，让消防员得知你仍在单位内，保持镇定等待救援。在开启由本单位通往走廊的大门前，要先弄清楚是否烫手，如发现该门是热的，须慢慢开启。

7.4.2 火、水、地震、台风破坏处理预案

1. 火警

（1）发现。加强巡查，及时发现火警。

（2）通知。致电消防局或本物业管理部并通知附近人员启动报警按钮，也可到消防电梯旁用直通电话向消防控制中心直接报警。

（3）控制。紧闭所有门。

（4）逃生。使用最安全的途径前往最近的消防楼梯，离开火警现场，也可以到首层出口、中间各避难层或直升机停机坪逃生。

物业服务公司必须在平时通过资料宣传、消防演习等方式让用户熟悉本物业内的自动灭火洒水装置、灭火器、疏散楼梯、警报系统的位置、使用方法，以及本地消防局的电话号码，并按以下步骤行事：①如果是轻微失火（如废纸屑、烟灰盅等），在确保没有危险的情况下，发现人尽可能自行把火扑灭；②如果人身安全已经受到威胁，而火势也不能立即得到有效控制时，应该把通往失火现场的门关闭，以隔离及控制火势；③拨打电话通知消防局，并告知本物业的名称、具体位置、火警蔓延的范围及本人的电话号码；④电话通知本物业的中心管理部；⑤按照每一楼的监督人员和物业管理人员的批示，尽可能通知所有用户；⑥如果被火焰或高热所围困，有可能的话，致电消防局、物业消防控制中心求助，发送自动报警信号，把门关闭，与火热的源头隔离，由于烟和热空气都是向上升的，接近地面的空气较为清洁温度也较低，所在求生人员应蹲着身子或爬行逃生，如有需要，打破窗户以求空气流通；⑦发生火警时护卫员会协助管理人员、消防员和警方，阻止公众人士进入物业范围，在管理人员或消防局没有宣布本物业安全以前，任何人不得进入；⑧所有逃离火场的人必须在物业外的空旷地方聚集；⑨身处火场以上各层的人员，应继续向天台方向逃生，如身处火场以下层数，则应向下走，前往最邻近的出口逃生。

2. 水浸

（1）在水浸到来之际，切断电器用具的电源，并提防仍在通电的电线。

（2）把有可能受损的贵重物品移往高处。

（3）水浸之后，及时检查财物以鉴定损失；委派及监督负责清洁的员工逐渐抽出积水，以减少楼宇的结构受到更大的损害；清除大厦内、家具及其他地方积水，避免破坏环境卫生。

（4）做好提防抢掠的措施，加强保安，防止盗贼进入大厦。

3. 地震

当发生地震时，尚在物业范围内的员工应该：①保持镇定，切不可以随意离开大厦；②远离窗户、玻璃隔板、架或悬挂物品；③躲在桌子或坚固的钢筋混凝土结构下寻求掩护，不可以躲在楼梯井下；④不可以使用电梯逃生，如发生地震时正处于升降装置中，一有机会立即离开；⑤与物业管理部保持联系，不可散布谣言或夸大事实；⑥准备应付可能发生的更多次余震。

4. 台风

（1）当来临一号强风信号时，物业管理人员保持正常工作状态，用户应确保没有任何门、窗或其他物品对市民造成伤害或构成危险。当来临三号强风信号时，物业管理保安人员要更加仔细地检查高层物业各处，特别是屋顶及所有窗户，确保所有排水管道没有淤塞。

（2）当来临八号强风信号时，所有门窗都应该紧闭。

（3）管理部总经理在获悉台风正在威胁物业所在区域时，要立即进驻物业，亲自指挥有关行动。

（4）当八号强风信号已经来临，管理部所有员工都必须留在大厦值班，直至总经理发出可以离开的指令。

（5）在台风吹袭之前和吹袭之际，保安人员要在各方面协助管理人员做好防风工作，各用户也应积极予以配合，并听从管理部统一指挥。

7.4.3 社会力破坏处理预案

只有一个精心设计的预案，一群经过训练的人员，再加上业主和用户的合作，当发生紧急事故时，物业服务公司才能以有条不紊的应付方法代替恐慌。就是遇到从未预计或未准备的紧急情况，也可以有一套基本的程序协助管理人员作处理决定。

1. 罪案

遇到罪案发生应按以下方法妥善解决。

（1）如遭遇偷窃或经常性盗窃，遇到抢劫、骚扰、袭击或其他严重罪案，要立即拨打110或其他物业管理部指明的报警电话。

（2）所有案件都必须向物业管理部报告，并把已采取的行动告知保安人员。

（3）业主切记向所有已经离职的员工取回钥匙，更换门锁。

（4）遇到任何不寻常的事情，都应该及时通知警方和物业管理部。

（5）停车场内常会发生恶意毁坏及其他罪案，任何业主、用户、员工遇到可疑的人物或弃置车辆，要及时通知管理部。

2. 示威与暴乱

如果出现游行队伍骚动，或者在大厦附近示威、暴乱，要锁上大厦进出门，关闭窗户，工作人员远离门窗附近，业主和用户有权自行决定是否离开大厦。与此同时，由物业管理部立即与警方取得联系。

3. 炸弹恐吓

大厦内任何员工如果接到炸弹恐吓，都要采取以下措施：

（1）从对方口中得到以下资料：拟定的爆炸时间、炸弹装置的确定位置、炸弹装置的描述、此次行动的原因、对方原来所用的字词。

（2）记录接到电话、挂断电话的时间，描述对方声音（男、女、年龄、口音、镇定或惊慌、背景音等）。

（3）立即通知大厦的物业管理部，并致电警方和消防局，并对所得资料尽量保密。

（4）检查自己周围是否有可疑物品。

（5）根据地方当局的指示行事。

没有任何物业可以完全避免天灾人祸，但是仔细制订紧急事件处理预案可以最大限度地减少生命财产的损失。通过与社会上有关专家、主管部门、管理人员、用户的合作，物业服务公司就能发展出一套预防和应付灾难的计划，这些人员在一起组成一支紧急事件管理队伍以后，就能切实执行这些危机预案。

8 不同类型物业的物业服务实训

【实训目的】

通过本单元实训，熟悉各种不同物业的管理与服务，使学生初步具备各种不同类型物业管理的实践操作能力以及处理各种突发事件的能力

【实训内容】

一、实训基地顶岗实训；

二、熟悉居住物业（包括住宅小区、高级公寓和别墅）的管理内容及特点；熟悉各项岗位职责与管理措施；

三、熟悉非居住物业（包括写字楼物业、商业物业、工业物业和酒店物业）的管理内容及特点；熟悉各项岗位职责与管理措施。

【实训技能点】

一、物业服务计划编制与实施能力；

二、物业统计资料的调查、整理与分析能力；

三、物业客户服务能力；

四、经营性物业的经营管理方案编制能力。

【实训作业】

一、居住物业管理实训报告；

二、非居住物业管理实训报告。

8.1 居住物业管理与服务

8.1.1 住宅小区的物业管理

1. 住宅小区物业管理概述

（1）住宅小区概念

我们将城市居民所居住生活的聚居地称为居住区。居住区是指具有一定人口数量和用地规模，以满足居民物质、文化需求为目的，为城市干道分割或者自然界限所包围的相对独立的区域。根据《城市居住区规划设计规范》GB 50180—1993，居住区按人口规模或者户数分为规模居住区、居住小区和住宅组团三个等级，具体见表 8-1。

居住区等级划分 表 8-1

项 目	规模居住区	居住小区	住宅组团
人口规模（人）	30000～50000	7000～15000	1000～3000
户数（户）	10000～15000	2000～4000	300～700

（2）住宅小区的物业管理的概念及特征

住宅小区的物业管理是指在住宅小区范围内，由业主和物业服务企业按照物业服务合同约定，以住宅房屋为主体的各类房屋建筑及其设备、公共建筑及其他公用基础设施为基本对象，以提供全面服务为中心任务的管理活动的总称。它包括对房屋配套设施和相关场地的养护、维修、管理，维护小区内的环境卫生和秩序。住宅小区物业管理具有社会性、统一性、服务性、复杂性、艺术性的特点。

（3）住宅小区的物业管理的主要内容

1）房屋的维护与修缮管理。住宅小区内房屋及设备的维护管理的重点是对房屋及设备科学、正确的使用。其内容包括：按照建筑设计用途使用，不得随意改变房屋的用途；按照设施功能使用，不得随意滥用；按照设备的系统功能使用，不得随意拆改和增加。

2）居住环境的维护管理。居住环境的维护管理的主要任务包括住宅小区的环境卫生管理、绿化管理、治安管理、车辆交通管理、灾害预防，社区文化建设等，为小区营造一个整洁、安全、文明的居住环境。

3）便民综合服务。根据居民的需求，住宅小区的硬件设施及公司自身实力，物业公司可以开展一系列的便民经营服务。包括商店、饮食店、菜场、服装加工店、洗衣店、美容美发店、家电维修、房屋装修、家政服务等。

2. 物业服务企业内部机构设置

住宅小区类型、规模各有不同，因此，物业服务企业内部的机构设置也要根据不同的物业进行相应的机构设置。一般来讲，物业服务企业比较完善的内部组织机构设置及

169

其工作内容如图 8-1。

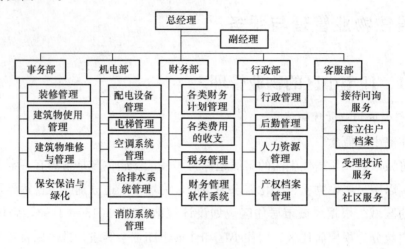

图 8-1　物业管理组织机构设置及工作内容

物业服务企业内部机构中各部门的职能如下：

（1）办公室。办公室是企业总经理领导下的综合性职能部门，主要负责：劳动人事管理，文书与通信处理，文件档案管理，行政管理，后勤与生活福利，对外联络和接待工作，接受业主投诉，协助企业总经理做好会议组织和其他工作。

（2）管理部。管理部主要负责房产管理，保卫、消防安全等工作。

（3）财务部。财务部门在企业总经理领导下，参与企业的经营管理，搞好会计核算工作。一般设会计、出纳、收款员等岗位。

（4）工程部。工程部是物业服务企业的一个重要技术部门，其主要职能有水、电等能源的供给管理，房屋的维修与管理，对业主和物业使用人进户后进行的装修和改造按照有关法规、法令进行监督和管理。

（5）综合经营部。经营部是负责开展多种经营和提供各种服务的经营性部门，其主要职能有：制订经营计划，开拓经营项目和管理多种经营业务，组织各类代办服务，管理物业辖区内的商业、娱乐、服务业等各类用房，履行和监督协议、合同的执行。

3. 物业服务合同

物业服务合同是指物业服务企业对房屋及其配套设施设备和相关场地进行维修、养护、管理并维护相关区域内的环境卫生和秩序，由业主支付费用的合同。物业服务合同有广义与狭义之分，广义的物业服务合同包括前期物业服务合同，狭义的物业服务合同仅指业主委员会成立后由其代表全体业主与物业服务企业签订的合同，即通常所说的一般物业服务合同。

（1）物业服务合同的主体与客体

物业服务合同的主体包括业主和物业服务公司；物业服务合同的客体包括业主和物

业使用人共同拥有产权或使用权的建筑物的共用部位和共用设施设备管理、环境保护管理、绿化管理、治安保卫管理、交通秩序与车辆停放管理、建筑物装修监管、财务与资料管理、物业产权人或业主委员会委托的其他服务事项。

（2）物业服务合同的书面形式

下文给出物业服务合同的示范文本，供读者参考学习。

物业服务合同（示范文本）

本合同双方当事人：

委托方（以下简称甲方）：＿＿＿＿＿＿＿＿＿＿＿业主委员会/房地产开发公司

受委托方（以下简称乙方）：＿＿＿＿＿＿＿＿＿＿物业服务公司

根据《中华人民共和国合同法》、《城市新建住宅小区管理办法》等国家、地方有关物业管理法律、法规和政策，在平等、自愿、协商一致的基础上，就甲方委托乙方对＿＿＿＿＿＿＿＿＿＿（物业名称）实行专业化、一体化的物业管理订立本合同。

第一条　物业基本情况

坐落位置：＿＿＿＿＿市＿＿＿＿＿区＿＿＿＿＿路（街道）＿＿＿＿＿号；

占地面积：＿＿＿＿＿平方米；

建筑面积：＿＿＿＿＿平方米；

其中住宅面积＿＿＿＿＿平方米；

物业类型：＿＿＿＿＿（住宅区或组团、写字楼、商住楼、工业区、其他/低层、高层、超高层或混合）。

第二条　委托管理事项

1. 房屋建筑本体共用部位（楼盖、屋顶、梁、柱、内外墙体和基础等承重结构部位、外墙面、楼梯间、走廊通道、门厅、设备机房、＿＿＿＿＿）的维修、养护和管理。

2. 房屋建筑本体共用设施设备（共用的上下水管道、水落管、垃圾道、烟囱、共用照明、天线、中央空调、暖气干线、供暖锅炉房、加压供水设备、配电系统、楼内消防设施设备、电梯、中水系统等）的维修、养护、管理和运行服务。

3. 本物业规划红线内属物业管理范围的市政公用设施（道路、室外上下水管道、化粪池、沟渠、池、井、绿化、室外泵房、路灯、自行车房棚、停车场、＿＿＿＿＿）的维修、养护和管理。

4. 本物业规划红线内的属配套服务设施（网球场、游泳池、商业网点、＿＿＿＿＿）的维修、养护和管理。

5. 公共环境（包括公共场地、房屋建筑物共用部位）的清洁卫生，垃圾的收集、清运。

6. 交通、车辆行驶及停泊。

7. 配合和协助当地公安机关进行安全监控和巡视等保安工作（但不含人身、财产保险保管责任）。

8. 社区文化、娱乐活动。

9. 物业及物业管理档案、资料。

10. 法规和政策规定由物业服务公司管理的其他事项

第三条　合同期限

本合同期限为＿＿＿＿＿＿年＿＿＿＿＿＿月＿＿＿＿＿＿日起至＿＿＿＿＿＿年＿＿＿＿＿＿月＿＿＿＿＿＿日止。

第四条　甲方的权利和义务

1. 与物业服务公司议定年度管理计划、年度费用概预算、决算报告。

2. 对乙方的管理实施监督检查，每年全面进行一次考核评定，如因乙方管理不善，造成重大经济损失或管理失误，经市政府物业管理主管部门认定，终止本合同。

3. 委托乙方对违反物业管理法规政策及业主公约的行为进行处理：包括责令停止违章行为、要求赔偿经济损失或支付违约金、对无故不交纳有关费用或拒不改正违章行为的责任人采取停水、停电、＿＿＿＿＿＿等催缴催改措施。

4. 甲方在合同生效之日起＿＿＿＿＿＿日内按规定向乙方提供经营性商业用房＿＿＿＿＿＿平方米，由乙方按每月每平方米＿＿＿＿＿＿元标准出租经营，其收入按法规政策规定用于补贴本物业维护管理费。

5. 甲方在合同生效之日起＿＿＿＿＿＿日内向乙方提供管理用房＿＿＿＿＿＿平方米（其中办公用房＿＿＿＿＿＿平方米，员工宿舍＿＿＿＿＿＿平方米，其他用房＿＿＿＿＿＿平方米），由乙方按下列第＿＿＿＿＿＿项使用：

①无偿使用；

②按每月每平方米建筑面积＿＿＿＿＿＿元的标准租用。

6. 甲方在合同生效之日起＿＿＿＿＿＿日内按规定向乙方提供本物业所有的物业及物业管理档案、资料（工程建设竣工资料、业主和物业使用人资料、＿＿＿＿＿＿），并在乙方管理期满时予以收回。

7. 不得干涉乙方依法和依本合同规定内容所进行的管理和经营活动。

8. 负责处理非乙方原因而产生的各种纠纷。

9. 协助乙方做好物业管理工作和宣传教育、文化活动。

10. 法律、法规和政策规定由甲方承担的其他责任。

第五条　乙方的权利和义务

1. 根据有关法律、法规和政策及本合同的规定，制定该物业的各项管理办法、规章制度、实施细则，自主开展各项管理经营活动，但不得损害大多数业主和物业使用人的合法权益，获取不当利益。

2. 根据国家、地方物业管理服务收费规定，按物业管理的服务项目、服务内容、服务深度测算物业管理服务收费标准，并向甲方提供测算依据，严格按合同规定的收费标准收取，不得擅自加价，不得只收费不服务或多收费少服务。

3. 负责编制房屋及附属设施、设备年度维修养护计划和大中修方案，经双方议定后由乙方组织实施。

4. 有权依照法律、法规和政策、本合同和业主公约的规定对违反业主公约和物业管理法律、法规和政策的行为进行处理。

5. 有权选聘专营公司承担本物业的专项管理业务并支付费用；但不得将整体管理业务及利益转让给其他人或单位，不得将重要专项业务承包给个人。

6. 接受物业管理主管部门及有关政府部门的监督、指导，并接受甲方和业主的监督。

7. 至少每3个月向全体业主张榜公布一次管理费用收支账目。

8. 对本物业的公用设施不得擅自占用和改变使用功能，如需扩建完善配套项目，须报甲方和有关部门批准后方可实施。

9. 建立本物业的物业管理档案并负责及时记载有关变更情况。

10. 开展有效的社区文化活动和便民服务工作。

11. 本合同终止时，乙方必须向甲方移交原委托管理的全部物业及其各类管理档案、财务等资料；移交本物业的公共财产，包括用管理费、公共收入积累形成的资产；对本物业的管理财务状况进行财务审计，甲方有权指定专业审计机构。

12. 不承担对业主及非业主使用人的人身财产责任（另有规定的除外）。

第六条 管理目标

乙方根据甲方的委托管理事项制定出本物业"管理分项标准"（各项维修、养护和管理的工作标准和考核标准），与甲方协商同意后作为本合同的必备附件。乙方承诺，在本合同生效后_____年内达到_____管理标准，并获得政府主管部门颁发的证书。

第七条 管理服务费用

1. 本物业的管理服务费按下列第_____项执行：

（1）按政府规定的标准向业主和物业使用人收取，即每月每平方米建筑面积_____元；

（2）按双方协商的标准向业主和物业使用人收取，即每月每平方米建筑面积_____元；

（3）由甲方按统一标准直接支付给乙方，即每月每平方米建筑面积_____元；支付期限：_____；支付方式：_____；

（4）_____。

2. 管理服务费用标准的调整按下列第_____项执行：

（1）按政府规定的标准调整；

（2）按每年_____％的幅度上调；

（3）按每年_____％的幅度下调；

（4）按每年当地政府公布的物价涨跌幅度调整；

（5）按双方议定的标准调整。

3. 乙方对物业产权人、物业使用人的房屋自用部位、自用设备的维修养护及其他特约服务，采取成本核算方式，按实际发生费用计价，但甲方有权对乙方的上述收费项目及标准进行审核和监督。

4. 房屋建筑本体的共用部位及共用设施设备的维修、养护与更新改造，由乙方提出方案，经双方议定后实施，所需经费按规定在房屋本体维修资金中支付。房屋本体维修资金的收取执行市政府物业管理主管部门的指导标准。甲方有义务督促业主交纳上述资金并配合维护。

5. 本物业的公用设施专用费金共计_____元，由甲方负责在_____时间内按法律、法规和政策的规定到位，以保障本物业的公用配套设施的更新改造及重大维护费用。

6. 乙方在接管本物业中发生的前期管理费用_____元，按下列第_____项执行：

（1）由甲方在本合同生效之日起_____日内向乙方支付；

（2）由乙方承担；

（3）在_____费用中支付；

7. 因甲方责任而造成的物业空置并产生的管理费用，按下列第_____项执行：

（1）由甲方承担全部空置物业的管理成本费用，即每月每平方米建筑面积_____元；

（2）由甲方承担上述管理成本费用的_____％；

（3）_____。

第八条　奖惩措施

1. 乙方全面完成合同规定的各项管理目标，甲方分下列情况，对乙方进行奖励：

（1）_____；

（2）_____。

2. 乙方未完成合同规定的各项管理目标。

3. 合同期满后，乙方可参加甲方的管理招投标，并在同等条件下优先获得管理权，但根据法律、法规和政策或主管部门规定被取消投标资格或优先管理资格的除外。乙方全部完成合同责任，管理成绩又优秀，多数业主反映良好，可以不参加招投标而直接续订合同。

第九条 违约责任

1. 如因甲方原因，造成乙方未完成规定管理目标或直接造成乙方经济损失的，甲方应给予乙方相应补偿；乙方有权要求甲方限期整改，并有权终止合同。

2. 如因乙方原因，造成甲方不能完成管理目标或直接造成甲方经济损失的，乙方应给予甲方相应补偿；甲方有权要求乙方限期整改，并有权终止合同。

3. 因甲方房屋建筑、设施设备质量或安装技术等原因，造成重大事故的，由甲方承担责任并负责善后处理。因乙方管理不善或操作不当等原因造成重大事故的，由乙方承担责任并负责善后处理（产生事故的直接原因，以政府有关部门的鉴定结论为准）。

4. 甲、乙双方如有采取不正当竞争手段而取得管理权或致使对方失去管理权，或造成对方经济损失的，应当承担全部责任。

5. _____；

6. _____。

第十条 其他事项

1. 双方可对本合同的条款进行修订，补充协议与本合同具有同等法律效力。

2. 合同规定的管理期满，本合同自然终止，双方如续订合同，应在本合同期满 6 个月前向对方提出书面意见。

3. 本合同执行期间，如遇不可抗力，致使合同无法履行时，双方均不承担违约责任并按有关法律、法规和政策规定及时协商处理。

4. 本合同在履行中如发生争议，双方应协商解决，协商不成时，提请物业管理主管部门调解，调解不成的，提交仲裁委员会依法裁决。

5. 本合同之附件均为合同有效组成部分；本合同及其附件内，空格部分填写的文字与印刷文字具有同等法律效力。

本合同及其附件和补充协议中未规定的事项，均遵照中华人民共和国有关法律、法规和政策执行。

6. 本合同正本连同附件共_____页，一式三份，甲、乙双方及物业管理主管部门（备案）各执一份，具有同等法律效力。

7. 本合同自签订之日起生效。

8. _____；

9. _____。

甲方签章　　　　　　　　乙方签章

法人代表　　　　　　　　法人代表

　　　　　　_____年_____月_____日

■ 8.1.2 其他居住区的物业管理

1. 高级公寓的管理概述

高级公寓物业管理的特点有：管理服务高标准、涉外性和管理服务对象较为复杂、服务周期长。

2. 公寓物业管理机构设置

（1）管理体制

根据上述指导思想和原则，公寓物业管理体制应是：在董事会领导下，公司设总经理1人、副总经理1~2人、总会计师1人、总工程师1人，组成领导班子，负责领导公寓的物业管理工作。一般是下设"六部、两室"，即：人力资源部、计财部、销售部、保安部、工程部、服务部，总经理办公室、政治工作办公室。

（2）机构设置

机构设置如图8-2：

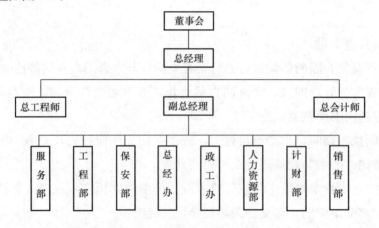

图 8-2 高级公寓物业管理体制机构设置

（3）编制定员

公寓物业管理的编制定员，根据经验统计分析大约为公寓总建筑面积的 0.2% 左右。各单位可根据物业管理工作酌情定编。

3. 高级公寓物业管理的内容和要求

高级公寓的物业管理除了实施与一般住宅小区物业管理类似的内容外，物业服务公司还应根据高级公寓的特点，确立相应的管理方法和丰富细致的工作程序，来满足业主和住户的需求。高级公寓物业管理应该注意以下几个方面的问题：

（1）提供高标准、高质量的服务

高级公寓管理的核心是最大限度地提供使业主和住户感到满意的服务。寓服务于管理之中，以服务为宗旨。高级公寓由于建筑标准较高，业主及住户对管理服务的要求也较高，因此，公寓管理服务应是高标准、高质量的。

日常养护维修方面，物业服务公司应该定期检修，维修部门必须 24 小时值班，节假日也不例外，服务快捷、高效；环境绿化和美化方面，物业服务公司应使区域内的绿化、卫生工作达到城市公园或私人花园的高标准要求；安保方面，物业服务公司应采取多种有效的治安防范措施，设立安全控制中心，为业主和住户提供良好的生活环境，使住户有安全感。

（2）管理和综合服务相结合

最大限度地为业主和住户提供满意的服务是高级公寓物业管理的核心。物业服务公司开发多种类型的委托性服务项目和兼营服务项目，真正体现出全方位、高质量服务的特点，只要业主或住户有需求，都要尽可能地提供满意的服务，使住户的生活更加惬意，也为物业服务公司创造一定的经济收入。

（3）广泛开展各种社区文化活动

为使物业服务公司与业主、住户建立良好的关系，物业服务公司要通过各种方式组织活动，比如社区联谊会、旅游、体育比赛等，增加住户之间的接触，增进了解和友谊。对外籍人士，可以利用国外传统节日的机会，开展一些联谊活动，让他们在异国也能感受到家乡的温暖。物业服务公司可以通过社区简报或者其他交流方式，宣传自己的管理理念和方针，广泛征求意见，了解住户的想法和要求。这样既能增加管理的透明度，取得住户的信任，又可以改进自身的工作，提高物业管理服务水平。

（4）加强物业服务公司内部管理

物业服务公司做好对所辖物业管理的同时，应加强公司内部的建设与管理，包括制定完善的内部管理制度和全面提高员工的素质两个方面。物业服务公司应针对公寓管理自身特点，制定出一整套内部管理制度，并逐步完善，争取达到管理上的科学化和正规化。物业服务公司应严格把提高各种素质作为一项基本工作来执行。加强员工的思想建设、作风建设和业务建设，只有这样，才能创造良好的公司形象，赢得业主和住户的信任和支持。

由于高级公寓和住宅小区具有共性，因此，高级公寓的物业管理制度建设可参考住宅小区相关内容。

4. 别墅区物业管理

（1）别墅区物业管理概述

别墅一般是指建筑结构、设备条件较好，二、三层独立式的住宅，建筑考究，三至四层临空，功能完善、设备齐全、装修精致的住宅楼宇。主要由客厅、餐厅、卧房、工作室、书房、厨房、卫生间、车库及私人花园等构成。别墅区有小型别墅区和大型别墅区之分。

别墅区物业管理具有物业管理服务要求高，物业管理收费标准高，物业管理品位高的特点。

（2）别墅物业管理机构设置

1）管理体制

根据上述物业管理的指导思想和原则，别墅的物业管理应采用委托具有法人资格的物业管理公司实行专业化管理。其管理体制一般应实行董事会领导下的总经理负责制。设总经理1人、副总经理1～2人、总会计师1人、总工程师1人，组成领导班子负责领导和组织别墅的日常经营管理工作。同时根据别墅群体的规模大小，本着"精简效能"的原则，设置物业管理机构及编制定员。一般至少应设有：总经理办公室、计财部、人事部（规模小的人事可放在总经理办公室）、销售部、保安部、服务部、工程部等。

2）机构设置

机构设置如图8-3：

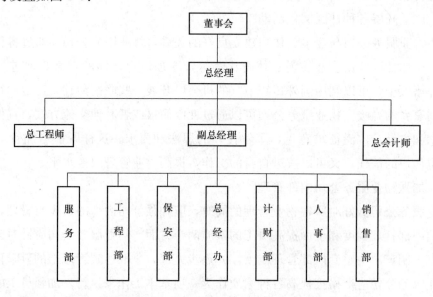

图8-3 别墅物业管理体制机构设置

3）编制定员

别墅物业管理各单位可根据别墅建筑群体的规模大小及实际情况和管理需要予以定编。

（3）别墅区物业管理的内容和要求

1）抓好消防与保安工作

能够购买得起或租住得起别墅的一般都是社会经济地位比较高的人。因此，别墅区的物业管理应特别突出加强消防和保安管理工作，实施全封闭式的管理，24小时巡逻，多点设置监视录像镜头全面监控；对来访客人，还要电话征得住户同意后方可放入；外来人员一律实行登记制度。采取一切有效措施，确保业主与住户的人身与财产安全。

2）搞好环境绿化工作

一般居住在别墅区里的住户，除了解决居住的问题，更注重精神上的享受。因此，物业管理应特别注意搞好环境绿化工作，为住户创造出一个花园式的居住环境，使栋栋别墅，掩映于绿荫丛中，处处鸟语花香。由此，也可以提高别墅区物业环境的品位和物业环境管理的水平。另外，别墅区内的车辆必须是定点停放的，有车库的应放回车库，严禁乱停乱放。

3）保护好别墅区的完整性

别墅区是经过统一规划、综合设计的，它具有整体性。别墅区的建筑风格和整体布局不能随意改变。因此，物业服务公司必须保护好别墅区的完整性，尤其是公共活动场所、公共道路、花园绿地等，不可随意侵占。严禁擅自扩大用地范围或者改变用地位置，杜绝违章用地和违章建筑。

4）做好别墅养护与设备设施的维修工作

别墅区物业管理应按照国际标准执行，每5～7年就要对别墅进行一次全面检修、更新设施，以保持全新面貌、保证设备设施的正常运行。

5）开展好全方位的综合经营服务

为方便住户，物业管理要在保证设备设施安全正常运转、卫生达到标准要求的前提下，做好多种服务，如商业网点、餐饮、学校、代订报纸、代购物、代送子女上学、通信、康乐、各项体育场所等。物业服务公司的从业人员应本着"业主至上，服务第一"的工作精神，为住户提供周到的服务，以满足居民日常生活、娱乐和文化消费的需要。

由于别墅和住宅小区具有多方面的共性，因此，别墅区物业管理制度建设可参考住宅小区相关内容。

8.2 非居住物业管理与服务

■ 8.2.1 写字楼物业管理

1. 写字楼概述

写字楼是指政府机构的行政管理人员和企事业单位的职员办理行政事务和从事业务活动的楼宇及其配套的设备、设施、场地。现代写字楼则是指楼宇具有比较现代化的设备，环境优越、交通方便、通信快捷、有宽敞的停车场或地下车库相匹配。

2. 高档写字楼物业管理机构设置

（1）公司机构设置

根据8.1的指导思想和原则，为加强领导和管理，高档写字楼一般应由董事会领导，公司领导班子应设总经理1人，副总经理，总会计师，总工程师。下设六部两室，即人力资源部、计财部、公关销售部、保安部、工程部、服务部；总经理办公室、党工

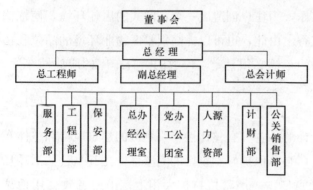

图 8-4 写字楼物业管理体制机构设置

团办公室。

（2）公司机构设置图如图 8-4：

3. 写字楼管理的实施

为搞好高层写字楼的管理工作，必须制定科学的管理计划和措施。写字楼物业管理应该围绕"安全、舒适、快捷"的服务目标展开服务。具体管理实施可以按照以下几个方面进行。

（1）制定完善的写字楼管理计划

写字楼管理规划应该与"全国城市物业管理优秀大厦标准"的规定相结合。在计划中，应按以下步骤进行：

1）要明确物业服务公司的责任，要运用先进的管理知识和方法，以最佳的方式保养和管理物业及其附属设施与四周的环境，最大限度地让业主和住户拥有一个安全、舒适、方便的工作生活环境；

2）应明确大楼使用前的各项准备工作；

3）说明物业管理服务包含的具体内容；

4）制定出物业管理的财务、组织以及人事制度。

（2）做好写字楼使用前的准备工作

在写字楼管理计划中，大楼使用前的准备工作是一项值得强调的工作。具体又包括以下几个方面的内容：

1）要根据写字楼的特点及周边环境，编写物业管理维修公约，计算写字楼各部分所占的管理份额，使各单位使用者公平地负担管理费及管理维修基金。

2）根据业主或者投资者的意向，如自用、出租、部分自用部分出租等，成立大厦业主管理委员会。

3）物业服务公司要草拟一切有关物业管理的文件，为搞好高层写字楼的管理工作，必须制定包括大楼各项制度、装修规定等。

4）要从物业管理角度，向开发商提供合理化建议，为日后的管理创造条件。同时要做好写字楼交接的各项准备工作。

（3）落实好各项管理措施

1）接管验收管理

为确保大厦的环境、建筑和设施设备等符合有关法规政策及规划设计的要求，维护业主的合法权益，为日后物业管理工作的展开奠定基础，物业接管前必须进行严格的验收工作。具体措施包括：组建接管验收小组，负责接管验收工作；开展接管验收培训，提高对接管验收重要性的认识；掌握物业验收的标准和程序；制定接管验收规程，按程序办理接管验收手续。

2）业主入住管理

物业服务公司要制定《业主领房程序》、准备所需资料；按照业主领房程序，安排工作流程；业主必须同物业服务公司签订合同，并认真阅读管理维修公约和住户手册，了解各项规定，按规定办理业主入住手续。领取钥匙后，业主和住户还要检查一次房屋内部情况，发现问题及时提出，由物业服务公司或承建单位负责处理。

3）治安管理

具体措施如下：实行半军事化管理，制定保安管理和奖惩制度，严格付诸实施，以增强保安人员的工作责任心；强化保安人员的内务管理，开展系统化军事素质培训，提高保安人员的思想素质和业务技能；制定《紧急事故处理办法》，定期组织演习；加强保安人员的行为规范教育，服装统一、佩证上岗、语言文明、举止得当；严格执行保安巡更点到制度，确保巡逻质量；监控中心定期检修、保养，确保监控设备完好；保证监控、值勤记录详细完备，建立安全管理档案。

4）消防管理

具体措施包括：制定并落实消防管理制度和消防安全责任制，做到责任落实，器材落实，检查落实；制定消防事故处理预案，防患于未然；建立义务消防队，每月组织一次消防安全学习，每季组织一次消防演习；定期进行消防检查，预防为主，防消结合发现隐患及时消除；做好消防器材、设备的检查保养，使之始终处于完好状态；制止任何违反消防安全的行为；积极开展防火安全宣传教育，定期向业主传授消防知识；发生火灾，及时组织补救并迅速向有关部门报警。

5）绿化保洁管理

具体措施包括：建立绿化保洁制度，按月制定养护计划，按操作规程规范操作；加强业务培训，增强专业技能，聘请专业人员指导养护；落实"三查"（绿化清洁工自查、管理员巡查、管理处主任抽查），加强日常监督检查，按月考核，确保绿化服务满意率95％、保洁服务满意率95％；服装统一、标识齐全、言行文明。

6）房屋及公共设施设备管理

具体措施包括：加强装修户管理，督促业主做好装修前期申报工作，并经常进行现场检查，发现问题及时制止；对所有的管理人员进行全面培训，清楚各隐蔽线路的具体位置，并对技术人员进行强化培训，确保熟悉该系统的操作及维护；对系统中所有的器件、配件建立详细技术档案，以便以最快的速度查得设备的各项参数，确保系统的最佳运行状态；对所有的设备及配件建立详细档案，确保最快速度取得所需配件，并能跟踪产品的更新换代；建立维修人员值班制度，确保维修及时率与合格率达98％以上，且有回访制度和记录；采取日常巡视及定期保养相结合的办法，确保房屋及配套设施完好

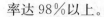

率达98%以上。

7）娱乐设施管理

确保健身娱乐设施的安全使用，为业主提供一个丰富多彩的娱乐休闲环境。娱乐设施管理措施主要有：设安全检查负责人，对健身娱乐设施正常使用行使一票否决权；安全检查人员须如实填写健身娱乐设施安全检查表，并妥善保管，每月上报管理处主任。

8）财务管理

通过财务管理，在改善财务状况的条件下，不断扩大财务成果，提高企业经济效益。

财务管理措施包括：根据财务法规政策，制定财务管理制度；财务人员持证上岗，规范操作；抓好财务人员业务培训，不断提高业务素质；加强成本控制；加强财务监督和财务检查。

9）质量管理

质量管理措施包括：抓好管理人员的质量学习，开展质量管理培训教育工作，不断提高质量意识；制定质量责任制，保证质量管理工作落到实处；接受公司对大厦管理工作的现场指导；配合公司开展质量体系审核，发现问题及时纠正，对系统性的问题制定整改方案。

10）档案资料管理

档案资料管理措施包括：制定档案制度，并严格执行；专人管理（由负责内勤的管理员担任），专室专柜，编目造册，存放有序并且尊重业主隐私，保守秘密；科学管理，确保档案资料完整、齐全，确保档案完好率达100%；逐步实现智能化管理，及时可靠地掌握相关信息，提高管理水平。

11）人力资源管理

人力资源管理措施包括：制定岗位责任制，做到责、权、利分明；建立约束与激励相结合的运行机制，充分调动工作积极性；加强思想作风建设，树立全心全意为业主服务的观念和企业的品牌意识；岗前培训与在岗培训相结合，走出去培训与请进来培训相结合；全面考核，做到公开、公平、公正。

4. 服务部各岗位工作项目、程序、标准与协作部门

（1）前台（表8-2）

服务部前台工作表 　　　　　　　　　　　　　　　　　　　　　　　　　　表8-2

项　目	程　序	标　准	协作部门
1. 接待问询	1. 接待	A. 在客人离自己三步远时主动微笑问好 B. 对常驻公司客人要称呼姓名问好	客房部
	2. 虚心听取客人意见	认真、仔细、做好记录	
	3. 回答客人问题	清晰、准确、标准	
	4. 对客服务范围	A. 严格执行各项程序、标准；B. 迅速、准确、标准	
	5. 服务结束	A. 对客人表示感谢；B. 礼貌道别	

续表

项 目	程 序	标 准	协作部门
2. 分发钥匙	1. 服务用钥匙的管理及使用 2. 钥匙的管理及使用 3. 钥匙增配 4. 备用钥匙管理	A 在接到入住通知后，按规定日期将钥匙发放给客人，每房间 2 套 　B. 认真填写钥匙发放登记表，一式两份，客人、部门秘书各一份 　A. 如客人提出房间钥匙放在前台领取，需向前台交纳一份该公司人员名单 　B. 每日发放钥匙应严格查验客人证件 　C. 在专为客用钥匙登记本上登记 　D. 钥匙应对号封存 　E. 客人退房时应将钥匙退还前台，如有遗失应上报主管，按规定罚款 　A. 客人配房间钥匙时，应有相关的申请书 　B. 客人应交纳一定费用和原样钥匙 　C. 经部门经理签字后方可配制 　D. 发放增配钥匙时做好登记工作 　E 退房时，客人应交还全部的钥匙 统一放在备用钥匙柜中，由主管负责	保安部 锁工 客房部
3. 报刊分拣	1. 登记 2. 通知客人取件 3. 发放特殊信件 4. 退信 5. 收快件 6. 报箱 7. 报刊分拣	设立专用信件登记簿进行登记 　A. 每班至少一次电话通知客人领取 　B. 当日未取，次日书面通知客人领取 　C. 客人 3 日内未领取，交主管处理 客人领取特殊信件时，需登记签名 　A. 贴上大厦退条，注明改寄地址 　B. 由主管检查签字方可退回邮局 由前台收取 　A. 前台为客户提供报箱，并发放钥匙 　B. 钥匙的发放和回收由领班负责 　A. 准确率达到 100% 　B. 分拣完毕后要锁好分拣柜，以保安全	客房部
4. 工程保修	1. 保修与登记 2. 检查与检修	A. 接到保修通知后及时通知有关部门 　B. 做好登记 　A. 检修部门接到通知后 5min 内赶到事故现场进行检修 　B. 因客观原因无法及时修复的要向客户解释说明 　C. 前台主管应对检修情况进行检查，发现问题及时解决	工程部
5. 代客洗衣	1. 接收衣物 2. 填写洗衣单 3. 收取洗衣费 4. 洗衣房取衣 5. 洗衣房送衣 6. 通知客人领取	A. 明确每天的收衣时间 　B. 收衣时详细检查衣服是否有破损 按客人要求做好登记，一式两份，双方各执一份 按洗衣单要求收费 每天按规定时间到前台领取，清点件数，核对现金和洗衣单，请客人签字认可 与洗衣单核对清点件数，在登记本上签收 客人凭第一联洗衣单取衣，当面验收	服务部
6. 代售餐券	1. 领取餐券 2. 出售餐券 3. 售后服务	从主管处领取餐券时当面清点并做好记录 设立专用登记簿，做好出售登记，餐券和现金应妥善保管 每日将现金交给主管，并做好记录，由主管负责将现金交至计财部并定期核账	计财部

续表

项 目	程 序	标 准	协作部门
7. 代售磁卡	1. 领取磁卡 2. 出售餐券 3. 售后服务	从主管处领取磁卡时当面清点并做好记录 设立专用登记簿，做好出售登记，磁卡和现金应妥善保管 每日将现金交给主管，并做好记录，由主管负责将现金交至计财部并定期核账	服务部

（2）标准楼层（表 8-3）

服务部标准楼层工作表　　　　　　　　　　　表 8-3

项 目	程 序	标 准	协作部门
1. 楼道的清洁服务	1. 客用走廊	A. 每日按规定清扫走廊、擦洗玻璃，确保走廊、墙壁、裙板和指示牌的清洁 B. 确保通道口指示灯箱、配电箱、灭火器材、警铃、手动报警器清洁卫生	服务部 工程部 保安部
	2. 空调	定期清洁走廊内的空调出风口及隔尘网	
	3. 立式垃圾桶及烟盒	每日清理垃圾和烟盘内的杂物	
	4. 防火通道	保证楼梯扶手、台阶清洁，通道畅通，消防器材整洁	
	5. 通道地毯	定期吸尘，达到无纸屑，无杂物	
2. 公共卫生间的清洁	1. 消毒挂便器	挂便器光亮、便池无异物	服务部
	2. 清理面台镜子	无水迹、无毛发，镜面光滑	
	3. 轻擦窗台、墙面	无尘埃、无杂物，去毛发	
3. 写字间的清洁	1. 敲门、进门	A. 轻叩门后，报"服务员，清扫房间"，征得客人同意方可进入清扫 B. 如客户正在开会，可先清扫下一房间	服务部
	2. 倒垃圾	将垃圾袋拿出房间	
	3. 吸尘、擦洗	做到地毯整洁，房间清洁无尘	
4. 写字楼前厅的清洁	1. 玻璃及门窗	按规定轻擦，保证无尘光洁	服务部
	2. 石材地面	勤拖擦，保持光亮、无尘埃、无污物	
	3. 公用电话	按规定清洁消毒	
	4. 沙发茶几	每日清扫，保持清洁	
	5. 电梯内外	用抛光剂抛光电梯不锈钢部件，保持光亮	
5. 地毯的维护和保养	1. 每日例行清洁	用吸尘器清扫地毯，用抹布将吸尘器吸不到的地方擦干净	服务部
	2. 处理地毯上的油污秽	针对不同的污迹选用正确的清洁剂清洁	
	3. 地毯的保养	A. 发现地毯有破损或缺少时，及时联系地毯工，马上修补 B. 如发现大面积地毯有污迹，需马上用清洗地毯机清洗	
	4. 地毯的清洗	按正确的洗涤方法、步骤清洗地毯	
6. 清洗大理石	1. 清洁 2. 擦拭	用洗地机清洗两遍，再用清水清洗 1～2 遍后用干布擦除干净	服务部
7. 清洁瓷砖地面	1. 清洁 2. 擦拭	用清洁剂擦洗，然后用清水冲洗两遍 用吸水机吸干水分或用干布将地面擦干	服务部
8. 地板及墙面保护	1. 木地板保养 2. 木墙面保养	A. 用拖布或吸尘器除去浮尘 B. 喷上光蜡，用抛光机抛光 按规定定期打光蜡	服务部

续表

项　目	程　序	标　准	协作部门
9. 机器设备的维修保养	1. 清理 2. 保管 3. 使用	机器使用完毕应擦洗干净 由专人保管，并定期保养 按操作规定正确使用；发生故障及时进行检修	服务部
10. 新公司入住	1. 入住单	当接到入住通知单，由部门将有关工作指令转达到各有关工作岗位	销售部 保安部 服务部
	2. 检查房态	A. 对要入住房间的卫生情况和设施进行检查 B. 对检查出的问题及时解决	
	3. 更换门锁	给将要入住的房间更换门锁	
	4. 领取钥匙	A. 客户按程序从前台领取钥匙，并签字登记 B. 向客人介绍大厦的各种设施和服务项目 C. 前台服务员负责将该公司的联系电话、联系人登在驻写字楼公司电话一览表上	
	5. 房态确认	与客户一起对入住的房间按房态确认，与工程部联系安装电话及其他需要协调的工作	
	6. 补充客用品	按房间大小及人员情况补充客用品	
	7. 制作公司名录	收取公司的名称小样，统一制作公司名录	
	8. 客户档案存档	对入住的公司建档	
	9. 客户拜访	与新入住公司联系，约定时间进行拜访	
11. 公司退房	1. 退房通知单	A. 接到退房通知单后，由部门将有关工作指令转达到各岗位 B. 在退租公司退房当日，对现场进行检查	销售部 保安部 服务部
	2. 房态检查表	退租公司搬完家具后，按房态检查表要求进行登记核查，双方签字后由相关部门保存备查	
	3. 回复房态	A. 检查房间各项设备设施，对需要维修保养的应及时进行保养维修 B. 安排楼层服务员进行卫生清洁 C. 锁好房间，恢复房间后呈报部门负责人	

8.2.2　商业物业管理

1. 商业物业管理概述

商场物业是指建设规划中必须用于商业性质的房地产，它是城市整体规划建筑中的一种重要功能组成部分，其直接的功用就是为消费者提供购物场所。商场物业包括各类商场、购物中心、购物广场及各种专业性市场等，其中，融购物、餐饮、娱乐、金融等多种服务功能于一体的大型商场物业也称公共性商业楼宇。

商业物业管理的特点包括：保持商业楼宇的美观、整洁和有序；具有先进齐全的设备设施；加强安保工作；商业物业管理服务要按照与经营者签订的合同实施。

商业物业管理的管理模式有委托服务型、委托经营管理服务型、全权管理服务与分项目发包相结合型三种。第一种模式是指开发企业或大业主将物业租赁经营权以外的管理权委托给物业服务公司实施的服务模式；第二种模式是指开发商或者大业主将物业的包括租赁经营权在内的全部经营管理权委托给物业服务公司来实施的管理模式；第三种模式是指由物业服务公司总体负责管理服务，其中整层使用区域的保安和清洁等工作由承租客户自行负责的管理模式。

2. 商业物业管理

商业物业管理包括零售商业物业管理和批发商业物业管理。

（1）零售商业物业的管理（以大型购物中心为例）

零售商业物业是指在建设规模中主要用于商业服务性质，投入使用后主要用于零售的房地产，它包括进行零售经营活动的建筑物以及与周围环境配套的设备设施。它是城市整体规划建筑中的一个重要功能组成部分，其直接的作用就是为消费者提供购物场所。

下面以大型购物中心为例来介绍零售业的物业管理。

1）开业前期的管理

为了保证招商目标能够成功地实现，首先需要做充分的市场调查，并在预算的基础上确定开业后的经营目标；其次，需要根据开发费用成本、市场的供求规律和购物中心的经营特色等情况确定出租方式和策略。

①购物中心的经济决算

购物中心开发必须预测开业之后的收入，并和资本投入结合起来考虑。在可行性研究阶段已经做好项目成本预算，在建筑设计阶段的最后可以进行更为准确的决算，计算购物中心的开发费用和成本，进行投资和收益的经济分析，制定开业后的经营目标，并以此作为店面出租的依据。例如增设观光电梯对吸引并增加客流、提高经营效益的相关分析等。

②招商和承租户选择

在招商过程中，有必要对每一个承租户进行经营前景评价，作为店面出租的指导。

A. 承租户的选择要保证租金的来源。

购物中心在选择承租户时，需要在利润和稳定性之间做出选择。

B. 保证购物中心商品种类的完整性。

开发商在招商时应当考虑选择一些承租户集中布置，扩大商品覆盖范围，方便购物者进行比较，提供与城市商业区一样的竞争性和便利性，创造出"购物气氛"。

C. 保证购物中心经营项目的多样性和综合性。

开发商在招商时亦要注重各种经营项目的配套经营和所占比例，让消费者在购物中心除了购买到称心如意的商品外，还享受到餐饮、休闲、美容、娱乐等各种综合性服务。

D. 承租户租金的确定

租金水平高低与购物中心的规模有关。一般而言，规模越大，租金越高，规模越小，租金越低。如果规模相同，由于位置不同、租金也有差别，即使在同一购物中心，不同的楼层、位置，租金也有明显差别。其次，租金水平高低亦与经营项目的规模、理念、品牌等有关。

2）开业阶段管理

①做好营销宣传

购物中心开业之前，充分利用各种媒体积极宣传，这是非常重要的。良好的开业宣传推广，对经营者、管理者和消费者来说，都是一个重要的信心保证。

②做好开业组织

为了让开业有序进行，可以制定开业时间表，有组织地进行开业。大型区域购物中心的开业可能影响整个城市甚至整个城市周边地区，因此最好把各商家开业时间维持在同一段时间。

③做到开业率高

购物中心要求统一管理，应当尽可能保证所有承租户同时开放，因此，应当尽早控制工程和装修进度，制定严格的开业计划和时间表，并在招商谈判时和承租户协商解决。

④做好开业的现场环境管理

在开业之前，所有的交通符号、停车标志灯都必须齐备，因此在此期间的交通安全管理、清洁管理、设备运行管理均是保证物业正常运行的管理工作。

3）经营阶段的管理

经营期间的物业管理工作，主要包括四个方面：承租商的优化管理、促销推广活动、服务管理、日常的物业管理工作。

（2）批发商业物业

批发商业物业是指主要用于商品的集散，沟通商品市场的房地产或场所的综合体。批发商业物业又因其用途、规模、分布、区位特征等的不同，各有不同的建筑特色和管理要求。

1）批发商业物业的市场营销管理

①目标市场决策

批发商需要明确其目标市场，即批发商经营的品种、销售方式和面向的主要消费群。

②产品编配和服务决策

批发商的"产品"即是其产品编配，应将产品分为 A、B、C 三类，分别代表不同程度的利润品种，这三类产品的库存水平也各有不同。

③定价决策

定价策略就是确定每一经营品种的价格水平、种类产品线的利润空间，探索采用优化的定价方法，以争取新的重要客户，扩大市场和协作机会。

④促销决策

运用商业广告、销售促进、宣传推广和人员销售等常用的促销方法，扩大商品销售，巩固大客户并为其服务。

⑤销售地点决策

材料处理系统、订单处理系统和信息现代化，以及交通位置、市场氛围等，成为批发物业建设选址必须考虑的因素。

2）固定资产管理

固定资产管理是物业管理的重要内容，是指用于库存物资及大厦固定资产的有效管理与追踪，建立固定资产管理数据库，登记固定资产的产权、价值、折旧、保险状况等归档资料，并建立关系数据库，保存出入库记录、记录设备完好率状况、放置位置。

专职管理员通过数据的统计和整理有效跟踪设备和库存物资资源，从而强化物业管理的能力，同时将固定资料管理与楼宇设备管理系统相结合，提供设备运行管理、保养、更换的对策与方案。

3）批发市场的信息化管理

批发经营的信息化主要表现在以下几个方面：

①联机订发货信息网络系统；

②在库管理、物流管理的低费用系统；

③建立数据库，提供具有高附加价值的信息；

④地域流通。

4）批发商业物业的设备管理

批发商业物业管理的具体任务主要有以下几个方面：

①做好设备的选购工作；

②加强设备使用过程的控制；

③建立健全和严格执行设备管理制度。

5）批发市场的仓库管理

①制定严格的管理制度；

②安全保卫制度；

③消防制度。

6）批发商业物业管理的日常工作

①安全保卫工作；

②消防工作；

③公共设备设施管理；

④车辆管理工作；

⑤环境管理；

⑥公共服务管理。

8.2.3　其他非居住区物业管理

1. 工业物业管理

（1）工业物业管理概述

所谓"工业物业"，是指采用自然物质资源、制造生产资料、生活资料或对农产品、半成品等进行加工的生产工作，直接进行工业生产活动的场所。工业物业通常包括工厂、仓库、标准厂房、工业园区。

（2）工业物业管理的原则

工业物业以生产用房为主，但也有与之相配套的办公用房、生活用房和各种服务设施。所以，在管理方面，它既有与其他类型物业的相同之处，也有其特殊的地方。工业物业的管理，应遵循以下几个原则：

1）统一管理与独立管理相结合的原则

在工业物业区域中，要有一个统一的物业管理机构来负责区域内的清洁卫生、庭院绿化、治安保卫、消防安全以及设备设施维修保养等日常管理工作。然而，工业物业常常集生产用房、商业用房、办公用房、生活用房于一体，加上权属不同而给物业的统一管理带来极大的困难。所以工业物业管理应遵循统一管理与独立管理相结合的原则。工业物业中属于整个区域内的公共部位的各种管理工作应该统一由一个管理机构负责，协调各业主及使用人的关系，而在各类用房中可以设有独立的管理机构。

2）专业管理与自治管理相结合的原则

工业物业有些是出售，有些是出租，因此，可以像居住物业那样，成立"业主委员会"。业主委员会可对区域内重大问题作出决策，并且有权选择物业服务公司进行统一的管理。物业服务公司作为专业管理机构，其管理服务水平影响到工业物业的生产、工作和居住环境，影响到物业的保值与升值。因此，工业物业管理遵循"专业管理与自治管理相结合"的原则，按照业主的要求与标准实施专业管理，以此提高生产效率。

3）物业管理与经营服务相结合的原则

物业管理的现行模式是"统一管理、综合服务"。工业物业一般都建在城市的远郊，远离大城市，生活有诸多不便之处。因此，为了客户工作与生活的方便，物业区域内建造了生活用房、商业用房。然而，一个工业物业区域往往比一般居住小区要大，要满足不同业主和使用者的要求，尚存在一定的差距。另外，物业服务企业在实施管理时，应急客户之所急，提供各类经营性服务。

（3）工业物业管理的主要内容

工业物业是产品的生产基地，关系到产品质量，进而影响到生产厂商的经济利益，因此，必须加强对工业物业的管理服务。工业物业管理的内容主要包括以下几个方面：

1）制定严格的管理制度

①工业厂房与仓库的管理制度；

②各个岗位的工作职责与操作规定；

③机器设备的安装、管理和使用规定；

④材料领取、加工、检验与耗用等规定；

⑤产品入库出库制度；

⑥安全保卫制度和消防制度等。

2）工业厂房与仓库的内部管理制度。按厂房和仓库买卖或租赁合同的规定，各企业单位，车间要履行各自的权利和义务，管理好自己使用的建筑物。

3）工业厂区的环境管理

①必须做好保持环境清洁与绿化工作；

②认真清理物业管理区的违章建筑；

③加强公用设施管理；

④努力建设新型的人文环境。

4）治安管理

治安管理的目的是为了保障物业服务公司所辖的工业园区内人、财、物不受伤害和损失，维护正常的工作与生活秩序。

5）消防工作

消防管理工作的基本目的是为了防止工业园区内发生火灾，最大限度地减少损失，为工业园区内人们的工作和生活提供安全保障。以"预防为主，消防结合"的方针，要求全体消防工作者在思想上把预防火灾放在首位。同时，从人力、物力、财力和技术等方面做好火灾的预防，确保物业的安全使用。

2. 酒店的物业管理

（1）酒店物业管理概述

酒店物业是我国广大城镇商业物业的主要组成部分，与商务楼等商业物业比较，酒店物业的经营管理具有顾客流动频率高，经营管理综合性强，产品的生产与传递在空间上具有一致性，开拓市场有持续性等特点。

（2）酒店物业管理

1）客人接待服务

酒店一般设有专门接待客人的前台或总台，当有客人前来，前台服务人员应主动接待，落实好客人的住宿、吃饭或娱乐等要求，对不属于自己职责范围内的事要报告领导解决。酒店前台、商务中心或服务部还应为客人提供代订机票、船票、车票，会议安排，订餐、送餐，洗衣、购物等多种服务项目。

2）酒店建筑及设备设施的维修养护管理

酒店建筑及设备设施管理的主要任务，是对酒店的建筑及设备、设施进行养护与维修，适时做必要的改造、更新，从而使酒店的经营活动建立在最佳的物质基础上，使饭店获得最高的综合效益。酒店的建筑及设备设施管理，除了完成与写字楼等物业相同的管理任务外，特别应做好以下工作：

①确保能源供给与控制能耗。不仅要保证热水、冷水、电、暖、气、空调等设备设施的正常运行，而且要有效地控制能源消耗，完善各项节能措施。

②做好设备的改造和更新。酒店对设备性能的要求较高、变化较快。有些设备尚未到淘汰年限，就需要提前更新、改造，物业服务企业应帮助酒店制定设备更新改造计划，并付诸实施。

③做好设备备件管理，关键设备的易损件必须购置备品、备件，以便及时更换，缩短停机时间。

④筹划楼宇的改建、扩建与新建。随着酒店市场需求的变化和发展，酒店楼宇改建、扩建、新建势在必行。工程设备部门应当积极主动地向酒店总经理提出筹划方案，并在总经理决策后予以贯彻实施。

⑤做好建筑及其装饰的养护与维修。酒店建筑及其装饰是酒店的形象，需注意养护，保持其特有的风貌与格调，切忌破损。

3）酒店钥匙的管理

①客房门钥匙由前厅总服务台负责管理，在客人办理住宿登记时，由酒店总服务台发给客人，退房时交回钥匙。客人住宿期间丢失钥匙，应填写配置调换钥匙登记表，经前厅经理同意、签字并送保安部批准后，方能配置或调换。

②因工作需要，酒店员工需临时借用客房门钥匙，必须办理登记和审批手续，并按时交回。

③严格控制"万能钥匙"的保存和使用。这种钥匙通常只有两把，一把由总经理亲自掌管。一把由保安部门保管。万能钥匙非经总经理批准不准使用，使用情况也要记录在案。

④重要库房与保险柜必须采取双人双锁或三人三锁制，钥匙由两人或三人分别掌管。开启重要库房和保险柜，必须由所有掌管钥匙的人同时到场才能开启。

⑤客房和客房楼层的总钥匙，严禁带出店外。严禁无关人员进入客房。

⑥保安部门负责对酒店钥匙管理的检查和监督，积极配合各部门做好钥匙的管理工作。

4）酒店的保洁服务

①客房的卫生保洁

每天都要按规定清扫、擦洗房间，根据需要更换床单、被套、枕巾、拖鞋、浴巾、毛巾、牙具等，保持客房洁净。进客房要事先按门铃，征得客人同意后，方可进入。

②餐厅的卫生保洁

由于饭店的客人流动频率高，容易传播传染病，所以对卫生条件要求特别严。除了对食物、酒水的卫生标准要求较高外，必须做好餐厅的卫生保洁工作，餐厅内保持空气清新、温度适中、窗明几净、一尘不染，餐具用后必须清洗消毒。

5）酒店的安全保卫服务

①贯彻国家安全保卫工作的法规和方针政策。广泛开展安全、法制教育，旨在酒店全体员工中牢固树立"没有安全就没有效益"的观念，并积极采取切实措施，确保重点、保障安全。

②加强内部治安管理，落实酒店业相关的治安管理法规，维护酒店内部公共场所和道路交通等各项治安秩序。

③根据"预防为主，消防结合"的方针，加强酒店内部消防管理，建立并检查各部门防火安全制度，组建义务消防队，定期进行消防预习和消防检查，对一切火警苗子都要做到"三不放过"。即原因不明不放过，整改措施不到位不放过，责任人不明确不放过。

④负责追查酒店内部发生的破坏事故和破坏嫌疑事故。并配合协助有关部门，参与调查重大的治安灾害事故，协助公安机关查处酒店内部发生的治安案件和侦破各类刑事案件。

⑤确保酒店要害部位、重点工程和重要活动的安全。

6）酒店的消防管理

①各种消防设施应由工程设备部负责、保安部配合进行定期检查，发现故障及时维修，以保证其性能完好。

②安保巡逻员每天必须对巡逻区域内灭火器材安放位置是否正确、铁箱是否牢固，喷嘴是否清洁、畅通等进行检查，发现问题应及时报告工程设备部修复或更换。

③工程设备部会同保安部对消防栓箱门内的水枪、水带接口、供水阀门和排水阀门等，定期进行放水检查，发现问题，及时纠正。

④消防中心要定期检查消防报警、探测器（感温、感烟）等消防设施，发现问题，应及时报告工程设备部进行维修。

⑤消防设施周围严禁堆放杂物，消防通道应随时保持畅通。

⑥消防中心定期检查灭火器的重量和摆放位置，定期补充药剂并充气，对放置在强光或高温地方的，应马上移位。

7）每天都要检查安全系统的完好状态，检查安全消防通道是否畅通，如发现杂物或影响畅通的任何物件，应立即采取措施加以排除。

8）酒店的其他服务项目

一般高档饭店，为了吸引宾客、增加收入，除为宾客提供食宿条件外，还备有许多文体娱乐设施，如健身房、游泳池、网球场、保龄球场、高尔夫球场、旱冰场、台球室、桑拿浴池、舞厅、卡拉 OK 厅、棋牌室、酒吧、茶园等，为宾客酒后饭余尽兴娱乐提供各种便利条件。所有这些娱乐项目，均应由经过培训的专业服务人员进行优质管理和服务。

8.3 物业管理综合服务

8.3.1 常规性公共服务

常规性公共服务面向全体业主和承租人，目的是保证物业的完好和正常使用，保证住户的正常生活秩序，美化人们的生活环境，这一服务是物业服务企业提供的基本服务，内容通常在物业管理委托合同中明确规定，业主和承租人不需额外提出要求。这项服务大致包含以下七项内容：

（1）住房建筑主体的管理

实施这项管理和服务的目的是使住房保持完好，确保其各功能的正常发挥。具体包括：①住房基本情况的掌握，即包括对房屋数量、建筑形式、产权、完好程度、使用现状等的调查、记录，建立住房物业完整、准确的档案资料。具体形式有图、表、册、卡等，还要及时根据情况的变化更新档案记录。②住房修缮管理，即包括住房的日常保养和维修等工作。③房屋装修管理，即当业主和承租人提出装修申请时，从设计、材料、安全等方面进行审核和管理。

（2）住房设备、设施的管理

这项管理的目的是使住房及其配套设备设施保持完好，住户能够正常使用。具体包括：各项设备设施基本情况的掌握，如设备设施的种类、分布、管线走向、完好情况等，各类设备设施的日常运营、维修、保养和更新。

（3）卫生管理

这项管理的目的是为住户保持一个洁净的生活环境。主要工作有小区的日常清扫保洁、垃圾清运等。

（4）绿化管理

目的是美化小区环境。主要工作有园林绿地的营造和保养及小区整体环境的美化等。

（5）治安管理

目的是保障小区住户的人身、财产安全。主要工作包括小区安全、保卫，对各种突发事件的预防和发生火灾时的处理，以及小区内干扰现象的排除等。

（6）车辆道路管理

目的是维护小区正常的工作和生活秩序，主要工作有小区内车辆的保管、道路的管理及交通秩序的维护等。

（7）公众代办性质的服务

此项服务是指为业主和承租人代收缴水电费、燃气费、有线电视费及电话费等公共事业性费用。

■ 8.3.2 针对性专项服务

针对性专项服务是物业服务企业为改善和提高住户的工作生活条件，满足其中一些住户的一定需要，而提供的各项服务工作。一般是指物业服务企业事先设立服务项目，并将服务内容与质量、收费标准予以公布，当住户需要这项服务时，可自行选择。内容主要有：

（1）针对日常生活提供的各项家政服务

该项服务包括：为住户收洗衣物、被褥；为住户代购物品；为住户提供室内清扫、装修服务；为住户保管自行车、机动车及车辆的保养、维修等。

（2）商业服务方面

指物业服务企业提供的各项商业经营服务项目。包括商业网点的开设与管理以及服务经营活动的开展。如开设小型商场、美容美发店、修理店等。

（3）文化、教育、卫生和体育方面

包括这些方面设施的配备和管理及活动的开展，如：图书馆，开办托儿所、幼儿园、各类补习班，设立医疗站，开办各种健身设施，健身房、网球场等。

（4）金融服务方面

包括代办各种人身保险和财产保险，引入储蓄所、证券营业所等。

（5）经纪代理中介服务

指物业服务企业适应业主的需要开设的中介、代理等服务事项，如物业代理销售、租赁及相关的策划、评估等。

（6）社会福利方面

这方面的服务一般是低价或无偿提供的，如照顾孤寡老人、拥军优属等。

■ 8.3.3 委托性特约服务

委托性特约服务是为满足物业内个别住户的委托而提供的服务，一般未在合同或专项服务中设立。

在这三项综合服务中第一类是物业服务企业为住户提供的最基本的服务，而第三类服务可根据住户的需要确定。

9 物业财务管理实训

【实训目的】

通过本单元实训，掌握物业管理费的测算方法和物业服务企业财务报表的编制方法，熟悉物业管理费收支管理的方法，使学生初步具备物业服务企业财务管理的能力。

【实训内容】

一、实训基地顶岗实训；

二、测算物业管理服务费用；

三、编制物业服务企业财务报表。

【实训技能点】

一、物业服务财务分析能力；

二、物业服务财务报表编制能力；

三、物业服务费用测算能力。

【实训作业】

一、结合实训基地的实际情况，编制物业服务年度财务管理计划（可分组进行）。

二、案例分析

某女士在上海某高档小区购买了一套期房，用意在于给儿子作结婚用房。在办理入住手续时发现房屋内部存在很多细小质量问题，并且该小区绿化带及相关设施还未完全建好。该女士认为未达到入住条件。但该女士仍然在入住交接单上签名并收取了房屋钥匙。一年后，该女士儿子准备结婚，开始着手进行装修等相关事宜，这时该女士发现有关细部质量问题仍未得到解决，并且物业服务公司发出了多份催缴物业费的通知。该女士以房屋质量问题拒绝交物业管理费用。随后该女士和该小区其他成员接触了解一些相关事项后，又以该小区物业服务公司没有按时公布财务报表为由，继续拒绝交纳物业管理费。物业服务企业以停水停电方式威逼该女士交纳相关费用，该行为延误了房屋的装修进程。

思考：

1. 该女士第一次拒交物业费的理由是否充分？第二次的理由又是否可行呢？

2. 物业服务公司解决问题的方法是否可行？如不可行，请你给出处理解决该纠纷的正确程序和方法。

3. 该女士应采取何种方式来维护自己的权利？

三、练习编制资产负债表

某物业服务企业 20 ＿＿＿ 年 11 月 30 日资产、负债和所有者权益的资料如下：

序 号	内 容	金额（单位：元）
1	库存现金	5000
2	物业管理设备	250 000
3	应交纳的税金	40 000
4	应收甲住户服务费	60 000
5	向银行借入短期借款	460 000
6	清洁用品	400 000
7	存放在银行的款项	880 000
8	管理用房屋	1 200 000
9	投资者投入的资金	3 000 000
10	盈余公积	90 000
11	运输用汽车	500 000
12	应付职工薪酬	300 000
13	在建工程	1 000 000

要求

编制资产负债表，并检验"资产＝负债＋所有者权益"这一平衡公式是否成立。

四、结合实训基地的实际情况，编制物业服务费用表。

9.1 物业管理服务费用的测算

9.1.1 物业管理服务费用的构成

我国现行物业管理服务收费主要采取两种方式：包干制和酬金制。不同的收费方式下物业管理服务费用的构成不同。

物业服务费用酬金制是指在预收的物业服务资金中按约定比例或者约定数额提取酬金支付给物业服务企业，其余全部用于物业服务合同约定的支出，结余或者不足由业主享有或承担。在这种方式下，物业管服务费用主要由物业服务支出、物业服务企业的酬金两部分组成。

物业服务费用包干制是指由业主向物业服务企业支付固定物业服务费用，盈余或者亏损均由物业服务企业享有或者承担的物业服务计费方式。包干制下物业管理服务费用的构成主要包括：物业服务成本、法定税费和物业服务企业的利润。

不管采取哪种收费方式，物业服务成本或者物业服务支出是物业服务费的最主要部分，一般包括以下部分：

（1）管理服务人员的工资、社会保险和按规定提取的福利费等。

因为物业管理属于劳动密集型企业，所以管理人员工资在整个成本支出中占据较大比重。这部分费用包括基本工资、福利基金、工会经费、社会保险费、加班费、服装费、住房补贴。非从事公共性服务人员，如物业公司行政、后勤管理人员，其工资、福利不属于此范围。

（2）物业共用部位、共用设施设备日常运行、小型保养维修费用。

物业共用部位和设施包括了从公共洗手间到垃圾站，从大厅门厅的照明到公共喷泉。包括范围较多较杂。大中修、更新、改造费用应从公共维修基金中支出。公共区域的公共用电、用水费用应每月按实际分摊，不在此列。

（3）物业管理区域绿化养护费用。

指绿化环境的养护费用，包括绿化工具费、绿化用水和农药化肥费用、杂草杂物清运费、补苗费、景观再造费、装饰摆设花卉费等。

（4）物业管理区域清洁卫生费用。

维护管理区域内公共环境卫生费，包括劳保用品费、卫生防疫消杀费、化粪池清掏费、清洁用品费、清洁工具费等。

（5）物业管理区域秩序维护费用。

主要包括保安器材、保安服装费以及消防器材购置费等。

（6）物业服务企业办公费用。

指为开展物业管理工作所需的有关费用，包括办公用房租金、水电费、办公用品费、书报费、通讯费、交通费等。

（7）物业服务公司固定资产折旧费。

指物业服务企业使用的各类固定资产总额按月份摊提取的折旧费用，包括交通工具折旧费、通信设备折旧费、办公设备折旧费、工程设备折旧费等。

（8）物业共用部位共用设施及公众责任保险费用。

（9）经业主同意的其他收费。

需要注意以下几点：第一，在物业管理区域内，由物业服务企业接受委托代替收取水费、电费、燃气费、通信与有线电视等费用的，其委托手续应向委托单位收取，不能向业主收取手续费等额外费用。第二，应得利润及业务招待费不属于公共性服务费。公共性服务费也不包括行业评比检查费用、社区文化建设费用、培训学习费用、管理不善引起的行政罚款、各类赔偿以及相关费用，以及用于经营项目的税收等。

物业管理的公共性服务收费与商品房的价格没有直接联系，这如同水电的价格与商品房的价格不会产生联系一样。服务成本和利润决定这块费用的高低，只受服务的质量、服务的项目、服务的深度、服务区域环境、区域经济状况的影响。但物业服务费的高低与商品房价格之间往往有一种规律，就是房屋价格越高，物业服务费也越高，因为通常情况下高价格物业的业主有较高的支付能力，同时对服务质量要求较高。

■ 9.1.2 物业管理服务费用的测算

1. 居住性物业服务费用的测算

住宅小区公共性物业服务收费标准，由各地根据本地区综合服务项目、物价指数、劳动力成本、住户的经济承受能力，以及住宅小区的档次和物业服务的标准确定。

测算物业管理费，按其构成分项具体测算。一般可分为以下几个步骤：

（1）根据住宅小区不同的规模、档次和管理需求，设立岗位，配备相应能力的人力资源。

（2）对住宅小区进行统一管理，达到确定的管理目标，对所发生的各类各项费用进行估算。

（3）考虑统一管理能取得的社会效益、经济效益和环境效益。

2. 居住性物业服务费用测算的具体方法

居住性物业服务费用测算可用下面一个简单公式来表示：

$$X_1 = \sum_{i=1}^{9} x_i (i = 1,2,3,\cdots,9) \tag{9-1}$$

式中　X_1——代表物业服务支出收费标准或者物业服务成本[元/(月·m²)或元/(年·m²)]；

x_i——各分项费用收费标准[元/(月·m²)或元/(年·m²)]；

i——分项项数。

因为各住宅小区的物业类型有所不同，因此具体测算时，所列出的费用项目应考虑物业服务的具体支出，在合理测算每项费用的同时，不能漏项，也要避免重复测算。应将所有合理发生费用项目尽可能地计算在内。

对每项费用计算方法具体说明如下：

（1）管理服务人员的工资、社会保险和按规定提取的福利费等（x_1）

该项费用包括基本工资、福利基金、工会经费、社会保险费、加班费、服装费、住房补贴。不包括管理、服务人员的奖金。奖金应根据企业经营管理的经济效益，从赢利中提取。

1）基本工资（F_1，元/月）。各类管理、服务人员的基本工资标准应根据企业性质，参考当地工资平均水平确定。

2）社会保险费（F_2，元/月）。包括医疗、工伤保险、养老保险、待业保险、住房基金（含住房公积金）等，根据当地政府规定确定。

3）规定提取的福利费（F_3，元/月）。包括以下三项：

①福利基金，按工资总额的 14％计算；

②工会经费，按工资总额的 2％计算；

③教育经费，按工资总额的 1.5％计算。

4）加班费（F_4，元/月）。根据员工加班时间，按照劳动法要求乘以日平均工资的一定倍数计算。按每月 22 个工作日计算日平均工资。

5）服装费（F_5，元/月）。服装标准由企业自定，按每人每年 2 套服装计算。住宅小区物业服务企业一般应不超过中档服装标准。计算出年服装费总额后再除以 12 个月，即得每月服装费。

该项费用的测算方法是根据所管物业的档次、类型和总收费面积，先确定各级各类管理、服务人员的编制数；然后确定各自的基本工资标准，计算出基本工资总额；再按基本工资总额计算上述各项金额；汇总后即为每月该项费用的金额，最后分摊到每月每平方米。

计算公式为：

$$x_1 = \frac{\sum_{i=1}^{5} F_i}{S} \tag{9-2}$$

式中　S——总收费面积（m^2）。

（2）物业共用部位、共用设施设备日常运行、小型保养维修费用（x_2）

该项费用包括小区楼宇内共用部位及小区道路环境内的各种土建零修费，各类共用设施设备的日常运行、保养及维修费。业主拥有房产内部的各种设备设施的维修、养护、更新费用，公用天线保养维修费用，高压水泵的运行、维修费用，冬季供暖费不包括在内。这些费用按国家和当地的现行规定另行收取。

具体可按以下两种办法进行测算：

1）成本法。先分别测算各分项费用的实际成本支出，然后求和。该项总费用大致包括以下各分项：

①共用部位及道路的土建工程零修与保养费（F_1，元/月）。

②给水排水设备日常运行、维修及保养费（F_2，元/月），包括维修保养费及电费。

电费的计算公式如下：

$$电费 = W \times 24 \times \alpha \times 30 \times P_电 \tag{9-3}$$

式中　W——设备用电总功率；

　　　α——使用系数（平均每天开启时间/24）；

　　　30——每月天数；

$P_电$——电费单价（元/kWh）。

③电气系统设备维修保养费（F_3，元/月）。

④燃气系统设备维修保养费（F_4，元/月）。

⑤消防系统设备维修保养费（F_5，元/月）。

⑥公共照明费（F_6，元/月），包括大厅、门厅、走廊的照明及路灯、装饰灯（含节日装点灯）。包括维修保养费和电费。

电费的计算公式如下：

$$电费 = (W_1 \times T_1 + W_2 \times T_2 + W_3 \times T_3 + \cdots + W_n \times T_n) \times 30 \times P_电 \quad (9\text{-}4)$$

式中　W_1——表示每天开启时间为 T_1（h）的照明电器的总功率（kW/h）；

　　　T_1——表示每日开启的时间（h）。

上述各项的维修保养费均是估算值或经验值。

⑦不可预见费（F_7，元/月），可按 8%～10% 计算①～⑥项的不可预见费。

⑧易损件更新准备金（F_8，元/月）。

易损件更新准备金指一般共用设施设备的更新费用，如灯头、灯泡、水龙头等。不包括重大设施设备的更新费用，其测算公式为：

$$F_8 = \frac{\sum (M_i + I_i)}{Y_i \times 12} \quad (9\text{-}5)$$

式中　M_i——一般公共设施的购置费，包括给水排水系统、照明系统、电气系统、消防系统等；

　　　I_i——各设施的安装费用；

　　　Y_i——各设施的正常使用年限。

此项费用也可分别计入各相关项目的维修保养费中，而不单独列出。

将上述 8 项费用求和后，再除以总收费面积，即得到每月每平方米应分摊的费用，公式如下：

$$x_2 = \frac{\sum_{i=1}^{8} F_i}{S} \quad (9\text{-}6)$$

2）简单测算法。以住宅每平方米建筑成本为基数，普通多层住宅共用设施设备建造成本，按住宅建筑成本的 15%～20% 计取，折旧年限按 25 年计算，每月每平方米建筑面积应分摊的共用设施的维修保养费，按月折旧费的 40% 提取，其计算公式为：

$$x_2 = \frac{每平方米建筑成本 \times 15\%}{12 月 / 年 \times 25 年} \times 40\% \quad (9\text{-}7)$$

上述两种方法，简单测算法简便易行，一般适用于普通住宅小区的费用测算。测算时，要注意建筑成本应按现时同类住宅的建筑成本计算。成本法需要较多的物业管理实践与经验，一般适用于高档住宅和写字楼、商贸中心等物业的费用测算。

（3）物业管理区域绿化养护费用（x_3）

小区环境内绿化的养护费用包括：绿化用水费、农药化肥费用、绿化工具费（如锄头、草剪、枝剪、喷雾器等）、劳保用品费（手套、口罩等）、杂草杂物清运费、景观再造费。

上述各项费用通常按年估算，除以 12 个月和总收费面积即得出每月每平方米应分摊的绿化管理费。绿化养护费用也有两种测算方法：

1）成本法。

绿化管理费包括以下各项：

①绿化用水费（F_1，元/年）；

②劳保用品费（F_2，元/年）；

③绿化工具费（F_3，元/年）；

④农药化肥费（F_4，元/年）；

⑤杂草清运费（F_5，元/年）；

⑥景观再造费（F_6，元/年），此项包括补苗费、环境内摆设花卉等费用。

上述各项费用通常按年估算，除以 12 个月和总收费面积即得出每月每平方米应分摊的绿化管理费。

$$x_3 = \frac{\sum\limits_{i=1}^{6} F_i}{S \times 12} \tag{9-8}$$

2）简单测算法。按每平方米绿化面积确定一个养护单价，如 0.2～0.3 元/（月·m^2），乘以总绿化面积再分摊到每平方米建筑面积。绿化面积用总建筑面积除以容积率再乘以绿化覆盖率计算。

（4）物业管理区域清洁卫生费用（x_4）

清洁卫生费，指楼宇内共用部位及小区内道路环境的日常清洁保养费用。包括：

1）清洁工具购置费（如垃圾桶、拖把等，F_1，元/年）；

2）劳保用品费（F_2，元/年）；

3）卫生防疫消杀费（F_3，元/年）；

4）化粪池清掏费（F_4，元/年）；

5）垃圾外运费（F_5，元/年）；

6）清洁环节所需的其他费用（F_6，元/年）。

可按实际情况计算出各项年总支出，求和后再分摊到每月每平方米收费面积，其公式如下：

$$x_4 = \frac{\sum\limits_{i=1}^{6} F_i}{S \times 12} \tag{9-9}$$

（5）物业管理区域秩序维护费（x_5）

主要包括保安器材装备费、保安服装费以及消防器材购置费等。秩序维护包括小区日常的保安和交通、消防等秩序的维护，保安费用占较大比例。

1）保安器材装备费（F_1，元/年）。包括：保安系统日常运行电费、维修与保养费，日常保安器材费（如对讲机、警棍等），更新储备金，其计算公式为：

$$更新储备金 = \frac{(M_保 + I_保)}{Y} \tag{9-10}$$

式中　$M_保$——保安系统购置费；

　　　$I_保$——保安系统安装费；

　　　Y——保安系统正常使用年限。

2）保安人员人身保险费（F_2，元/年）。

3）保安用房及保安人员住房资金（F_3，元/年）。

按实际情况计算各项年总支出，求和后再分摊每月每平方米收费面积。

$$x_5 = \frac{\sum_{i=1}^{3} F_i}{S \times 12} \tag{9-11}$$

（6）物业服务企业办公费用（x_6）

办公费用指物业服务企业开展正常工作所需的有关费用，包括：

1）交通费（含车辆保险费、车辆耗油、维修保养费、车辆养路费、车辆保养费等，F_1，元/年）；

2）通信费（电话费、传真费、电报费等，F_2，元/年）；

3）低值易耗办公用品费（如纸张、笔墨、打印复印等，F_3，元/年）；

4）社区广告宣传文化费（F_4，元/年）；

5）书报费（F_5，元/年）；

6）办公用房租金（含办公用房水电费，F_6，元/年）；

7）其他杂项（F_7，元/年）。

上述各项费用一般按年先进行估算，汇总后再分摊到每月每平方米收费面积。对已实施物业管理的住宅小区，可依据上年度的年终决算数据得到该值。办公费计算公式为：

$$x_6 = \frac{\sum_{i=1}^{7} F_i}{S \times 12} \tag{9-12}$$

（7）物业服务公司固定资产折旧费（x_7）

该项费用指物业服务企业拥有的各类固定资产按其总额每月分摊提取的折旧费用。各类固定资产包括：

1) 交通工具（汽车、摩托车、自行车，F_1，元/年）；

2) 办公设备（电脑、桌椅、文件柜、沙发、复印机、传真机等，F_2，元/年）；

3) 通信设备（电话机、传真机等，F_3，元/年）；

4) 工程维修设备（管道疏通机、电焊机等，F_4，元/年）；

5) 其他设备（F_5，元/年）。

按实际拥有的上述各项固定资产总额除以平均折旧年限，再分摊到每月平方米收费面积。计算公式为：

$$x_7 = \frac{\text{固定资产总额}}{\text{平均折旧年限} \times \text{总收费面积} \times 12} = \frac{\sum\limits_{i=1}^{5} F_i}{S \times n \times 12} \tag{9-13}$$

式中　n——固定资产平均折旧年限，一般为 5 年。

（8）物业共用部位共用设施及公众责任保险费用（x_8）

物业共用部位共用设施及公众责任保险费用是《物业管理收费管理办法》实施后出现的一项新的收费内容。共用部位、共用设施设备保险费用，是物业服务公司代替业主交纳的保险费用，公众责任保险费用是由物业管理工作特殊性决定的一项保险费用。这两类保险费用通常据实计算，计算公式为：

$$x_8 = \frac{P}{S} \tag{9-14}$$

式中　P——共用部位共用设施及公众责任保险费用。

（9）经业主同意的其他收费（x_9）

该部分费用由业主和物业服务公司共同协商决定，如业主大会、业主委员会活动经费，经全体业主同意，可以将其按照面积分摊的方式计算在公共性服务收费中。但是，如果个别业主愿意多出一份力，提高小区内的物业服务质量，则可以让物业服务公司将该部分收入划入"赞助费用取得"，作为物业服务企业资金收入的一部分。

3. 法定的税费

包干制下的物业服务费用，其费用第二部分是法定税费（X_2）。法定税费指物业服务企业在进行企业经营活动过程中按现行税法应交纳的税费。物业服务企业享受国家第三产业的优惠政策，应交纳的税费主要是营业税及附加。

（1）营业税（F_1）

营业税按企业经营收入的 5％征收。以物业服务成本作为基数再乘 5％即得每月每平方米应分摊的数额。即：

$$F_1 = X_1 \times 5\%$$

（2）城市建设维护费（F_2）

城市建设维护费征收率是 7％，每月每平方米分摊的数额为：

$$F_2 = F_1 \times 7\%$$

（3）教育费附加（F_3）

教育费附加征收率3％，每月每平方米应分摊的数额为：

$$F_3 = F_1 \times 3\%$$

合计为经营总收入的5.5％。即：

$$X_2 = \sum_{i=1}^{3} F_i = X_1 \times 5.5\%$$

在计算营业税时，企业的经营总收入不包括物业服务企业代有关部门收取的水电费、燃（煤）气费、房租及维修基金，即对这些费用不计征营业税，但是对委托单位支付给物业服务企业的手续费部分要计征营业税。

4. 物业服务企业的利润

物业服务企业作为独立的自负盈亏的经济实体，也应获得一定的利润（X_3）。各省、自治区、直辖市政府物价主管部门根据本地区实际情况确定的比率计算利润率。普通住宅小区物业管理的利润率一般以不高于社会平均利润为上限。将 X_1 与 X_2 之和乘以利润率即得到每月每平方米建筑面积分摊的利润额。计算公式为：

$$X_3 = (X_1 + X_2) \times r \tag{9-15}$$

式中　r——利润率。

5. 物业服务企业的酬金

实行酬金制的物业服务企业，酬金（X_4）的提取通常有两种计算方式，即固定提取比例和固定提取金额。

（1）固定提取比例

固定提取比例是指双方按照事先约定好的比例提取酬金，如5％、8％。此时要明确的是以实际年终决算的物业服务支出为计取基数，还是按事先约定的预收资金为计取基数，此时，

$$X_4 = X_1 \times k \tag{9-16}$$

式中　k——事先约定的提取比例；

　　　X_1——暂取前面计算的物业服务支出。

（2）固定提取数额

固定提取数额，是指双方事先约定每年或每月提取固定数额的酬金（b），与年终决算物业服务支出的多少无关。此时每平方米物业收取的酬金数额为：

$$X_4 = \frac{b}{S}$$

6. 物业服务费测算需要注意的问题

（1）前期物业管理的费用测算

《物业管理条例》规定，建设单位应当在物业销售之前，制定业主临时公约、选聘物

业服务企业，签订前期物业服务合同。业主与物业服务企业签订新的合同生效日即是前期物业服务合同的终止日。前期物业服务合同包括两个阶段：第一阶段是合同签订之日起到物业的正式交接（业主开始入住）；第二阶段是正式交接后到新的物业服务合同生效。这两个阶段由于物业服务公司投入的人力、物力和责任均不同，所以支出费用也不同。

1）固定资产投入。需要注意最初购买固定资产时的费用由谁支付、如何支付。固定资产的产权归属会因固定资产购置方法的不同而不同。

①业主方出资自行购买，交由物业服务公司使用。每年折旧费由物业服务公司提取后付给业主，但固定资产产权最终属于业主。更换物业管理公司时，物业服务企业不能带走剩余的固定资产，也无权向业主索要"物业管理启动费"。

②物业服务公司出资自行购置。物业服务企业每年按规定提取折旧费，固定资产产权属于物业服务公司。

③物业服务公司向业主方借资购买。每年折旧费由物业服务公司提取后还给业主（通常，此笔费用不计取利息），固定资产产权属于物业服务公司，物业服务公司更换时，可带走剩余的固定资产。

2）顾问费和开荒费。前期物业管理的第一阶段，由于物业未正式交接，物业服务公司不可能全面进住，只是做各方面的准备和咨询工作。进行各项准备工作通常称为开荒，由此发生的费用称为开荒费。咨询、顾问发生的费用称为前期顾问费。这两笔费用由双方根据投入的物力、人力、财力以及工作的范围协商议定。

3）保修期内维修费用的计算。物业在竣工交付使用后有一个法定保修期。保修期通常是3～5年。保修期内发生的各项维修、养护费用由施工方或者设备供应商负担。因此，在前期物业管理中业主入住后的第一年内，一方面因为是新建物业，共用部位、共用设施设备发生损坏的概率很小；另一方面，就算有损害现象发生，但维修费用大部分由施工方或者设备供应商负担。所以，第一年的物业服务费用该部分应有相应的扣除或减少。通常第一年的收费标准单算，并低于以后的收费标准。

（2）物业服务企业的酬金提取问题

前面已经介绍过，酬金制通常有两种计算方式：固定提取比例和固定提取数额。这两种方式都缺少对物业服务企业的激励效果。不利于物业服务企业努力提高管理水平，减少支出。按照市场经济原则，可以采用浮动酬金计算方式解决该问题。即先确定一个基本的物业服务支出总额和相应的提取比例或提取数额，年终结算时，按照物业服务企业提供的服务质量决定是否支付高于原基础数额的酬金。浮动酬金制可以调动和激励物业服务企业的积极性，确保物业服务企业服务水平，减少各类开支，节约服务成本。

（3）物业服务费用的调整问题

物业服务合同是在一定期限内有效，随着经济的发展，通货膨胀难以避免，在合同有效期内如何对实行包干制的物业服务收费水平进行调整，是一个值得思考的问题。全社会的工资水平在不断上升，水电等能源费用也不断上升，物价指数也是稳中有升。尤其在出现经济危机的大环境下，物价波动更为剧烈。如果收费标准规定后几年不变动，对于双方则有失公允，也不利于物业管理行业的健康发展。因此，在签订物业服务合同之前，双方应对物业收费的调整作出具体约定。

（4）住宅小区内非住宅物业的收费问题

在同一个住宅小区内，会有部分物业属于经营性用房。随着经济的发展，市场竞争加剧，借用住宅小区物业作为办公场所的商家越来越多。而对此类非居住性质的房屋如何收取物业管理费，也要分为两种情况。第一种情况是，此类用房的产权属于全体业主，其经营收益属于业主，物业服务费收取多少都已经包含在经营收益中，因此引起纠纷的可能性不大，通常按照居住性房屋费用收取。第二种情况是此类用房的产权属于个人。对于产权属于个人而用于经营性的房屋，物业服务费如何收取尚没有明确规定。一般由全体业主共同商议决定。通常考虑到此类房屋的经营性特点，人流、物流频繁，同时会给其他小区业主带来一定程度的不便，因此其收费原则上高于居住房屋的收费标准。

9.1.3 物业管理服务费的收取与监督

1. 物业管理服务费的收取

（1）空置物业服务费的收取

空置物业服务费的收取是指物业服务企业对房地产开发商公开发售但仍未销售出去的物业收取的物业管理费。2007年10月国务院颁布的《物业管理条例》规定，开发商的空置房都应按照100%的标准缴纳物业服务费。

（2）入住预收

购房人办理楼宇入住手续后物业服务企业就要开始收取物业服务费。业主或者使用人进房入住，标志着房屋买卖合同的基本履行。物业管理工作逐步开展，物业入住需要办理一系列手续，签署多份文件，缴纳物业服务费是其中的重要环节。

（3）一般追缴程序

物业公司要形成一个确定的收费标准，通常程序是物业服务企业在按照物业服务费的组成部分做分项预算后，将预算报告提交业主委员会，业主委员会表决通过后，形成一个合理、合法的收费标准。物业服务企业有义务将一份物业服务费标准审议会议的决议，连同费用标准一同印发给每位业主，并且从通过之日起，按这一标准执行。物业服务企业在每次新的费用标准通过后，需要将每一费用项目的标准一次性向业主公布。公布后，每月只需通知业主需缴纳费用总额即可。

2. 物业管理服务费的监督

（1）政府监督

物业服务收费的监管机关是县级以上人民政府的价格主管部门及其同级房地产行政

主管部门。监管的具体内容目前有以下四个方面：

1）审批制度

在物业已交付使用但尚未成立业主委员会时，物业管理综合服务收费一般由物业服务公司在政府指导价范围内提出，报县级以上物价局核定审批。物业服务公司对全体业主提供的公共性服务收费如有线电视入网费、装修保证金、水电费周转金等也应报物价局审批。

2）备案制度

业主委员会成立后，物业管理服务收费标准由物业服务公司与业主委员会在物业管理合同中约定或由双方协商确定，并报物价局备案。

3）许可证制度

对于具有物业管理资质证书的物业管理单位，对住宅小区、高层住宅、住宅组团、综合楼宇开展物业管理，收取物业管理费时按以下程序向物价部门申报：

①物业服务企业撰写申请收费或调整收费标准的报告。

②填报一式三份的《物业管理服务收费申请表》，同时须附如下资料（复印件）：物业管理单位资质证明；营业执照（许可证）；住宅小区（大厦）物业管理手册或小区管理章程（规定）；住宅小区（大厦）总平面图；住宅小区（大厦）总体检收资料；重新审核标准的，要附上原物价部门核定标准的有关文件等。

③经批准收费后，领取由物价部门统一颁发的收费许可证，并将其放置在收费场所显眼处，以便业主和物价部门监督检查。

④规定时间年审一次，一般是一年一审。

4）处罚制度

如果物业服务企业违反有关价格监管的法律，政府价格主管部门以及房地产主管部门有权依据相关法律、法规对物业服务企业进行相应的处罚。《城市住宅小区物业管理服务收费暂行办法》规定："凡有下列违反本办法行为之一者，由政府价格监督检察机关依照国家有关规定予以处罚。①越权定价、擅自提高收费标准的；②擅自设立收费项目，乱收费用的；③不按规定实行明码标价的；④提供服务质价不符的；⑤只收费不服务或多收费少服务的；⑥其他违反本办法的行为。"

（2）业主监督

目前大多数物业服务企业均定期公开财务报表以增加财务制度监督公开化的透明度。业主委员会需从下面几方面履行监督职责：

1）对物业服务企业每月报送的财务报表（包括物业服务费收支表、物业服务费支出明细表和资产负债表）进行相关指标分析。需要特别重视物业服务费支出明细表。

2）定期检查物业服务企业的各项收费标准是否合理。

3）对例外大额费用支出需建立特别财务报告制度。

4）对超预算执行的费用支出，可由业主委员会代表进行适当地凭证抽查，确认支出的合法和合理性。

5）对产生的盈亏做好记录，为下一年度的物业服务费预算提供参考依据。

9.2 维修基金的筹集、使用和管理

■ 9.2.1 维修基金的特征

维修基金，又称"公共维修基金"、"专项维修基金"，是指业主为本物业区域内公共部位和共用设施、设备的维修养护事项而缴纳一定标准的款项，并授权业主委员会统一管理和使用的基金。此基金不得挪作他用。

维修基金有以下几个特点：

第一，维修基金由该物业内的业主共同筹集，业主按照缴纳比例享有维修基金的所有权，但使用权归全体业主所有，单个业主不得向银行提取自己所有的维修基金部分。

第二，维修基金与具体房屋相结合，不因具体业主的变更而变化，因房屋产权变更成为新业主时，维修基金也应经旧业主更名为新业主名下。

第三，业主首次缴存住房维修基金的标准应当不低于当地住宅建筑安装工程造价的5％。具体标准由物业所处省、自治区人民政府建设主管部门或者直辖市人民政府房地产主管部门制定。

第四，业主委员会应至房地产主管部门指定的商业银行设立本物业维修基金专用账户，并将账户情况报房地产行政管理部门备案，该账户是该物业范围内业主缴纳的全部维修基金的情况。银行同时为每位业主设立分户账户，用来显示该业主所有维修基金部分的使用和留存情况。

■ 9.2.2 维修基金的使用

业主大会对维修基金的使用及补充做出决议。维修基金的使用应当遵循方便快捷、公开透明、受益人和负担人相一致的原则。

在维修资金划转业主大会管理前如需要使用资金，物业服务企业应根据维修和更新、改造项目提出使用建议；没有物业服务企业的，由相关业主提出使用建议；住宅专项维修资金列支范围内专有部分占建筑物总面积2/3以上的业主且占总人数2/3以上的业主讨论通过使用建议；由物业服务企业或者相关业主持有关材料，向所在地直辖市、市、县人民政府建设（房地产）主管部门申请列支。

住宅专项维修资金划转业主大会管理后，需要使用住宅专项维修资金的，物业服务企业提出使用方案，由业主大会依法通过使用方案；业主委员会依据使用方案审核同

意，并报直辖市、市、县人民政府建设（房地产）主管部门备案；动用公有住房住宅专项维修资金的，经负责管理公有住房住宅专项维修资金的部门审核同意；直辖市、市、县人民政府建设（房地产）主管部门或者负责管理公有住房住宅专项维修资金的部门发现不符合有关法律、法规、规章和使用方案的，应当责令改正。

维修基金的使用范围：

（1）维修基金只有在保修期满后，对物业公共部位、共用设施、设备进行大修、更新、改造时才能使用。具体业主按照投票权的确定标准分摊费用比例。

（2）维修基金闲置时，除用于购买国债或法律、法规规定的其他基金范围外，禁止挪作他用，并需经过业主大会同意。维修基金的增值收益应当转入住房专项维修资金滚存使用。

（3）特殊使用

1）物业服务公司可从维修基金中暂借相当于一个月的物业日常维修、更新费用的备用金，物业管理服务合同另有约定的除外。

2）业主委员会可以在物业服务企业的账户上留有相当于一个月活动经费的备用金，业主大会另有决定的除外。

3）住宅需要大修或者专项维修、更新的，可支取施工承包合同中约定的预付款，但预付款最高不得超过工程款总额的30%。

4）住房共用部位、共用设施设备属于人为损坏的，修复费由责任人负担，不得从维修基金中列支。

维修基金使用情况的定期公告：

（1）房地产行政管理部门应定期与专户银行核对维修基金的交存情况，并在该物业范围内公布。

（2）房地产行政管理部门应定期将维修基金交存情况报上级房地产行政管理部门。

（3）业主委员会应定期向全体业主公布维修基金的使用情况和剩余情况。

（4）单个业主可凭维修基金发票至开户银行查询本人名下维修基金的使用情况和留存情况。

若物业因拆迁发生灭失的，业主可持相关证明至银行提取分户账户内的余额。

9.2.3　物业管理费和专项基金的追缴和纠纷的解决

1. 物业管理服务费的追缴

业主在享受物业服务的同时，承担着缴纳物业服务费用的义务。逾期欠费的业主将根据合同，按照每日一定比率计算缴纳滞纳金，该比率一般在万分之三左右。物业服务企业有权对欠费期超过一定期限仍拒不缴纳费用的业主提起法律诉讼并索赔欠费。业主不能以物业质量问题为理由拒绝缴纳物业管理服务费。

追缴欠费主要有以下两种不同的方法：

（1）一般性追缴

当某月发生费用拖欠后，物业服务企业在次月收费时将向业主（使用人）发出催款通知单。通知单中包括上月费用连滞纳金以及本月费用，通常情况下，物业服务企业会通过电话告知业主拖欠情况。如果次月业主没有按照催款通知书的内容缴纳相关费用，物业服务企业将在第三个月向业主发送第二张催款通知单，将前两次费用、滞纳金和当月费用一并通知，并要求在限定期限内缴清，一般是三天内要缴清。如果限定期限过后业主仍未缴纳，物业服务企业可根据委托管理合同等规定停止对相关业主的服务。

（2）针对性追缴

物业服务企业应该根据不同的欠费业主采取不同的相应措施。对于一些费用大户，物业服务企业应该派专人（要有中级以上级别，有时候物业服务企业的总经理也要亲自登门拜访）亲自登门，进行有效沟通，了解大客户的想法并争取他们的理解和支持。对于一些有意不缴费用的"钉子户"和"难缠户"，在屡次沟通无效后，物业服务企业应寻求法律支援，要严格按照法律程序采取相关措施。对于一些确实存在缴费困难的业主，物业服务企业可以给予优惠政策，但要把握好度，尽量以延期支付的优惠政策为主，而不应该对费用直接进行减免。

在实际生活中，有些业主确实因为日常工作繁忙，忘记或没有时间缴纳物业管理费用，这时候作为服务部门，物业服务企业应该多站在对方的角度考虑，一方面及时提醒对方补交，另一方面，也应该在收取物业管理费用的方式和时间上尽力配合业主。比如可以采取提前预约，上门收缴等方法，给业主提供方便。催款工作的书面记录是极其重要的凭据，它是日后采取法律程序的重要物证，因此物业服务企业应该保存好相关的催款书面记录。

欠费追缴的程序一般是：催缴通知书—与业主进行电话或当面沟通协商—发放最后通知书—停止服务，按照法律程序起诉。

费用的追缴是每个物业服务企业无法避免的问题。它需要物业管理人员极高的个人素质和社交能力。平时物业服务企业应该及时和业主进行有效沟通，倾听和了解他们对物业管理方面的想法和意见，及时解决业主的投诉，取得业主的信任与理解。更重要的是，让业主清楚感觉到物业管理费用是"取之于民，用之于民"。这样势必会减少物业管理服务费用的拖欠，提高物业服务企业的办事效率和业主印象。

2. 物业管理收费产生纠纷的原因

部分业主拒交或拖欠物业服务费是产生物业管理收费纠纷的突出表现。原因可归纳如下：

（1）建设单位遗留问题所致。很多业主将房屋质量问题与是否缴纳物业管理服务费用联系在一起。造成这种做法的根源是很多业主没有很好的区分建设单位和物业服务公司，有时在这两个独立法人之间画等号。因为建设单位的原因，带来房屋质量不合格，或者相关承诺不兑现，擅改规划等问题，对处于弱势地位的业主而言，能采取的最直接表达自己不满的方法就是拒绝缴纳物业管理费用。有时候一些业主也会因为房屋质量带来的伤害过大，而在明知道不是物业服务企业过错的情况下，以拒绝缴纳物业管理费用作为一种报复，来寻求心理上的某种平衡。

（2）对物业管理费用支出细则不明确。物业管理费用的使用上，物业服务企业属于占有信息优势的一方，而业主则不明确费用的具体支出方向。作为非专业人士，业主不明确相关服务（如电梯费等）具体会花多少钱，而因为自身理解的偏差和接受服务的偏好不同，加之确实存在一些物业服务企业乱收费的现象，业主会在不了解事情真相的情况下对物业服务收费标准、项目和收费方式等产生不满。如果这种不满在表述给物业服务企业后没有得到及时回复和相关解释的话，业主会用拒交服务费的方式继续表达自己的不满。

（3）对提供服务不满。有一部分人将物业服务企业提供的服务扩大化。在他们的观念中，物业企业如同居委会一样，负责调解邻里关系，诸如楼上地板漏水渗水、左右邻居半夜发出噪声、装修材料堵门口、楼下业主排放油烟等问题，一旦得不到及时有效解决，就会将这种居住环境质量的下降归咎于物业服务企业，以不缴物业管理服务费为手段，要求物业服务公司解决这些问题。

（4）支付能力丧失。有一部分业主是由于下岗、失业、破产等意外事件导致客观上支付能力丧失。

从宏观上看，还有观念滞后，物业管理市场竞争机制难以建立，物业服务难以区分和选择，社会信用体系未确立等原因。

3. 解决对策

物业服务企业应该从以下几个方面着手，解决欠费问题。

（1）加强与业主的沟通

在物业实际工作中，一些物业公司虽然花了不少力气开展保安、工程维修、保洁工作，所管理的物业也没有出现治安消防事故和工程设备事故，但其管理效果和服务水平仍不尽人意。业主意见颇多，其主要原因是物业服务公司与业主之间缺乏有效的沟通。物业管理公司不了解业主的需求，业主不理解物管公司的工作，因此彼此间容易产生误会和隔阂，甚至产生对立情绪。作为物业服务公司，除了做好对物业及配套设施的维修、养护管理工作外，还必须加强与业主的沟通，以改善管理公司与业主的关系，取得业主对物业管理工作的支持与理解。通过物业管理公司与业主的共同努力和相互配合，从而达到和谐的管理环境，为业主创造一个安全、整洁、舒适、优雅的工作或居住环境。具体来说，物业管理公司可以通过如下途径加强与业主的沟通。

1）设立联系电话：物业管理公司的联系电话是听取业主意见、加强业主与管理公司之间的最直接、最有效的途径之一。联系电话顺口易记并设多条线路，便于与业主及时联系。物业管理公司应设专人接听电话，记清楚业主的投诉时间、地点、事由，耐心解答业主有关管理制度等方面的疑难问题，及时处理好业主的投诉。

2）设立业主信箱：业主对物业管理公司的管理制度、收费标准、员工的服务态度等有意见，但不愿当面或署名提出意见，根据这一情况，物业管理公司可以在办公地点或物业的出口处设立业主信箱，可以打消业主的顾虑，收集到业主更多、更具体的意见。通过收集业主的意见，物业管理公司的管理人员就会发现员工在管理和服务工作中存在的问题，从而采取措施进行解决，不断地完善管理和服务，满足业主的需求。

3）进行上门回访：作为物业管理公司的主管经理，主动上门了解业主的需求，向业主介绍物业管理的有关规定，征求业主对物业管理公司的意见和建议，为业主解决实际问题，能更好地体现"业主至上，服务第一"的宗旨，使业主感受到物业管理公司热情主动的服务，可以缩短业主与物业管理公司之间的距离。

4）召开业主座谈会、举办业主联谊会：召开座谈会和联谊会，既可以拟订研讨主题，也可不固定议题，广泛征求业主对管理工作的意见。通过定期召开业主座谈会，举办各种形式的业主联谊会，可同时听取业主们的不同意见，加强业主之间的沟通，更好地实现物业的专业管理与自治管理原则。

5）开辟多种宣传园地：物业管理公司可在物业的出入口开辟管理宣传园地，定期出版物业管理的宣传杂志。通过宣传栏、宣传杂志、听取业主对管理工作的意见，体现出物业管理公司对业主的尊重，吸引业主积极参与、配合管理工作。通过这些宣传途径，物业管理公司可以将具体的管理制度、服务程序和管理收费等情况通告给业主，业主可以进行有效的监督；同时，物业管理公司还可以向业主提供一些有关房地产、法律、经济等咨询服务和商业信息，以满足业主多方面的需求。

完善物业管理服务合同，严格依约办事。对目前出现的物业管理合同不规范、业主关注度不高等现象，市房产管理和住房保障局物业管理处处长谢丹介绍，关于物业管理服务合同，早在2004年9月，原建设部印发了《前期物业服务合同（示范文本）》后，贵阳市也根据这个文本制定了本地示范文本。出台该示范文本的目的是，通过合同约定的方式明确业主、物业管理公司及开发商各自的权利与义务，减少物业管理纠纷，规范物业管理市场。据了解，示范文本对以下几个重点作出了明确规定：一是擅自提高物业费需双倍返还。示范文本首次提出，物业管理公司如果多收物业管理费用，开发商和物业使用人有权要求物业管理公司双倍返还；物业管理公司如擅自提高物业服务费用标准，其超额部分开发商和物业使用人有权拒绝交纳。二是双方违约都应向对方支付违约金。示范文本明确规定，物业管理公司没有按照约定的服务内容和质量标准提供服务与管理，要向开发商和业主支付违约金；而开发商和业主未能按时足额交纳物业服务费用（物业服务资金），也需要向物业管理公司支付违约金。三是尾房物业费由开发商交纳。

示范文本中明确规定，纳入物业管理范围的已竣工但尚未出售，或者因开发商原因未能按时交给业主的物业，其物业服务费用由开发商足额交纳。四是占用小区公共场地必须征得业主同意。根据示范文本，如因维修物业或者公共利益，开发商需要临时占用、挖掘本物业管理区域内道路、场地时，应征得相关业主和物业服务公司的同意。五是关于小区停车场的使用。示范文本明确规定，停车场属于全体业主共有，停车场车位所有权、使用权由业主购置的，车位使用人应按规定交纳停车费或管理服务费；停车场属于开发商所有、委托物业公司管理的，业主和物业使用人有优先使用权。六是督促物业管理公司及时"交接"。针对物业管理公司被业主炒掉故意拖延撤离时间或不退出的情况，示范文本明确规定：物业管理公司终止服务时，应将物业管理用房、物业管理相关资料等属于全体业主所有的财物及时完整地移交给业主委员会；业主委员会尚未成立的，移交给开发商或其他有关部门代管。

在物业管理活动中，合同起着非常重要的作用，它是进行物业管理的根据和标准。实际上，目前在收房时很多业主与物管公司签订的都是前期物业管理协议，真正的物管合同应该是在业主委员会成立后，由业主委员会代表全体业主的利益与物业管理公司签订。物业管理合同是一个非常专业和细化的文本，但是，由于业主对物业管理合同关注度不高，导致后期合同文本问题频出，因为细节没约定好而造成业主陷入困境的现象逐渐显现。目前很多业主误认为标准合同就是唯一的，而且是强制的，其实不然。作为政府制定的合同范本，仅仅是一份示范文本，业主不必受限于合同本身，而应根据自己的实际需求，与物业公司具体协商，最终制定出双方满意的合同。

业主要维护自己的权益，就要了解住房和城乡建设部物业管理合同示范文本的基本内容。如果发现物业管理公司要求签订的合同有明显有失公平的地方，可以拒签。随后，可通过律师或其他途径与物业管理公司协商解决。同时，在业主委员会与物业管理公司签订物业管理合同时，最好能有专业人士的介入，尽量使合同规范化、完善化，以保证日后出现纠纷时，业主能有据可查。

（2）借助外部力量，具体包括业主工作单位、居委会、管理规约和业主委员会，以及最终的法律途径

有时候与业主直接交涉无效，如求助于业主工作单位，居委会等外部力量，往往能解决问题。也可借助社区小学对学生的宣传来解决问题。管理规约是由业主共同订立的有关共有物业和共同事务管理的协议，一旦签订，对全体业主就具有了约束力。管理规约规定按时依约交费是每个业主应尽的义务。物业服务企业应当重视管理规约，组织督促业主履行管理规约。同时，也可要求业主委员会按照物业管理条例赋予其的权利，履行追缴欠费的义务。最终，问题还是得不到解决，就要借助法律途径。虽然法律途径解决是一种费时、耗材、伤感情的办法，也是到最后不得已而为之的办法。但是面对一些拒不交费且没有正当理由的钉子户，必要时也需要采取这种方法，而通过法律途径解决

问题，还会带来一个警示作用，胜诉后作适当宣传，让存有侥幸心理的业主打消这种念头，为其他业主和以后的收缴工作带来一定程度的方便。

（3）物业服务公司改进服务、计费方式和收费办法。物业服务公司也应该反省自己的服务方法

弹性服务项目是一个不错的改进方式。即按照项目收费，公开收支账目，让业主拥有更详细的知情权和更广泛和灵活的选择权。让业主感受到对物业服务拥有控制权，以此来增强他们的缴费主动性。物业服务企业也应该对收费办法作出改进，以方便业主为先。

9.3 物业服务企业财务报表的编制

■ 9.3.1 物业服务企业财务报表的编制原则

财务部制定的《物业服务企业财务管理规定》明确规定，物业服务企业执行《施工、房地产开发企业财务制度》，并根据物业服务企业的管理要求和经营特点，对物业服务企业的一些特定财务活动作出了具体规定，即共性财务政策部分，按照《施工、房地产开发企业财务制度》执行，个性财务政策部分按照《物业服务企业财务管理规定》执行。这两个文件是物业服务企业财务管理工作的基本准则和依据。

财务报表包括资产负债表、利润表、现金流量表或财务状况变动表、附表和附注。财务报表是财务报告的主要部分，不包括董事报告、管理分析及财务情况说明书等列入财务报告或年度报告的资料。物业管理企业财务报表的编制与其他企业报表编制一样，要遵循以下几个原则：

1. 可靠性原则

企业财务报表的数字必须客观、真实，能够正确地反映企业的财务状况和经营成果。企业应当以实际发生的交易或事项作为依据进行确认、计量，将符合会计要素定义及其确认条件的资产、负债、所有者权益、收入、费用和利润等如实反映在财务报表中。不得根据虚构的、没有发生的或者尚未发生的交易或事项进行确认、计量和报告。编制报表必须以调整、核实后的账簿记录为依据，不得使用估计或推算数。所以，在编表前，要认真做好财产清查和账项核对工作，在结账后根据各个账户本期发生额或期末余额的可靠数据填列报表。

2. 信息完整性原则

保证会计信息的完整性，其中包括应当编报的报表及其附注内容等应当保持完整，不能随意遗漏或者减少应予披露的信息，与使用者决策相关的有用信息都应当充分披露。企业必须按照有关法律、法规的规定编制和报送各种报表，要求编报齐全，不得缺

表。每张报表的具体项目要完整，不得遗漏。编制报表时，不仅要填列报表表体，还要填写表首、附注，甚至附表。应当汇总编制所属单位的财务报表，必须全部汇总的不得漏汇。

3. 可比性原则

为了明确企业财务状况和经营业绩的变化趋势，使用者必须能够比较企业不同时期的财务报表；为了评估不同企业相对的财务状况、经营业绩和财务状况变动，使用者还必须能够比较不同企业的财务报表。因此，对整个企业的不同时间点和对不同企业而言，同类交易或其他事项的计量和列报，都必须采用一致的方法。财务报表有关项目的分类要清晰，各期指标口径要一致。如果前后期在同一事项上的会计处理方法发生变更，应在报表或附注中说明变更的原因及影响。同时，还要标明报表的小计、总计数，指标间要互相吻合，避免误记。

4. 相关性原则

财务报表中提供的各项信息应具备相关性才有用处。会计信息要同信息使用者的经济决策相关联，即人们可以利用会计信息做出有关的经济决策。

5. 及时性原则

及时把财务信息传递给使用者是编制财务报表的目标。财务信息会因为时过境迁而失效，所以，为保证财务信息发挥作用，企业必须按时编制财务报表并及时对外报送。

■ 9.3.2 物业服务企业财务报表的编制程序和方法

1. 财务报表编制程序

（1）清查财产

在编制财务报表之前，必须按照会计制度的规定，对企业的各项财产物资进行清查盘点，编制盘点表，并与账簿记录核对，做到账实相符。如发现账实不符的情况，应及时查明原因，并按规定的方法进行处理或更正。

（2）调整分录

会计期末，必须对一些会计记录进行调整，主要是摊销分配应记入本期的已登账的费用和收入，以及计提应记入本期未登账的费用和收入。

（3）核对账目

为确保账簿记录的正确性，在结账之前，各种账簿之间的有关指标应核对相符。总分类账的各账户余额同有关日记账和明细账的余额应核对相符。会计账簿记录应与有关的实物保管、使用部门的账簿记录核对相符。本单位与其他单位的往来账款也应核对相符。

（4）试算平衡

会计记录的试算，一般是运用借贷原理，测验各账户借贷数额是否平衡。其方法是编制"总分类账户发生额和余额对照表"、"明细分类账户发生额及余额对照表"，或者编制工作底稿。

（5）结账

对会计记录试算平衡后，正式对各个账户进行结账，计算各账户的借方发生额、贷方发生额及余额。

（6）编制各种报表

在编制报表时，应严格按照报表格式和内容认真填写。

2. 各报表具体编制方法

（1）资产负债表的编制方法

1）资产负债表的数据来源

①根据总账科目余额直接填列。如"应收票据"项目，根据"应收票据"总账科目的期末余额直接填列。

②根据总账科目余额计算填列。如"货币资金"项目，根据"库存现金"、"银行存款"、"其他货币资金"科目的期末余额合计数计算填列。

③根据明细科目余额计算填列。如"应付账款"项目，根据"应付账款"、"预付账款"科目所属相关明细科目的期末贷方余额计算填列。

④根据总账科目和明细科目余额分析计算填列。如"长期借款"项目，根据"长期借款"总账科目期末余额，扣除"长期借款"科目所属明细科目中反映的将于一年内到期的长期借款部分，分析计算填列。

⑤根据科目余额减去其备抵项目后的净额填列。如"存货"项目，根据"存货"科目的期末余额，减去"存货跌价准备"备抵科目余额后的净额填列。

2）物业服务企业资产负债表中较重要的项目

"货币资金"项目，反映企业会计报告期末货币资金的数额。本项目应根据"现金"和"银行存款"科目的期末余额合计数填列。

"短期投资"项目反映企业购买的各种能随时变现、持有时间不超过一年的有价证券。本项目应根据"短期投资"科目的期末借方余额填列。

"应收账款"项目，反映企业由于销售产品和提供劳务等经营业务发生的各种应收未收的款项。本项目应根据"应收账款"和"预收账款"两个总账科目所属明细科目的期末借方余额之和填列。

"预付账款"项目，反映企业由于购买材料及劳务等经营业务发生的各种预付款项。本项目应根据"应付账款"和"预付账款"两个总账科目所属明细的期末借方余额之和填列。"其他应收款"本项目应根据"其他应收款"和"其他应付款"科目所属科目期末借方余额之和填列。

"存货"项目，本项目应根据"材料"、"生产成本"和"产成品"科目的期末借方余额之和填列。

"待摊费用"项目，"待摊费用"和"预提费用"两个科目的期末借方余额之和。

"应付工资"项目，反映企业应付未付的职工工资。本项目应根据"应付工资"账户的期末贷方余额填列。如"应付工资"账户期末为借方余额，以"－"号填列。

"应付福利费"项目，反映企业提取的福利费的期末余额。本项目应根据"应付福利费"账户的贷方余额，该账户期末如为借方余额，以"－"号填列。

"应交税金"项目，反映企业期末未交、多交或未抵扣的各种税金。本项目应根据"应交税金"账户的期末贷方余额填列；如"应交税金"账户期末为借方余额，以"－"号填列。

"未付利润"项目，本项目应根据"应付利润"科目的期末贷方余额填列。

"预提费用"项目，反映企业所有已经预提计入成本费用而尚未支付的各项费用。本项目应根据"预提费用"账户的期末贷方余额填列，如为借方余额应与"待摊费用"科目的借方余额合并填列入"待摊费用"项目不在本项目中填列。

"工程物资"项目，反映企业各项工程尚未使用的工程物资的实际成本。本项目应根据"工程物资"科目的期末余额填列。

"在建工程"项目，反映企业期末各项未完工程的实际支出，包括交付安装的设备价值，未完建筑安装工程已经耗用的材料、工资和费用支出，预付出包工程的价款，已经建筑安装完毕但尚未交付使用的工程等的可收回金额。本项目应根据"在建工程"科目的期末余额，减去"在建工程减值准备"科目期末余额后的金额填列。

"固定资产清理"项目，反映企业因出售、毁损、报废等原因转入清理但尚未清理完毕的固定资产的账面价值，以及固定资产清理过程中所发生的清理费用和变价收入等各项金额的差额。本项目应根据"固定资产清理"科目的期末借方余额填列。如"固定资产清理"科目期末为贷方余额，以"－"号填列。

"实收资本（或股本）"项目，反映企业各投资者实际投入的资本（或股本）总额。本项目应根据"实收资本（或股本）"科目的期末余额填列。

"资本公积"项目，反映企业资本公积的期末余额。本项目应根据"资本公积"科目的期末余额填列。

"盈余公积"项目，反映企业盈余公积的期末余额。本项目应根据"盈余公积"科目的期末余额填列。其中，法定公益金期末余额，应根据"盈余公积"科目所属的"法定公益金"明细科目的期末余额填列。

"未分配利润"项目，反映企业尚未分配的利润。本项目应根据"本年利润"科目和"利润分配"科目的余额计算填列。未弥补的亏损在本项目内以"－"号填列。

表 9-1 是某物业管理股份有限公司 2008 年度的资产负债表。

（2）利润表编制方法

利润表表中一般设有"本月数"和"本年累计数"两栏，具体应做到：

1）表中"本月数"栏反映各项目的本月实际发生数。

2）表中各项目主要根据各损益类科目的本期发生额分析填列，不能根据这些账户的期末余额填列。

表 9-2 是某物业服务企业的利润表。

资 产 负 债 表

表 9-1

会企 01 表

编制单位：××物业管理股份有限公司　　2008 年 12 月 31 日　　　　单位：元

资　产	期末余额	期初余额	负债和所有者权益	期末余额	期初余额
流动资产：			流动负债：		
货币资金	815 131	1 406 300	短期借款	50 000	300 000
结算备付金	0	0	交易性金融负债	0	0
拆出资金	0	0	应付票据	70 000	25 000
交易性金融资产	0	15 000	应付账款	95 300	95 300
应收票据	66 000	246 000	预收款项	69 800	57 300
应收账款	598 200	299 100	应付职工薪酬	940 000	807 000
预付款项	100 000	10 000	应交税费	4 267	3 660
应收利息	0	0	应付利息	0	0
其他应收款	5 000	5 000	应付股利	0	0
存货	2 100	2 500	其他应付款	5 000	5 000
一年内到期的非流动资产	0	0	一年内到期的非流动负债	0	1 500
其他流动资产	100 00	100 00	其他流动负债	0	0
流动资产合计	1 596 431	1 993 900	流动负债合计	1 234 367	1 294 760
非流动资产：			非流动负债：		
可供出售金融资产	0	0	长期借款	1 160	1 160
持有至到期投资	0	0	应付债券	0	0
长期应收款	0	0	长期应付款	0	0
长期股权投资	250 000	250 000	专项应付款	0	0
投资性房地产	0	0	预计负债	0	0
固定资产	22 010	11 000	递延所得税负债	0	0
在建工程	36 000	12 000	其他非流动负债	0	0
工程物资	300 000	0	非流动负债合计	1 160	1 160
固定资产清理	0	0	负债合计		
生产性生物资产	0	0	所有者权益 （或股东权益）		
油气资产	0	0	实收资本 （或股本）	1 373 631	1 373 631

续表

资　产	期末余额	期初余额	负债和所有者权益	期末余额	期初余额
无形资产	540 000	540 000	资本公积	0	0
开发支出	0	0	减：库存股	0	0
商誉	0	0	盈余公积	124 770	100 000
长期待摊费用	0	0	未分配利润	218 013	57 349
递延所得税资产	7 500	0	一般风险准备		
其他非流动资产	200 000	20 000	所有者权益合计	1 716 414	1 524 791
非流动资产合计	1355510	833 000			
资产总计	2 951941	2 826 900	负债和所有者权益总计	2 951 941	2 826 900

利　润　表 　　　　　　　　　　　　　　　　　　　表 9-2

会企 02 表

编制单位：××物业管理股份有限公司　2008 年　　　　　　　　　　单位：元

项　　目	本期金额	上期金额（略）
一、营业收入	1 250 000	
减：营业成本	750 000	
营业税金及附加	2 000	
销售费用	20 000	
管理费用	157 100	
财务费用	41 500	
资产减值损失	30 900	
加：公允价值变动损益	0	
投资收益	31 500	
二、营业利润	280 000	
加：营业外收入	50 000	
减：营业外支出	19 700	
其中：非流动资产处置损失	（略）	
三、利润总额	310 300	
减：所得税费用	85 300	
四、净利润	225 000	
五、每股收益	（略）	

（3）现金流量表编制方法

现金流量表分为主表和附表（即补充资料）两大部分。主表的各项目金额实际上就是每笔现金流入、流出的归属，而附表的各项目金额则是相应会计账户的当期发生额或

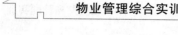

期末与期初余额的差额。附表是现金流量表中不可或缺的一部分。具体编制方法有：根据账簿资料分析计算填列、工作底稿法和 T 形账户法。

编制现金流量表时注意的事项有：

1）计提的资产减值准备，取"管理费用"账户所属"计提的坏账准备"及"计提的存货跌价准备"、"营业外支出"账户所属"计提的固定资产减值准备"、"计提的在建工程减值准备"、"计提的无形资产减值准备"、"投资收益"账户所属"计提的短期投资跌价准备"、"计提的长期投资减值准备"等明细账户的借方发生额。

2）固定资产折旧，取"制造费用"、"管理费用"、"营业费用"、"其他业务支出"等账户所属的"折旧费"明细账户借方发生额。

3）处置固定资产、无形资产和其他长期资产的损失，取"营业外收入"、"营业外支出"、"其他业务收入"、"其他业务支出"等账户所属"处置固定资产净收益"、"处置固定资产净损失"、"出售无形资产收益"、"出售无形资产损失"等明细账户的借方发生额与贷方发生额的差额。

4）固定资产报废损失，取"营业外支出"账户所属"固定资产盘亏"明细账户借方发生额与"营业外收入"账户所属"固定资产盘盈"贷方发生额的差额。

5）投资损失，取"投资收益"账户借方发生额，但不包括"计提的短期投资跌价准备"、"计提的长期投资减值准备"明细账户发生额。

表 9-3 是某物业服务企业的现金流量表。

现 金 流 量 表

表 9-3
会企 03 表

编制单位：××物业管理股份有限公司　　2008 年

单位：元

项　　目	本期金额	上期金额
一、经营活动产生的现金流量：		略
销售商品、提供劳务收到的现金	1 312 500	
收到的税费返还	0	
收到其他与经营活动有关的现金	0	
经营活动现金流入小计	1 312 500	
购买商品、接受劳务支付的现金	392 266	
支付给职工以及为职工支付的现金	300 000	
支付的各项税费	174 703	
支付其他与经营活动有关的现金	80 000	
经营活动现金流出小计	1 006 361	
经营活动产生的现金流量净额	365 531	
二、投资活动产生的现金流量：		

项　　目	本期金额	上期金额
收回投资收到的现金	16 500	
取得投资收益收到的现金	30 000	
处置固定资产、无形资产和其他长期资产收回的现金净额	300 300	
处置子公司及其他营业单位收到的现金净额	0	
收到其他与投资活动有关的现金	0	
投资活动现金流入小计	346 800	
购建固定资产、无形资产和其他长期资产支付的现金	601 000	
投资支付的现金	0	
取得子公司及其他营业单位支付的现金净额	0	
支付其他与投资活动有关的现金	0	
投资活动现金流出小计	601 000	
投资活动产生的现金流量净额	－254 200	
三、筹资活动产生的现金流量：		
吸收投资收到的现金	0	
取得借款收到的现金	560 000	
收到其他与筹资活动有关的现金	0	
筹资活动现金流入小计	560 000	
偿还债务支付的现金	1 250 000	
分配股利、利润或偿付利息支付的现金	12 500	
支付其他与筹资活动有关的现金	0	
筹资活动现金流出小计	1 262 500	
筹资活动产生的现金流量净额	－702 500	
四、汇率变动对现金及现金等价物的影响	0	
五、现金及现金等价物净增加额	－591 169	
期初现金及现金等价物余额	1 406 300	
六、期末现金及现金等价物余额	815 131	

10 物业管理营销实训

【实训目的】

通过本单元实训，熟悉物业营销管理的基本内容、营销的基本要求、工作流程及标准。清楚物业营销各项工作内容和环节的要求、工作特性，能够胜任物业营销管理的工作。

【实训内容】

一、确定物业管理营销调研对象，设计物业市场调研问卷，进行市场调研；

二、物业管理营销方案策划；

三、选择物业管理营销广告投放渠道，测算广告预算费用。

【实训技能点】

一、物业市场调查与分析能力；

二、统计资料分析与整理能力；

三、编制商业物业经营与租赁策划方案能力。

【实训作业】

一、分组提交一份物业市场调研报告；

二、分组提交一份物业管理营销方案策划书。

10.1 物业市场营销的调研与预测

10.1.1 物业市场营销调研的主要内容

1. 物业市场营销环境调查

（1）政治法律环境调查

它包括国家有关房地产开发经营和物业管理方面的法律规定。例如有关的产业发展政策、房地产价格、开发区政策、物业管理收费政策、税收政策等；其他如国民经济与社会发展计划、城市建设规划和区域规划、土地利用总体规划、城市发展战略等。

（2）经济环境调查

它具体包括国家、地区或城市的经济特性，如经济发展的规模、速度和效益、预期通货膨胀率；国民经济发展趋势、产业结构和主导产业；项目所在地的人口数量、增长趋势及就业条件，居民收入水平、消费结构、商业繁荣程度；项目所在地区的基础设施情况、经济结构、对外开放程度和国际经济合作的情况；同类竞争物业的供给情况；与特定物业类型和所在地点相关的其他因素。

（3）社区环境调查

社区环境直接影响物业的价格。优良的社区环境，对发挥物业的使用效能，提高其使用价值和经济效益具有重要作用。社区环境调查内容包括：购物条件、社区繁荣程度、居民素质、安全保障程度、交通和教育条件、空气和水的质量等。

2. **市场需求和消费者行为调查**

（1）消费者对某类物业的总需求量、需求发展趋势的调查。

（2）需求的影响因素，如国家关于国民经济结构和产业结构的调整和变化，消费者的购买力、消费者构成、消费者分布、消费习惯、需求动机及需求层次状况等的调查。

（3）交易行为调查，如交易时间、交易方式等。

3. **市场营销实务调查**

（1）产品和服务调查

它具体包括市场现有产品的种类、数量、质量、结构性能、产品的市场生命周期；本企业产品的市场占有率和发展潜力；现有租售客户和业主对物业的环境、功能、价格、服务的意见及对某种物业的接受程度；新产品、新技术、新工艺、新材料在物业产品上的应用情况。根据调研目标的需要，有时还需要调查在建物业的相关情况。

（2）价格调查

价格调查包括影响物业价格变化的因素，特别是政府价格政策对企业定价的影响；物业产品的价格需求弹性和供给弹性的大小；物业市场供求情况及变化趋势；临近地区和其他地区类似物业的市场价格等。

（3）物业促销调查

物业促销调查主要是调查各种促销手段和各种方式的利弊。包括物业广告媒体使用情况和广告效果测定；人员推销的配备状况；广告费用支出与代理公司的调查；各种公关活动和营业推广活动的绩效调查。

（4）物业营销渠道调查

调查内容包括营销方式的采用情况及原因、发展趋势；物业租售代理商的数量、素质及客户评价；营销渠道的选择、控制与调整等。

（5）市场竞争情况调查

市场竞争情况调查主要是调研同行业竞争者的动向，了解同行其他企业产品的市场占有率。具体包括：现实和潜在竞争者的数量、实力和经营管理的优劣势；竞争者的产品、服务、价格、广告、营销渠道；本企业和竞争者的市场占有率；整个城市，特别是临近街区同类型产品和服务的供给情况；竞争性产品的投入时机和租售绩效等。

10.1.2　物业营销调研的基本程序

不同类型的物业市场调研的程序不尽相同。但从基本方面分析，大致要经过四个基本步骤：

1. 初步分析

物业调研的初步分析包括四部分，它们是明确调研目的；制定调研计划；收集和整理资料；提出调研报告。

初步分析，明确调研目的和调研课题。调研目的是进行市场调研时应首先明确的问题。调查人员应明确为什么要进行市场调查，通过调查要解决什么问题，调查结果对企业有什么用处，否则，就会使以后的一系列调查工作成为浪费，造成很大的损失。

一般来讲，确定调研目的要有一个过程。调研人员首先应对本企业的经营活动现状进行全面的分析和研究，然后根据已掌握的有关资料对市场情况进行进一步分析，也可以作一些必要的初步调查，最终确定市场调查的范围和目的。实践中通常采用探测性调查、描述性调查、因果性调查和预测性调查来解决这一问题。

2. 制定调研计划

制定调研计划，是整个市场调研工作中最为复杂的阶段。它主要包括选择与安排调查项目、调查地点、调查对象、调查方法、调研预算、调查人员、调研进度等内容，现就主要方面做出说明。

（1）调查项目

调查项目是指围绕调研目标，设计应取得资料的项目及质量指标。选择调查项目需要对各项问题进行分类，规定每类问题应调查收集哪些情报、信息、统计资料。在收集原始资料时，往往需要被调查者回答或填写各种调查表。调查表包括统计表和问卷两种形式。

第一种形式：统计表。物业市场调查根据调研目标和具体项目不同，可以设计以下种类的调查统计表格：

1）物业出售统计表。它包括已售和待售物业的名称、面积、类型、位置、开发商、高度、业主类型（个人、团体、经济组织）、成交或希望成交的价格水平、结构类型、成交日期、成交条件（付款方式、首付款、预付款、贷款比例、偿还条件、贷款利率、附加条件等）、客户资料和调查日期等。

2）当地物业资源统计表。它包括物业名称、开发商、类型、产权人、面积、位置、租售单价、开发程度、交易状况、用途、使用期限、发展远景、政策限制、其他具体情况和调查日期等。

3）物业出租统计表。它包括出租物业的名称、位置、出租面积、租金水平、租金支付方式、物业类型和等级、室内设备状况、环境条件（停车场、文娱场所、庭院、交通、购物、金融服务等）、空置率、出租人和承租人的具体记录等。

4）物业个案调研分析表。它包括个案案名、投资公司、所在区位、产品规划、推出日期、土地使用年限、地基面积、产品特色、单价、付款方式、客户分析、营销策略、媒体广告、调查资料来源和日期等。

5）物业管理服务统计表。它包括物业所在区位、面积、业主、类别（如工厂、住宅、写字楼、别墅等）、经济性质（收益性物业或非收益性物业提供服务的物业公司）、名称、位置、服务项目、公司规模、收费标准，有关各方（产权人、发展商、使用人、物业服务公司等）之间的关系，客户对现有物业管理具体服务项目的评价、希望物业公司能够增加提供的服务项目和价格预期等。

第二种形式：问卷。调查问卷的设计应科学合理，既应便于被调查者回答，又能充分体现调查目标。问卷可以有如下类型：

1）选择题。对所提问题预先列出若干答案，请被调查者从中选择一个或几个答案。

2）是非题。请被调查者对所提问题在两个可能的答案"是"或"否"、"有"或"无"中做出回答。

3）程度题。请被调查者表示对某个问题的态度和认识程度。

4）序列题。请被调查者对所提问题按自己认为的重要程度和喜欢程度顺序排列作答。

5）陈述题。请被调查者对某个问题陈述较为全面的意见。

（2）调查对象

企业要根据调查目标和调查项目确定调查对象，通过分析研究确定调查对象的主次，并做到既要重点突出，又要照顾一般。

（3）调查方法

它是指取得信息资料的方法。它包括在什么地点，找什么人，用什么方法进行调查。

市场调研方法可以分为两大类。一类是按照调查所采用的具体方法划分，有访问法、观察法、实验法；第二类是按选择的调查对象的范围来划分，有全面调查法、重点调查法、抽样调查法等。

企业市场调研人员可根据实际情况选择不同的方法。一般来说，应根据调查目标、项目、对象以及地点等，进行合理选择。例如，物业市场调查中进行居民购买力

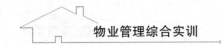
调查时通常采用抽样调查法，在原始资料的收集过程中，多采用面谈访问法取得第一手资料。

（4）调查人员

对此主要是确定参加市场调查的人员条件和人数，包括对调查人员的必要培训。物业调研人员应具备的基本素质有如下几个方面：

首先，要求物业调研人员具备一定的市场营销基础知识，能较好地记录调查对象反映出来的实际情况和市场信息，能正确理解调查提纲、表格和问卷内容，还要具备较强的市场信息分析能力。

其次，市场调研人员应具备物业专业方面良好的知识结构，如需要熟悉房地产和物业管理方面的法规政策，具备扎实的物业开发经营、行政管理、建筑设计施工、经济学、统计学、城市规划等方面的专业知识和技能。

第三，具备敏锐的洞察力、较强的社交能力、丰富的想像力和创新应变能力等；同时，还要有较强的职业责任感和勇于开拓的勇气和胆略。

近年来，我国大力推行职业资格准入制度，物业调研人员应具有相关专业的学历证书，按照这一制度，结合物业调研人员应具备的基本素质要求，并经过一定的专业技术培训。

10.1.3　收集和整理资料，实施调研计划

这个阶段就是要按照调研计划，通过各种方式到调查现场获取原始资料和收集由他人整理过的二手资料，然后进行整理、归类和分析。

（1）收集信息资料

市场调研需要取得大量的信息资料。各种资料来源有原始资料和二手资料之分。物业市场调研获取资料的途径可以有以下一些方面：通过交易双方当事人；通过促成交易行为的经纪人；准交易资料（交易双方拟购买物业产品和服务的单方面意愿的报价资料）；物业公司公开推出的各种租售广告；同业间资料的交流；各级政府、金融机构、新闻媒体、中介咨询机构提供的资料；参加各种物业交易展示会等。

信息的收集必须满足可靠性和有效性两点要求。因此，应该按照工作进度日程和调研计划的要求进行调研工作的监督检查。有效的监督检查和指导，可以及时发现问题，以便找出薄弱环节，改进工作，确保调研质量；合理的工作进度日程安排，可以使每一个调研人员的行动有方向，便于进行监督检查。如可以比较各调查人员的调查结果的差别程度，或对同一调查对象另外派人复查，从中找出问题所在。

（2）整理资料

整理资料就是运用科学方法，对分散的、凌乱的调查资料进行编校、分类和分析，使之系统化、条理化，并以简明的方式准确反映调查问题的真实情况。

1）资料编校，就是对收集到的资料进行检查，看收集到的资料有无重复或遗漏，

是否有含糊不清或记录不准确的地方，进行复核更正，剔除其中不符合实际的资料，必要时应重新调查予以补救。

2）资料分类，就是把经过编校检验的资料，分别归入适当的类别，并制作成有关的统计表或统计图，便于观察和分析利用。对资料的分类有两种方法：一是按资料的性质和特征，结合调查目的的需要，将相同和相近的资料归为一类；二是在设计调查提纲或问卷时就按不同的调查项目设计不同的调查指标，调查时就按各分类指标收集、整理资料。

3）资料分析，就是从各种数据中提炼出与调查目标相关的信息。

（3）撰写和提交调研报告

调研报告应客观、真实、准确地反映调查成果；报告内容简明扼要，重点突出；结论和建议应该表达清晰；文字精练，用语中肯；报告后应附必要的表格、附件与附图，以便阅读和使用；报告完整，书写或印刷清楚美观。

10.1.4 市场需求的预测方法

1. 市场预测的基本原则

（1）惯性原则

市场预测的惯性原则就是从收集过去和现在的资料入手，应用科学的方法来推测未来的变化。因为市场是一个连续发展的过程，事物的过去不仅会影响现在，还会影响到未来。市场预测的时间序列法就是依据这一原则建立起来的。

（2）类推原则

事物的发展存在一定的相似性，掌握了某一类事物的发展规律，就可以推测其他事物的发展变化规律。类推原则在定性预测中应用较多。类推原则主要包括两方面的内容：一是由局部类推总体；二是时间顺序上的类推，由过去类推未来。局部的特征是否能够反映整体，是否具有代表性，利用类推原则进行预测，必须注意事物之间的发展变化是否具有类似性，应尽量减少预测结果的偏差。

（3）相关原则

任何事物的发展变化都是相互联系、相互依存和相互制约的，物业市场的变化也存在多种相关因素，市场预测的因果关系法就是根据这一原则建立的。某些因素的变化会引起其他因素的变化，如居民收入水平的变化，会引起居民的物业消费水平、消费结构的变化。

2. 物业市场预测主要步骤

（1）确定目标

在实际工作中，可以和市场调研工作结合起来，将需要预测的目标作为调研目标进行市场调研，然后利用调研取得的资料进行市场预测。物业企业在经营过程中，会遇到许多问题需要预测其结果，这些问题往往需要明确下来，并从中选择确定一个理想、切合实际的目标作为预测目标。

（2）收集和分析相关资料

资料收集应既有政府或行业协会的统计资料，又有企业自行调查收集的市场资料；应该既有目前的资料，又有历史资料；如果需要，还得收集国内和国外的技术情报资料。这样，物业企业才能全面、合理地整理出对预测目标有用的资料。

（3）选定预测方法，建立预测模型

预测人员应当综合考虑，反复推敲，力争使预测方法和模型准确反映预测对象的客观规律，以便为决策提供可靠的依据。

（4）进行科学预测，修正预测结果

运用科学的预测方法得出的预测结果，还要求预测人员结合企业的内部因素和外部环境进行分析，评价其可能与实际产生的误差大小与原因，进而对预测结果进行修正，以便得出可靠的预测结果。

3．定性预测法

定性预测主要用来预测经济事件未来的性质、程度及发展趋势。它主要是结合社会调查，凭借个人的知识、经验和分析能力，采用少量的数据和直观材料，加以综合分析，做出判断和预测。它主要包括以下几种方法：

（1）经理人员意见法

通常由物业企业经理召集计划、销售、供应、财务等有关部门的负责人，互相交换意见，讨论市场形势，然后由经理对市场前景作出最终判断。

这种方法集中了各部门主管的经验和智慧，解决问题比较快。但缺点是往往受到当时乐观或悲观气氛的影响，特别是受到有决定权的经理的经验和态度等影响，因为各人的知识和经验差别较大，据以判断的情报、资料可能会有较大的片面性，而且主观性和偶然性都较大。物业开发所需投资额高、风险大，这种方法应慎用。

（2）消费者意向调查法

这种方法又称作顾客意见法，即听取顾客的意见，据以判断预测值的大小。顾客最清楚自己将来想要购买产品的种类和数量，因而他们提供的信息是最为直接和相对可靠的。由于物业产品的价值大，运用这种方法时，还要与对消费者当前及未来个人的财务状况的调查以及对宏观经济前景的预测结合起来，才能得出更为可靠的结论。这种方法成功的可能性大小，主要看客户和调查人员配合的好坏。

（3）推销人员意见法

推销人员意见法是汇集推销人员对市场需求量和供给情况的估计值后，经过统计分析，做出预测的方法。因为物业销售人员直接接触市场和消费者，比较了解消费者和竞争企业的有关市场营销的信息。这种方法的工作程序一般是：①推销人员收集、整理有关地区的人口、物业开发、收入、交易情况及社会和个人消费情况等的尽可能详细的资料。②利用所收集资料，加上自己的主观判断，各推销人员分别给出自己的预测值。

③取其平均值作为最终的预测值。平均时可以赋予不同推销人员以不同的权数（如销售科长的预测一般应比普通销售人员的意见要更具有说服力），然后进行加权平均。用这种方法得出的预测值比较接近实际，有较高的可靠性。

（4）专家意见法

这种方法又称德尔菲法。这种方法是由业内专家们对未来可能出现的各种趋势做出评价的方法。其具体实施步骤如下：

1）确定预测目标，并根据课题需要设计好咨询表格。表格应简明扼要，咨询问题数量适当，尽量为专家提供方便，也要便于达到预测目的。预测目标如预测某项物业未来的租金价格水平，或是某类物业未来的市场需求量等。

2）选择专家，组成专家组。按照课题需要的专业范围，选择相关的估价、物业公司、建筑设计、施工、科研和信息情报等方面的专家，组成一般不超过 20 人的专家小组。各专家只与组织者进行联系。

3）逐轮进行咨询和反馈。一般需要进行 2～4 轮，但不宜过多。

4）采用统计分析方法对预测结果进行定量评价和表述。

专家意见法有五个优点：一是专家的意见互不沟通，可以避免心理上的相互干扰；二是集中判断，能够体现各位专家的综合意见；三是具有反馈性，可以不断修正判断；四是预测速度快，节省资金；最后，因其数据来源于在专业领域具有丰富经验、知识和信息的权威专家，具有较高的可靠性。鉴于此，专家意见法在预测领域得到了日益广泛的应用。

此种方法的缺点是：专家的意见难免会带有主观片面性或脱离实际，因而最适用于物业市场信息资料不足、不可测因素较多情况下的预测，而且多用于宏观预测和中长期预测。

定性预测的主要优点是：一般不需要先进的计算设备，不需要高深的数学知识准备，简便易行，易于普及和推广。但因其缺乏客观标准，往往容易因预测者知识、认识、经验的局限而使得用这类方法得出的结论有一定的主观片面性。因此，定性预测方法一般适用于物业类型较新或推出的新型的物业管理服务的市场需求预测，或者资料缺乏、预测精度要求不高的情况等。

4. 定量预测方法

定量预测方法是依据充足的调查资料，借用数学方法特别是数理统计方法，建立数学模型，用以预测某种物业未来市场需求的方法总称。定量预测方法可粗略分为两大类：时间序列预测方法和因果预测方法。

（1）时间序列法

时间序列法是以过去的资料为基础，按时间顺序排列成一个统计数列，并根据其发展规律预测未来需求的方法。

这种方法的依据是：过去的统计数据之间存在一定的关系，这种关系可以用统计方法揭示出来；统计数据具有不规律性，时间序列应着力排除偶然因素的影响；过去的销售状况对未来的销售趋势有决定性的影响，销售额是时间的函数。

应用时间序列法时要注意，必须不断调查研究新情况和新问题，根据最新资料去修正趋势线，并对预测结果进行必要的调整，因为这种方法是根据过去的数据向前推断，任何影响时间序列的环境发生变化，都会使推断发生错误。因而，这种方法在市场比较稳定的情况下，或对于某些需求价格弹性比较小的物业产品进行预测时比较有效，特别是短期预测效果更好。

（2）因果预测法

因果预测法，也称相关分析法或回归分析法。它是在定性分析的基础上，找出事物发展的内在联系，确定自变量和因变量之间的函数关系，然后用数学模型进行预测。

与时间序列分析法不同的是，时间序列分析法只是把过去和未来的销售看成时间的函数，而与任何其他因素无关；因果关系分析法则要找出各变量之间的相互依存关系，并建立数学模型来进行预测。

因果分析法的主要工具是回归分析技术，因此又称为回归分析法。运用回归方程进行分析预测的方法主要有一元回归预测和多元回归预测。

运用因果关系分析法进行预测的基本步骤是：①通过对历史数据资料的分析，确定预测目标以及因变量和自变量，找出各变量之间的因果关系。②根据各变量之间因果关系的类型，选择适当的数学模型，该数学模型通常是线性模型，也有的是非线性模型，并经过数据运算求得有关参数。③对数学模型进行检验，测定误差，确定预测值。

在利用回归分析法进行预测时，首先要确定事物之间的相关性强弱，相关性越强，预测精度越高，反之，预测精度就较差。另外，还需研究事物之间的相关性是否稳定，如果不稳定，或在预测期内发生显著的变化，利用历史资料建立的回归模型就会失败。

10.2 物业产品的市场细分及定位策略

10.2.1 物业市场细分的标准

1. 居住物业市场的细分标准

居住物业市场的细分参数主要包括两个方面：一是消费者对市场营销组合因素的反应，如心理参数和行为参数；二是消费者的生理特性和社会属性，如家庭参数和地理参数。依据这两方面选择细分参数是基于以下假设：消费者所处的地理环境、人口特点及心理特点不同，对物业的需求和偏好也就不同，对企业采取的营销策略如价格和广告宣传等措施的反应也有差异。具体来说，居住物业市场的细分参数可分为以下四类：

（1）家庭参数

随着我国城市化进程的加快，城镇中对住宅商品房的需求也越来越大，而对住宅的需求往往是以家庭为单元的。家庭参数主要包括以下几个方面：

1）家庭户数。一般地说，每个家庭构成一户，相应需要一个单位住宅，因此，家庭户数决定了对住宅单位的需求量。

2）家庭结构。它对住宅需求房间数量和住宅面积有决定性的影响。家庭结构主要包括家庭的类型、家庭的规模、家庭的代际数三个方面。

家庭类型是指家庭成员间的关系。根据家庭成员的血缘关系，家庭一般分为六种类型：单身家庭，指独居者；单亲家庭，指离异后的夫妻任何一方与其未婚子女组成的家庭；夫妻家庭，由一对夫妻组成的家庭；主干家庭，由两代以上的人组成，而每代只有一对夫妻的家庭；核心家庭，由一对夫妻与其未婚子女组成的家庭；其他家庭，即上述五种类型以外的其他家庭。

家庭规模主要指单个家庭人口数量的多少。在地区人口总数不变的情况下，家庭规模缩小会导致家庭户数的增加。住宅消费往往是以家庭为单位的，因此家庭规模的缩小将直接导致对住宅单位需求的增加，但对住宅单位面积和房间数的要求有可能降低。

家庭代际数，是指家庭成员由几代人构成。按这种方法划分家庭，一般分为三种类型，即一代户、两代户、三代及三代以上的家庭。不同类型的家庭由于家庭人口数量以及家庭辈分数的不同，对住宅的居住面积、附属空间面积以及公共活动空间面积所占比重也有不同的需求，对物业市场影响很大，因为一般来说，家庭代际数越高，对住宅的房型和面积等的需求往往也较高。

3）家庭收入水平。一般说来，随着人们收入水平的提高，住宅需求的类型会从生存型向发展型乃至享受型发展。每个家庭的消费水平都受其可支配收入的制约。消费者常常根据收入情况选择适宜的物业。不同收入水平的家庭对住宅的需求数量、类型和质量要求是不同的。

生存型的住宅需求追求的是一个以平方米指标为主的卧室；发展型的住宅需求追求的则是一个能满足多方面家居生活需要以及为工作提供便利条件的居住环境；而享受型住宅需求更是追求一个内部功能齐全、设备高档、装潢精美、外部环境优美、物业管理系统健全的，可以得到全方位高层次享受的环境。

（2）地理参数

地理参数是按消费者所处的自然地理环境不同来细分市场。处在不同地理位置上的消费者，在购买习惯、购买力水平上差异较为明显，对物业企业的产品价格、营销组合的反应也常常存在差别，对同一类物业产品会有不同的需求与偏好。企业应研究不同地理位置的市场中消费者的需求特征，以制定合适的营销策略。

（3）心理参数

居住物业市场心理细分就是以人们生活方式、购买住宅的动机、消费理念、购买倾向以及个性等心理参数作为划分住宅消费者群的基础。

住宅可以凸显人们的生活方式，人们对某种新型住宅的需求，往往体现了他们对改变现有生活方式的欲望，以及对某种更感兴趣的新的生活方式的追求。因此，住宅开发经营企业必须深入调查和把握人们生活方式的现状和趋势，才能在竞争中立于不败之地。

（4）行为参数

购买行为因素影响着市场需求，特别是在经济增长时期，消费者的收入水平提高了，其购买行为对住宅需求的影响就更大。行为参数是指人们对住宅产品的购买时机、购买的数量规模、追求的利益和对市场营销因素的敏感程度等。发展商要抓住消费者对住宅的需求时机和购买者购买物业所追求的目标利益，及时提供与需求相一致的各类住宅商品及管理服务，以满足不同的消费者。

2. 收益性物业的市场细分标准

收益性物业市场是物业市场的重要组成部分。收益性物业主要包括商场、写字楼、酒店、旅馆、娱乐中心、工业厂房、仓库等物业。这一市场的细分参数，与细分住宅市场的参数是不相同的，因为收益性物业的购买者置业的目的不在于消费，而是把它作为一种生产要素来投入的，其用途是用作生产经营活动的场所，最终以获取经济利益为目的。收益性物业市场的细分参数主要有：

（1）购买物业的组织类型与最终用途。最终使用者的组织类型不同，物业的最终用途不同，不同的消费者群所追求的利益也就不同，对物业企业所提供的产品及配套服务也往往有不同的需求标准和利益诉求。如按此可将物业市场划分为商业用房市场、写字楼市场、酒店旅馆市场和仓库市场等，物业开发企业为了占领市场，在客户中建立良好的信誉并争取优秀的营销业绩，就必须尽可能使最终用户的要求得到满足，并对不同类型的最终用户相应地运用不同的市场营销组合策略。

（2）用户规模参数。用户规模是指具体的最终用户对生产营业用物业需求量的大小。根据顾客规模这个参数，通常可以把市场细分为大客户市场、中客户市场和小客户市场。在市场上，中、小客户数量多，但他们各自的购买力弱，而且购买关系不易稳定，对中、小客户，一般可采用发布产品信息、广告宣传、外勤推销等相应的营销；大客户一般较少，但其购买力强，而且一旦具有买卖关系，这种关系具有相对的稳定性，物业企业可以与大客户建立经常性的业务信息联络，更多地使用人员推销，尽力培养和稳定大客户市场。

（3）投资者追求的利益。投资者追求的利益不同，其购买行为也不同。例如大型商业物业则要求位于交通便利、客流量大的优越的地理位置，外观华丽，内部结构易于随市场需求的变化而作相应的调整，即具有良好的适应性；星级宾馆业对建筑物内部装潢的工艺、用料及施工质量的要求层次就要明显高于普通的旅店。

10.2.2　物业市场细分的方法和程序

1. 物业市场细分的方法

物业市场细分可以采用循序渐进的方法，每一次细分可以只取其中两个或几个参数作为分析依据，按照市场细分采用参数的多少，市场细分的基本方法也就划分为单因素细分法、双因素细分法和多因素细分法三种。在实践中，物业企业一般同时使用若干细分参数，有层次地细分物业市场，并择优选取最能发挥自己特长、盈利大的目标市场。

（1）单因素细分法

这是指细分市场只按照一个因素进行。例如，按照最终客户追求的利益不同，将商业物业市场分为追求地段最优、追求建筑风格别致、追求价格适中、追求建筑质量良好和追求物业管理系统健全的五个细分市场。但是，在很多情况下，单一的细分因素也许不能恰当反映市场需求的差异性，很难保证市场细分的有效性。

（2）双因素细分法

双因素细分法是组合两个因素进行细分。可以利用方格图来表示这种细分方法。多考虑了一个因素，细分的结果也就更接近实际。例如，综合考虑家庭收入和购买动机因素，就比只考虑家庭收入因素更有效。

（3）多因素组合细分法

这是使用影响细分的三个或三个以上主导因素组合起来进行细分。三因素细分可用三维空间图来表示。

2. 物业市场细分的程序

市场细分作为一个过程，通常要经过下列程序来完成：

（1）根据需要选定产品市场范围。产品市场范围应以市场的需求而不是产品特性来决定。

（2）列举潜在顾客的所有需求。在选定的市场范围内，从家庭参数、地理参数、行为参数和心理参数等几个方面，大致估量一下潜在的顾客对物业产品有哪些方面的需求。对所有潜在顾客的需求尽可能详细地归类，以便针对需求的差异性，决定细分的具体参数。

（3）确定细分参数，进行初步细分。根据所选定的产品市场范围内消费者需求的差异性，向不同的潜在顾客调查并找出消费者的最重要的需求，然后舍去潜在顾客的共同需求，找出需求的差异性。这一步至少应进行到有三个子市场出现，因为共同需求固然很重要，但只能作为设计市场营销组合的参考，而不能作为市场细分的基础。

（4）根据每一细分市场的需求特征，进一步进行市场细分。在舍去了各子市场的共同需求后，对剩下的那些特殊需求要作进一步分析，并结合各子市场的顾客特点，暂时命名，以便在分析中形成一个简明的、容易识别和表述的概念。如一住宅租赁公司根据小公寓市场各类顾客的基本情况，为各子市场分别取名：老年人市场、年轻好动者市场、新婚者市场、向往城市者市场、度假者市场等。

（5）进一步认识各子市场的特点。公司还要对每一分市场的顾客需求及其行为特征更深入地进行考察，进一步明确现有的子市场有无必要再作细分或重新合并，仔细看看对各子市场的特点掌握了哪些，还需要了解什么。例如，经过这一步骤发现，其中有一个子市场内部需求差异很大，且相对较稳定，这时就要把它们区分开来，以制定相应的广告宣传和人员促销的措施。

（6）测量各子市场的规模大小，选择目标市场。通过以上步骤的分析，基本确定了各子市场的类型。然后，应测量各子市场潜在顾客的数量，并结合企业资源条件和企业发展战略寻找、选择获利最多的目标市场，确定市场规模，设计出相应的目标市场营销策略。

10.2.3 物业市场定位的策略选择

1. 针锋相对竞争定位

即将企业的产品定位在与竞争者市场定位相似的位置上，同竞争者争夺同一细分市场。如在车站等客流多的地方开发宾馆物业，附近已有同类物业，现在仍然进行类似物业的开发经营，而且质量和价位也比照竞争者制定，与其展开争夺市场份额的竞争，就是采用了这种定位策略。实行这种定位，必须具备以下条件：

（1）该市场有足够的市场潜量，有能够吸纳所有竞争企业的产品的能力。否则，会出现空置率提高、物业价格下降等后果，行业的恶性竞争会造成资源的浪费和损害包括自身在内的所有企业的利益。

（2）企业要能建立更有效的分销渠道，将本企业的物业产品送达消费者手中。

（3）企业要有比竞争者更多、更好的资源，能开发出比竞争者更好的物业产品。

（4）这个市场位置符合企业的长远发展目标和业务实力。

2. 拾遗补缺避让定位

物业营销服务和物业管理服务定位一般采用避让定位，其目的是保持物业企业服务的个性化、差异化，树立起特别的企业形象，即使采用竞争定位，也往往追求服务的个性与差异化。避让定位是一种将企业产品定位在市场空缺处的空位策略。如上例中的物业企业发现该地区客流中有大量外地的生意人来本地进货，他们在本地没有固定住处，每次停留的时间很短，但又经常来，希望能有一个离车站近的地方可提供舒适的食宿和便利、安全高效的货物保管运输一条龙服务。另外，客流中还有大量的外来求职者。于是，该物业企业做决策，开发主要供这些消费者群食宿的相应的宾馆物业，客户提供有关的商品供求信息和人才信息，并提供货物的保管运输服务，受到这些外来人员的欢迎，因而取得了很大的成功。这就是一种避让定位。

这种定位的采用一般有两种情况：一是许多开发商发现了这部分市场，但无力去占领，要去占领这个市场需要有足够的实力才能取得成功；二是这部分潜在市场即营销机会没有被竞争者发现，在这种情况下，该开发商往往容易取得成功。在这里，选择避让定位策略，需具备的条件是：

（1）市场有足够的购买这类产品的市场潜量，确保高投入有高产出。

（2）有先进的施工工艺、较强的设计创新能力、较成熟的质量保证体系，能及时设计和开发出结构合理、风格新颖、符合消费者心理需求和实际需要的各类住宅或非住宅物业。

（3）发展商开发的拾遗补缺物业产品与竞争产品相比，必须有明显的差异性。

3. 另辟蹊径突出特色定位

当企业无力与同行业强大的竞争对手相抗衡以获得绝对优势，也不能发现一个自己有力量去占领的空白市场时，可根据自己的条件取得相对优势，即突出宣传自己与众不同的特色，在有价值的产品特色上取得领先地位。如有的企业强调所开发的物业位于风光优美的河流湖泊之滨或自然风景区附近；有的开发企业突出宣传自己开发的物业产品有完善的物业管理服务系统等等，往往取得很好的营销效果。

10.2.4　物业市场定位的步骤

物业市场定位步骤包括识别潜在的竞争优势，选择适合的竞争优势，传播和送达定位信息。

1. 识别潜在的竞争优势

所谓竞争优势，就是一个物业企业区别于另一个物业企业的，能为消费者创造并为消费者乐于接受的价值。如果一个企业没有比别的企业有不同的竞争优势，那么，市场定位就会和竞争者雷同。为此，物业企业要明确回答以下问题：

（1）目标市场上足够数量的客户确定需要什么，他们的需要满足得如何？

（2）目标市场上竞争者做了什么，做得如何？

（3）本企业能够做什么？

一个物业企业如何分析竞争优势，并从中找出自己的竞争优势，是物业企业为自己在市场上确定一个合适位置的前提。它主要有两种类型：产品差别化和成本优势。产品差别化是企业物业本身的设计技术特点，通过建筑质量、建筑风格特点，设计品牌形象，物业管理服务等，使本企业拥有与竞争对手有所不同的东西。企业需要对竞争对手的成本和经营情况做出估计，并以此作为本企业的基准点，只要在某一方面比竞争对手强，那它就获得了某种竞争优势。对于物业企业来说，成本优势是指由于企业建立了严格高效的开发经营管理体系，因而比竞争对手有更低的可行性研究等前期费用，广告、推销费用和物业管理服务费用，工程建造费用，从而获得比竞争对手更好的经济效益。

2. 选择适合的竞争优势

一个企业的竞争优势可能是多方面的。并不是所有的潜在竞争优势都适合企业的发展宗旨和目标，有些差异很可能不被消费者认同，有些差异可能只是微弱的优势，但是却要支付高昂的开发成本。如果企业发现自己有许多潜在的竞争优势，就必须选择那些是适合企业的，即有意义、有价值的方面。评价一种竞争优势是否有意义，应看它是否符合以下要求：

(1) 重要性。要能给目标客户带来足够的利益。

(2) 专有性。竞争者无法获得。

(3) 可感知性。实实在在，能为消费者感知。

(4) 可支付性。购买者有能力支付其价格。

(5) 可盈利性。能为企业带来赢利。

物业企业还要确定是建立一种优势定位，还是根据若干种优势进行市场定位。一般地，给一个产品或一个企业赋予一个特点，并使之成为具有这一特点的企业和产品中最好的，如最优的物业管理服务、最优的建筑质量、最好的品牌保障等，较易传递给消费者并被记住和传播。如果定位的因素太多，一方面有其他开发商很难与之竞争的优点，但另一方面，诉求点太多也易产生不被人信任的风险，并且会使市场定位变得模糊，所以物业企业要谨慎决策。

3. 向市场传播和送达定位信息

在确定了自己的市场定位之后，物业企业还必须把这种定位信息传递到目标市场，也就是要通过营销努力表明自己的市场定位。

(1) 建立与市场定位相一致的形象

物业企业要本着诚实信用的原则，确实能够给消费者一个所承诺的优良的建筑质量或优良的物业管理服务等，不能欺诈营销也不能夸大其词，以免引起不必要的纠纷，导致企业经济利益和企业形象受损。物业企业要积极主动、经常而又巧妙地和消费者沟通，以引起消费者的注意和兴趣，使他们了解本企业的市场定位，并且产生认同感和偏爱感。

(2) 巩固与市场定位相一致的形象

物业企业要用精心设计的营销组合，保持他们对本企业及市场定位的了解，强化目标客户对企业的印象，加深他们的感性倾向，稳定他们的态度，促使目标客户最终做出购买的决定。

(3) 矫正与市场定位不一致的形象

企业在显示其独特的竞争优势的过程中，必须对与市场定位不一致的形象加以矫正，还应该用实践来检验自己的市场定位是否准确，以确保物业开发经营企业在激烈的竞争中取得和保持竞争优势。目标客户对物业企业的市场定位有时会理解偏差，如理解过高、过低或理解模糊。这时应分析原因，有针对性地做工作，纠正目标客户的理解偏差。但有时候，问题也许出在企业内部，甚至物业市场定位本身就比较模糊或者是定位错误。这时也许就应考虑是否重新定位。

10.3 物业品牌策略

10.3.1 品牌名称策略

1. 统一品牌名称策略

即对所有产品使用相同的品牌名称，也就是说公司、小区以及物业服务部门的品牌名称是相同的。统一的品牌名称策略将不需要为每一个产品建立品牌认知和偏好而花费大量的广告费。如果公司的声誉良好，产品的销路就会非常好。由于物业产品的区位性，在考虑使用统一品牌名称时，通常做法是主、副品牌名称相结合，即主品牌名称相同，但副品牌名称各异，这样既保持了公司的统一形象，又可以对不同的产品和小区进行区分。

2. 个别品牌名称策略

物业公司可以对开发的居住性物业和商业性物业采用不同的品牌。每个不同的产品，都有自己的品牌。实行个别品牌名称策略的好处是：可以分解单一产品品牌失败的风险，如果一个产品品牌失败了，不会损害其他产品的名声。如：浙江绿城房地产开发有限公司开发的住宅小区有"春江花月"、"桂花城"、"九溪玫瑰园"、"紫桂花园"，开发的写字楼叫做"世纪广场"，开发的商铺叫做"舟山丹桂苑"。

3. 分类品牌名称策略

这是对不同类别的物业产品使用不同的统一品牌名称。如居住性物业、商业性物业和工业性物业，由于使用的功能不同，可以冠以不同风格的品牌。这种策略往往在公司生产截然不同的产品时采用。

4. 公司名称加个别品牌名称策略

这是指公司的名称和单个产品名称相结合。这样既保持了公司产品的统一形象，又可以使产品个性化。如：杭州的金城房地产开发公司，所开发的住宅小区称之为"金城嘉南公寓"，在住宅小区前面冠以公司的名称。

10.3.2 品牌扩展策略

可供公司选择的品牌扩展策略有四种：①品牌扩展，即将现有品牌名称扩展到新的产品类别中；②产品线扩展，即以现有的品牌名称将新的产品、式样增加到现有产品组合中；③新品牌，即为某一个新增的产品类别设立一个新的品牌名称；④多品牌，即同一种产品类别采用多个品牌名称。

1. 品牌扩展

品牌扩展是指以现有的品牌名称推出新产品。如有的房地产开发公司，在提供物业产品的同时，又推出了室内装修与装饰、家具制作等产品项目。

品牌扩展策略有很多优势。著名的品牌可使新产品迅速得到市场的承认与接受，从而有助于公司经营新的产品类别。品牌扩展策略也具有一定的风险。将现有品牌名称应用于新的产品类别，需格外慎重。如果新产品不能令人满意，这就可能影响消费者对同一品牌名称的其他产品的态度。品牌过分扩展将导致已有品牌名称失去其在消费者心目中的特殊定位。这种情况叫做品牌淡化。最好的结果是新产品的销售增加，同时又没有影响现有产品的销售。

2. 产品线扩展

这是公司在现有产品类别中增加新的产品项目，并以同样的品牌推出。如有的物业开发公司在最初开发某个住宅小区时，只有多层公寓和排屋，在市场和顾客认可了其产品质量和社区环境以后，又在社区内增加了别墅和小高层豪华型公寓。

新产品开发活动就属于产品线的扩展。对于物业产品来说，一旦发现了消费者的潜在需求，可立即投资开发。产品线的扩展可采取创新的方式，也可采取仿制的方式。过剩的生产能力和雄厚的资金实力，往往驱使着公司推出更多的产品项目。

产品线的扩展会有许多风险，单纯为了吸引顾客而不考虑经济可行性的产品线扩展是没有必要的。首先，最可能的是失去品牌名称的原有含义。其次，新产品的投入并没有带来销售的增加，因为公司的其他产品项目的销售可能会随之下降。成功的产品线扩展应是通过抑制竞争者产品的销售来获得本公司产品销售的增长，而不是本公司自己的产品自相残杀。

3. 新品牌

当开发商决定采用新品牌还是沿用旧品牌时，要评估建立新品牌所花费的成本是否能从产品利润中得到弥补，需要全面考虑市场定位与产品组合。

4. 多品牌

这是在同一产品类别中增设多种品牌。有时公司把它当作一种针对不同购买动机、确立不同特色或诉求的有效方法。例如宝洁公司在中国市场推出海飞丝、飘柔、潘婷等多种品牌，以便占领不同人群的洗发水市场。有时，公司并购竞争者之后沿用原有品牌以留住原有的忠诚消费者。

公司应当剔除掉疲软的品牌，并且建立严格的程序来选择新品牌。推出多品牌时，要避免一个陷阱，即公司将资源消耗于若干品牌上，而不是放在盈利能力较高的品牌上。

10.3.3　品牌定位策略

在做出品牌定位的选择时，营销管理人员必须考虑两个因素：其一，定位于新位置的品牌能获得多少收益；其二，是将品牌转移至另一细分市场所需的费用，包括产品品质提高、包装费与广告费等。收益的大小取决于：消费者的平均购买率、细分市场的规模以及竞争者的实力。

10.3.4　品牌名称设计

品牌名称的设计是品牌创建的第一步。品牌名称设计得好，容易在消费者心目中留下深刻的印象，并得到消费者的认可。在实施品牌名称策略的时候，还必须为产品选择一个特定的名称，既可以采用地名，也可以采用人名，还可以用体现生活方式的名称，或者是这些方法的复合应用。

设计不好，反而会降低消费者的购买欲望。有的物业产品的品牌一味追求"新、奇、特"，设计的品牌既没有体现出产品的功能，也没有考虑产品的特点与风格，如"双景住宅"、"罗马公寓"等，让人不禁猜想"双景"的含义是什么？是附近有两个著名的景点，还是社区里有两个人造的景观呢？而"罗马"两字代表的是建筑的风格，还是所处地段的名称？可见，品牌的名称设计对产品的形象有着重要的作用。

对于物业产品来说，一个独具特色的名称是十分必要的。在设计和选择名称时，应把握以下几点：

（1）使人联想到产品的利益。杭州的浙江绿城房地产开发有限公司临钱塘江开发的楼盘，叫做"春江花月"，主要是为了强调该楼盘毗邻钱塘江，可以观赏钱塘江的景观。

（2）简洁明了，朗朗上口，容易记忆。通过调查发现简短的名称效果好，像"桂花城"、"湖畔花园"这样的名称，既简明又易记。

（3）体现产品的功能。如"碧海人家"、"碧华庭居"。一看就可知道是居住性物业产品。而"世贸广场"，则肯定是商业性物业产品。

（4）突出特色，巧妙构思。一个与众不同的品牌应该能够体现物业产品的优点和特点。如广州的"奥林匹克花园"，就体现了小区关于"运动"题材和理念的运用。

（5）推陈出新，避免雷同。在品牌设计时效仿他人、拾人牙慧是大忌。物业品牌的设计曾一度滥用"中心"、"广场"、"居"、"苑"等词汇，即使很小的场所，也称之为"广场"，尤其是一些商业性物业，"购物广场"或"购物中心"之类的名称太多，没有任何新意。

10.4 物业产品的广告投放

10.4.1 物业广告渠道的选择

物业产品广告渠道的比较

作为广告主的物业企业最关心的就是如何选择广告手段来实现最佳组合，从而实现最佳的宣传效果并获取最大利益，因此，对物业广告的分析比较必不可少。对主要传播媒体进行比较分析，会发现它们各具优劣势。

（1）报纸广告

作为一种传统的广告媒体，报纸也是四大媒体中最早被采用的，它历来是广告的主要媒体之一。报纸通常有稳定的发行量、广泛的覆盖面且不受地理条件的限制。另外，报纸传播速度较快，广告能迅速传播。多数置业者获取信息的首要途径就是报纸，另外，因为报纸公开发行，人们相信其信息相对可靠。因此，物业广告可以选择报纸作为媒体，事实上多数物业产品都选择了报纸广告作为宣传方式。

公认的报纸广告的优势如下：

1）传播范围大，受众面广。

2）传播迅速，反应快捷。

3）选择性强，便于主动阅读。

4）文字表现力强，受众卷入程度高。当广告信息与受众关系密切时，他们会集中注意力阅读。

5）便于保存，可信度较高。

当然，一般的报纸往往是日报或者周报，由于报纸本身讲究"新"，过期的报纸广告很难引起人们的兴趣，针对这一点，物业的报纸广告必须注意广告有效期的标注。另外报纸的印刷较为粗糙，因此，精美的物业广告图片往往很难展现其表现力，当然这是可以通过印刷技术的改进来避免的。报纸广告的局限性表现如下：①使用寿命短；②印刷质量限制物业广告的表现力。

（2）杂志广告

杂志也属于印刷媒体，这决定它与报纸之间存在着共性，诸如文字表现力强、可信度高等，同时杂志也具有自身的优势：

1）读者集中，针对性强。

2）便于保存，持久性强。

3）印刷精美，表现力强。

无论是专业性的还是普及性的杂志，都拥有相对稳定的读者群体，因此，物业企业可以根据自己产品的特点，选择杂志广告将物业信息传递给目标消费者。另外，杂志不是用过即弃的，过一段时间后重复阅读，会加深印象，反复的刺激可能会产生购买欲望；而且，杂志的印刷质量明显优于报纸，精美的图片往往能逼真地表现楼盘的特点，通过视觉刺激带给人美的享受。

杂志广告多为彩页印刷，在保证印刷质量的同时也增加了制作费用，因此广告费用也会上升。由于杂志有固定的阅读群体，因此，单一的接触对象也成为它的局限性之一。杂志广告的局限性主要有以下两点：①接触对象单一。②制作复杂，成本较高。

（3）广播广告

广播广告具有超越时空的传播功能，它以方便、迅速的特点在广告业中发挥着巨大作用。由于广播利用电波传递信息，因此广播广告的传播速度非常快，几乎没有时间差，所以时效性强的物业广告，选择广播媒体是非常有效的。另外，广播广告制作相对简单和容易，需要改动也容易操作，并且广播广告的受众比较广泛，随身携带的小收音机也使这种广告不受环境的限制。可见，广播广告的优势有：①听众广泛，受环境影响较小。②传播速度快，范围广。③制作费用低，容易改动。

由于广播只能传递声音，因此广播广告只能通过听觉刺激，没有生动的视觉形象，仅依靠单一的广告词无法让受众得到感性认识，并且它还有稍纵即逝的特点，很难被记忆。因此，物业广播广告大多简单明了，朗朗上口，可以帮助树立形象，但不能大量传递信息。所以广播广告的局限性如下：①时间短暂，难于记忆。②形式单一，吸引力小。

（4）电视广告

在传统四大广告媒体中，电视的发展历史最短，但是影响最大，效力最明显。物业广告选择电视既可以塑造企业形象，也可以宣传产品，大力开展促销活动，还能够在产品的宣传中增强企业品牌形象，或者在企业树立形象的过程中推动产品的销售。电视广告与广播广告的传播方式类似，因此不受时空限制，方便迅速。但是由于电视的普及使得男女老幼不分文化层次和社会地位均能接触到电视广告，因此电视广告的受众面更为广泛；电视广告可以同时采用文字、图像、声音来传递广告信息，感染力较强。选择电视广告的优点如下：①视听兼备，感染力强。②传播迅速，时空性强。③传播面广，受众多。

由于广告是一种商业行为，因此不能不考虑费用问题。这些费用包括电视广告的制作及发布费用，也许有些物业企业很想在电视节目黄金时段宣传自己的产品，但往往因为费用而放弃。

（5）网络广告

前述四种广告形式都属于传统意义上的广告，而网络广告则是一个崭新的概念。网络广告从根本上改变了以往广告中消费者被动接受信息的局面，这时消费者可以主动查询所关心的物业企业状况、物业产品和服务项目内容的信息，如果有必要还可以在自己的电脑中保存这些信息，也正因为如此，网络广告以无法抵挡之势快速兴起。当前的网络广告主要有这样几种形式：基本的广告、文字链接广告、网络广告、搜索引擎广告、弹式广告等。与其他广告相比，网络广告优势在于：①从单向被动地接受广告信息转变为双向互动的交流。②信息容量剧增。③从区域性的传播扩展到全球范围。④广告形式丰富多样。⑤信息存储功能可以实现。

需要明确的是，物业广告必须根据自己目标受众的实际情况（如是否为网民，是否具备上网条件等）确定是否选择网络广告。网络广告的信息传递，必须建立在受众拥有网络条件的基础上，这也是网络广告的局限性。

■ 10.4.2　影响物业广告选择的因素

物业广告通常会选择不同的广告方式和广告媒体，一般来说，影响物业广告选择的因素有如下几个：

（1）广告目标

在选择广告媒体时，必须以广告目标为基础。物业如果是新开盘上市，广告目标是迅速提高知名度，扩大影响，则电子媒体快速直观、在短时间内能造成轰动效应的特点较为适宜；当物业广告的目标是为了确立企业形象或者巩固品牌知名度时，可以选择户外广告、报纸广告，并兼顾电视广告等形式。

（2）广告受众

广告受众因为社会阶层、收入、职业、生活习惯等因素的影响，一般会有自己独特的广告接受方式，因此，物业企业在选择广告媒体时，应考虑目标受众的群体特征，选择合适的广告媒体。广告受众的选择的重要性正如企业总有自己的目标市场一样，广告也有特定的目标对象。例如对于商务写字楼的广告，由于其目标受众是商业人士，应选择适合这一人群的某些商业信息杂志，因为这一群体大多时间宝贵，不大可能花很多时间和精力在浩瀚的报纸广告或电视广告中寻找信息。

（3）物业产品自身的特点

由于产品价值的差异，消费者在购买时的重视程度也不一样，对于购置物业产品，由于它的复杂性和高投资，决定了消费者的购买行为必然是一种理性购买行为。物业广告选择房产杂志是天经地义的，因为作为商品，物业的特殊性决定了人们在购买它时比购买其他商品更为慎重，因此会有意识地寻找有关广告信息，而房产杂志将会是消费者寻找广告信息的首选。单纯从广告的角度分析，物业广告的重点不仅要通过电视等媒体渲染气氛，传递楼盘的信息，同时也要辅以平面广告，说明产品的特征和购买地点等详细信息。

（4）广告费用

不同媒体广告，在制作费用、发布费用上都存在较大差异，没有广告费用，就无法开展广告活动，企业在发布广告信息时，应根据自身的财力状况，做出合适的选择。

应当注意的是，必须把广告费用绝对价格与相对价格加以区分，绝对价格高，相对价格不一定就高，绝对价格是指做一次广告实际支付的费用；相对价格是广告接触人均费用。

■ 10.4.3　物业广告预算的方法

1. 物业广告预算内容

常见的物业广告预算内容包括以下几项：①广告调查费用。主要包括广告前期市场研究费用、广告咨询费用、广告效果调查费用、媒介调查费用。②广告制作费用。要包括拍照、录音、制版、印刷、摄影、录像、文案创作、美术设计、广告礼品等直接制作费用。③广告媒体费用。主要指电视和电台播出频道和时段、购买报纸和杂志版面以及租用户外看板等其他媒体的费用。④其他相关费用。主要指与广告活动有关的 SP 活动、公共活动、直销营销等费用。

2. 广告预算的影响因素

（1）广告频率

国外学者研究发现，目标沟通对象在一个购买周期内需要接触 3 次广告信息才能产生该广告的记忆，接触次数达到 6 次一般被认为最佳频率。当广告频率超过一定限度，一般认为 8 次以后，将会产生负面影响。但有时也不一定受这些具体的数字的约束，更有甚者企业通过这些广告频率的负面影响来提高楼盘的知名度。

（2）竞争程度

主要指房地产市场的竞争状况，竞争激烈、竞争者数量众多时，需要较多的广告费用投入。

（3）企业的品牌。一个知名的品牌所需投入的广告费用可以远远少于一个普通的企业。知名的品牌无需再为提高企业的知名度而花费巨额的广告费用，只需告知消费者企业有楼卖的信息，消费者可能就会争先恐后地来购买了。

（4）物业产品的替代性。物业产品具有一定的替代性，对于在使用功能、质量等方面缺乏卖点的楼盘来说，一般要求做更多广告。

3. 制定广告预算的方法

在决定广告预算时，不同的物业企业应根据本企业的特点、营销战略和营销目标，选择合适的促销预算决定方法，作为企业比较合理的广告预算。物业广告预算最常用的方法是销售百分比法、量入为出法、目标任务法、竞争对等法，具体方法如下：①销售百分比法。即企业根据目前或预测的销售额的百分比决定广告费用的大小。②量入为出法。即根据企业自身的承受能力，能拿多少就用多少钱为企业作促销宣传。物业服务企业由于项目开发投入资金量大，在进行广告以前，奖金状况往往比较紧张，于是采用这种方法。但由于这种方法完全忽略了广告对销售量的影响，所以在某种程度上存在着片面性。③目标任务法。这种方法是企业首先确定其销售目标，根据所要完成的目标决定必须执行的工作任务，然后估算每项任务所需的促销支出，这些促销支出的总和就是计划促销预算。④竞争对等法。这是房地产企业较常用的方法。这是指按竞争对手的大致广告费用来决定广告费用的大小。

11 物业管理应用文撰写实训

【实训目的】

通过本单元实训，熟悉物业管理应用文写作的基本内容、基本要求、写作的格式和方法。熟悉与物业管理行业相关的各类文书的特点，能够胜任物业管理应用文写作的工作。

【实训内容】

一、常用公务类文书，包括通知、通报、报告、请示和会议纪要的写作；

二、常用实务类文书，包括计划、方案、调查报告、经济合同、公约的写作；

三、常用商务类文书，包括经济活动分析报告、商品说明书、市场调查报告、市场预测报告的写作。

【实训技能点】

一、常用办公软件操作能力；

二、物业管理应用文写作能力。

【实训作业】

一、根据实训现场老师的要求，写作公务类文书并提交作业；

二、根据实训现场情况，分组提交一份物业管理工作计划；

三、根据实训现场情况，分组提交一份物业说明书。

11.1 公务类文书的编写

11.1.1 通知的编写

1. 通知的格式

（1）标题：由编制单位的名称、通知的事由、文种三部分组成。

（2）正文：包括接受通知的单位名称，通知的具体事项，制文单位的要求。正文的行文要明确、简练。

（3）结尾：包括署名、具时。有的通知要加附件。

书写时，如果被通知的单位较多，应按照普发性文件的发文单位写；一般通知，不需要按正式公文办理。若要求被通知单位尽快知道，可在通知的标题前或文种前加上"紧急"二字；上级发出的通知，要编写发文字号、编号等，应按公文程序办理，以便存档、查阅。

2. 通知的分类

按照通知使用的范围，可分为法规通知、会议通知、转发通知、批转通知、事项通知等类型。

（1）法规通知，是用于发布行政法规、规章的通知。在通知中常用"发给"、"颁发"、"印发"等发布通知的性质及关系。结尾常用"请遵照执行"、"请照此执行"等作结语。

（2）会议通知，是指需要周知或执行的一种通知。

（3）转发通知，是指转发上级机关或同级机关、不相隶属机关的公文时使用的一种通知。对该通知除了执行或参照执行外，还可以根据实际情况作出的具体要求和补充规定，但不能写"同意"等批语。

（4）批转通知，是上级机关批转下级机关的公文的通知。在批转该通知时，常写"同意"或"原则同意"、"很好"或"很重要"等批语，要求有关单位"执行"或"研究执行"。

（5）事项通知，是上级要求下级机关有关人员办理和需要周知或共同执行事项的一种通知。

例文：

通 知

各分公司各厂：

为贯彻市政府安全工作会议精神，研究落实我公司安全生产事宜，总公司决定召开1999年度安全生产工作会议，现将有关事项通知如下：

1. 参加会议人员：各车队队长，修理厂厂长。

2. 会议时间：5月3日，会期1天。

3. 报到时间：5月2日至5月3日上午8时前。

4. 报到地点：第二招待所301号房间，联系人：赵爱国。

5. 各单位报送的经验材料，请打印30份，于4月20日前报公司技安科。

特此通知

××总公司
××年××月××日

11.1.2　通报的编写

1. 通报的写法

在物业管理中通报的基本格式可分为标题、正文、落款三部分。

（1）标题：由行文单位名称、事由和文种组成。

（2）正文：在引言部分，主要是概括通报的内容、根据、性质、作用和要求；主体部分，主要写明表扬、批评、情况的具体事实和对事实本质的分析及处理决定；结尾主要是进行总结或提出要求或发出号召。

（3）落款：署名、具时、加盖印章。

2. 通报的分类

在物业管理中通报按其性质和范围，可分为表扬通报、批评通报、情况通报等几种类型。

（1）表扬通报：是指表彰先进人物时所使用的一种通报。表扬通报着重写明表彰的原因、依据、被表扬人的姓名、职务及事迹发生的时间，通报的具体事项及相应决定，最后以希望、要求、号召作结尾。

（2）批评通报：是指用于批评错误时使用的一种通报。在撰写时，引言部分应写明所通报的基本情况，如批评的对象，事情发生的时间、地点，主要错误的经过与结果，新闻导语一样，比较概括地反映这些内容；在主体部分重点归纳错误的事实，要求把详细经过和结果反映出来；然后分析错误的原因与危害；结尾的部分更要重点写明所采取的措施、办法或要求。

（3）情况通报：是指传达重要情况时使用的一种通报。在拟写时重点写明传达的事由、具体事项以及所属的范围、要求等。

3. 通报在拟写中应注意的一些问题

（1）通报以叙事为主，表扬好人好事的通报，在叙述具体事实的同时，可作适当的描述；对于批评错误事实的，可作必要的分析、批判，以加深认识，但不能夸大或缩小，用词需有分寸。

（2）通报应按公文格式编写发文字号，明确主送机关、主题词、抄送、印制单位及时间。

例文：

关于表彰×××等 30 名在工作中成绩显著的回国留学人员的通报

各企业经济培训中心：

为了贯彻执行党中央、国务院引进国外智力，以利国家建设的战略方针，我委通过各种渠道，引进和借鉴国外先进的管理经验、方法，先后从一些企业、经济管理学院、企业管理培训中心选派了一批企业厂长、教师等到国外培训，学成后回国服务，他们在各自的工作岗位上潜心钻研、勤奋工作，取得了显著的成绩。为了表彰他们的先进事迹，鼓励和弘扬回国留学人员热爱祖国、锐意进取的精神，经有关部门认真推荐、反复评审，从回国的留学人员中遴选一批在工作中取得实出成绩的人员予以表彰。为此：×××等30名同志（名单附后）颁发荣誉证书。

希望受表彰的同志谦虚谨慎，在各自的岗位上不断作出新的贡献。

____年____月____日

■ 11.1.3　报告的编写

1. 报告的写作方法

报告的结构包括标题、主送机关、正文、落款四个部分。

（1）标题：一般由发文机关、事由和文种组成。定期报告往往还在事由前冠以时间概念。如"某某物业公司2009年上半年工作情况综合报告"。

（2）主送机关：除联合行文的报告外，一般只能主送一个机关。

（3）正文：报告的正文因写作目的、内容和性质的不同，写法也不尽相同，但一般都由三部分构成。报告缘由，开门见山说明为什么写报告，阐述撰写报告的原因，或是答复上级机关提出的问题。报告的事实和问题，这是正文的重点内容，应着力写好。如果报告的是问题，就要将问题产生的原因、表现、性质、影响、解决办法写出来；如果报告的是事件，就要将事件的起因、经过、结果写出来；如果报告的是工作，就要将工作的基本情况、主要成绩、经验体会、存在问题、基本教训、今后的打算或建议写出来；如果是答复报告，在引出答复依据后，就要针对所提问题写清答复意见或处理结果；如果是建议报告，就要在情况分析的基础上，切合实际地提出做好某项工作的意见、建议、措施。

（4）结语。除建议报告常用"如无不妥，请批转有关单位执行"等语作结尾外，其余各类的报告通常以"请审核"、"请审查"、"请审定"、"请审阅"、"请查收"、"特此报告"等结尾。

2. 报告的写作要求

（1）要实事求是。下级的报告是上级决策的依据之一，为了切实发挥报告的作用，报告必须如实反映情况，不能报喜不报忧，更不能只报成绩、掩盖缺点。

（2）要充分调查。要拟写好报告，必须深入实际，进行周密的、系统的调查研究，占有大量的第一手材料；同时，要有明确的观点，因此一定要从实际情况出发，以高度的政治敏锐性及时发现新事物、新问题，加以分析总结，找出带规律性的东西；并且，还要在材料充实的基础上，提出自己的看法，供领导批示参考。

（3）要突出重点。写综合报告同写其他机关公文相比，最大的难点是要把各个方面的工作情况详略得当地组织在有限的篇幅之中。为此必须突出重点,只有把起主导作用的工作或工作的主要方面作为重点反映出来,把其他情况放在次要和从属的位置上,才能真正反映出一个地区、单位的面貌。

物业管理报告由物业服务公司按月或按季向发展商、业主委员会递呈,汇报物业服务公司对辖区一个阶段的工作情况。

3. 报告的分类

(1) 按报告内容可分为:工作报告,用于向上级汇报工作进程、经验、问题等;建议报告,用于向上级提出意见、建议;情况报告,用于向上级汇报本机关调查了解到的重大情况、特殊情况、突发情况和新情况;答复报告,用于答复上级机关查询;报送报告,用于向上级机关说明报送文件、材料或物品的情况。

(2) 按写作范围可分为:专题报告,用于汇报某项工作或反映某一情况的报告。内容上具有单一性的特征;综合报告,用于汇报全面工作或几个方面工作情况的报告,内容上具有综合性、全面性的特征。

(3) 按写作意图可分为:呈转性报告,呈报给上级机关要求上级批准并转发给有关方面的报告;呈报性报告,呈报给上级机关而不要求上级批转的报告。

(4) 按写作时限可分为:定期报告,定期向上级所作的例行工作报告,如月报、旬报、季报、年度报告等;不定期报告,无严格的期限规定,根据工作需要而写的报告。

11.1.4 请示的编写

1. 请示的写法

(1) 标题:由发文机关、事由和文种构成。

(2) 主送机关:只能写一个且只能主送其直接上级机关。如需同时送其他机关,应用抄送形式予以处理。即使受双重领导的机关上报请示,也只能写一个主送机关,由主送机关负责答复所请示的问题。

(3) 正文:引言部分应写明请示的缘由,即请示什么问题,为什么要请示,可结合请示的问题把有关的历史情况或现实情况、政策规定进行简要介绍。主体部分应首先重点写明请示的具体问题和对解决问题的意见或态度,以供上级领导参考或筛选。但对于下级来说,必须表明自己希望上级批准的意见,并说明理由。最后要提出请示的要求;要求必须要具体,才能达到请示的目的。最后以"以上妥否,请批复"、"特此请示,请批复"、"以上请示,如无不妥,请批转×××执行"为结束语。

(4) 落款:署名、具时、加盖公章。

2. 撰写请示的注意事项

(1) 请示必须按公文格式行文,如编写发文字号、主送机关、主题词、抄送和行文单位及时间等内容。

（2）请示的内容必须具体，请示批准的内容必须明确，才能使上级了解意图，达到请示的目的。时间上，也应作强调与要求，以便上级及时批复。

（3）请示是请求指示、批准，具有请求性，因而语言应有分寸，不能以命令口吻或要挟的语气来行文。

（4）请示是要求回复的公文，请示的意见要有根据和可行性，超出了政策界限及原则，或提出不合理的要求都不能达到请示的目的。因此，应把解决问题的依据进行适当的摘引，供上级参考。

（5）请示与报告不能混用，应严格分开。在有的系统公文中，混用或代用很严重，在拟写时应特别注意。

3. 请示的分类

（1）请求指示的请示，即请求上级机关对有关方针、政策、法规、规定、认识等作出指示的请示。

（2）请示批准的请示，即请求上级机关批准拨款、建房、成立机构、任免干部、增加编制等事务的请示。

（3）请求批转的请示，即请求上级机关对自己就涉及面广的某项工作提出的处理意见和办法给予批准并转发给有关方面贯彻执行的请示。

11.1.5　会议纪要的编写

1. 会议纪要的写法

（1）标题：由行文单位名称、事由和文种组成。

（2）正文：引言部分，主要概述会议的基本情况，如叙述会议主持单位、时间、地点、背景、参加人员、主要程序，有时还可交代原因与目的、主要领导的活动及会议产生的影响和意义。主体部分是会议内容的摘要，即会议中研究、讨论的问题，形成的决定和决议等，点明会议的议定事项和主要精神。结尾以希望和号召的形式，要求与会单位共同遵守、执行会议议定的事项和主要精神。

（3）落款：主要是具时。但由于是会议文件，可直接在标题下用括号注明时间，而无须再具时。

2. 会议纪要的写作注意事项

（1）会议纪要作为行政机关公文，可按公文格式编写发文字号、主送机关、主题词、抄报抄送、行文单位及时间等内容。但也可按会议文件要求，不编写发文字号，而只在标题下注明会议时间即可。

（2）拟写会议纪要，首先要明白会议意图，弄清会议宗旨，语言要明白、流畅、准确；熟悉有关材料，了解讨论情况，然后进行客观的综合、归纳，并突出重点得出正确结论。

3. 会议纪要的类型

（1）例会纪要。例会纪要用来记录会议的主要过程、讨论情况和议定事项，是反映机关集体领导活动、主要决策和对日常工作处理情况的内部文件。它是就按照规定或惯例进行的会议所拟写的纪要，如各级行政机关办公会议、各级部门工作例会中的会议纪要都属于这种类型。

（2）工作会议纪要。工作会议纪要是就国家机关以及职能部门解决当前工作中某些实际问题，专门召开的工作会议所作的会议纪要，它反映的内容，都是当前急需要解决的重要问题，政策性强，并带有指示性质，是一种决议性的纪要。

11.2　事务类文书的编写

11.2.1　计划的编写

1. 计划的分类

一般来说，预定在短期内要做的一件事情，叫安排；为长远工作或某种利益着想作出非正式的、粗线条的计划，一般叫设想；准备在近期内要做的事情，一般叫打算；比较长期的、涉及面广，而又只能提出一个大概轮廓的，一般称计划；上级对下级布置一个阶段的几项工作，一般叫意见、要点；如果对某项工作从目的要求、方式方法到具体进度，都作了全面考虑的，一般叫方案。

除了名称以外，计划应用的范围很广，可以从不同角度去分类。按内容分，有综合的、专题的、详细的、简要的计划；按范围分，有地区的、系统的计划，有单位的、个人的计划；按性质分，有工作计划、生产计划、学习计划、科研计划、教学计划等；按形式分，有表格式计划、条文式计划、条文表格式计划；按时间分，有长期的、短期的计划，有年度的、季度的、月份的计划。在各专业部门，因业务的不同，还有一些专门的计划，如财经预算计划、营销计划、招生计划等。

2. 计划的写法

（1）表格式计划的写法

这种计划简便、醒目，要点突出，便于张贴公布，但只适用于内容简单的小型计划和项目比较固定的计划。它的写法，只需按表格填写，有的可以加文字说明。表格式计划中的表格，实际上是计划中的"正文"，只不过是用表格的形式表达出来；而说明文字是不能代替表格的，两者应该是一个整体。如：季度、月份生产计划，银行现金计划，某一阶段原工作安排计划等，往往采用表格计划。

（2）条文式计划的写法

条文式计划，通常包括以下几个部分。

1）标题。计划的标题应写明制定计划的单位名称、适用时间、计划内容、计划种类，共四要素。如果计划还不成熟，或还未讨论通过，在标题后面应加括号注释是草稿、讨论稿或是征求意见稿。如果是个人制定的计划，还应把本人名字写在后面的日期之上。

2）正文。

① 正文的开头，也叫前言，是全文的导语，一般比较简单，主要说明制定计划的目的、依据、指导思想、上级要求、本单位的实际状况，以及计划确定的目标、要求。开头要写得简明扼要，明确具体。切忌套话、空话和大话。

② 正文的主体。这是计划中最重要的部分。应明确提出任务、指标和具体要求，写出主要步骤、方法、措施、分工及必要的注意事项等，也就是写出做什么、怎么做、什么时间做等内容。每份计划都要将这些内容写清楚，其中的详略可以不同。有些计划还可以写出执行计划的有利因素和不利因素，以及注意事项等。主体部分应写得周到详尽、具体明白。语言文字上，要简洁、通俗、条理清楚，注意内容的逻辑联系。

③ 正文的结束语，是计划的辅助、补充部分。应根据需要确定是否要写，如需要，可以写正文外的一些事宜，或分析实施过程中可能出现的问题，或强调工作中的重点和主要环节等。

3）文尾。写明计划的制定单位或个人姓名，还要写出报送单位及有关人员。如果标题上注明单位，文尾可以不再署名。最后在落款后面标明年、月、日。

3. 计划的写作要求

（1）要实事求是，从实际出发，将政策性和求实性结合起来。不论是单位还是个人计划，计划的指标、措施，既要先进，又要稳妥，要切实可行，留有余地。

（2）要以党和国家的方针、政策为指南制定计划。树立全局观点，正确处理好全局与局部、长远利益和当前利益的关系，进行统一的安排，使计划在工作中发挥积极作用。

（3）计划要明确具体。计划在时间、质量、数量上要力求准确；目的、要求、任务、办法、措施、步骤，都要具体写明，以便执行和检查。

（4）要走群众路线。特别是单位计划，制定前要发动群众认真讨论，反复修改，在对草案进行修改、补充后再定稿，送交领导审定。这样的计划才有群众基础，有利于计划的实施。

（5）要有一定的灵活性。计划制定于工作之前，是根据已有条件对未来工作的测定，因而计划是否正确，还要受实践的检验。制定计划时要有一定的灵活性，不能规定得过死，以便在执行计划的过程中，根据情况的变化随时修改，调整计划。

■ 11.2.2 方案的编写

1. 制定管理方案所需的物业资料

每个发展项目都有各自的特点，不同的设施配备。只有详细掌握相关的物业资料，才能编制最佳的管理方案和安排合适的人员配备。以下是物业服务公司在制定方案时必须获取的基本物业资料，一共包括10个部分：

（1）项目概要：①物业类型；②公共面积；③绿化面积；④单元套数；⑤停车位数；⑥完工日期。

（2）水泵系统：①每幢楼的输送泵；②每幢楼的加压泵；③两种水泵的电动机和水泵的大小。

（3）空调系统：①每幢楼内的空调数目，功效；②冷却塔、风机和冷凝器，功效。

（4）备用发电机：①每幢楼内的数量；②功效。

（5）供电能力：电力负载。

（6）有线电视系统：系统类型。

（7）防火系统：①喷淋装置的数量；②报警装置的数量；③探测器的数量；④灭火器的数量；⑤泵的数量；⑥泵的类型；⑦泵的功效。

（8）保安系统：系统和装置的类型。

（9）游泳池：①电动机和水泵的大小；②过滤系统。

（10）会所设施。

注：上述提到的所有机电设备的保修期限，特别是保修范围是物业管理最重要的组织部分，在物业资料中应注明此项。

2. 物业管理方案的组成部分

管理方案一般由以下七部分组成。第一部分，引言。综合说明物业管理的意图及管理公司概况。第二部分，物业概况。第三部分，物业服务公司所选择的管理模式：①管理模式的选择；②采用此管理模式的优点。第四部分，管理的宗旨、方针、内容。①宗旨；②方针；③内容。A. 物业的基础管理有房屋建筑管理、房屋设备维修管理；B. 物业的综合管理有清洁管理、绿化管理、消防管理、保安管理、停车场管理；C. 物业配套的综合服务有综合配套服务和娱乐设施；开展与物业管理有关的服务项目，接受高标准的物业管理业务和顾问咨询业务。第五部分，管理公司的组织结构：①组织结构；②人员编制计划。第六部分，管理的财务预算：①管理费编制说明；②人员经费测算；③年度管理费用预算；④年度能源费用预算。第七部分，物业管理的前期介入内容及经费：①前期介入的工作内容；②前期介入的费用预测。

必须强调的是物业管理的财务预算是整个管理方案中最重要的一部分。预算的合理、正确与否，直接关系到方案是否具有竞争力，是否能成功获得管理项目。财务预算所包括的具体内容如下：

（1）前期物业管理中发生的费用预算，包括办公设备购置费、工程调整购置费、清洁设备购置费、通信设备购置费、保安设备购置费、商务设备购置费、绿化设备购置费等。

（2）第一年度物业管理费用预算，包括物业管理人员的工资、福利费、办公费、邮电通信费、绿化清洁费、维修费、培训费、招待费等。

（3）年度能源费预算，包括水费、电费、锅炉燃油费等。

（4）物业所具有的各项服务项目的收入预算，包括各项收入、利润分配等。

（5）年度管理支出费用预算，包括人员费用、行政费用、公用事业费、维修消耗费等。

3．物业管理方案的写作要求

（1）在拟写综合说明时，要做到言简意赅、层次分明。

（2）拟写物业管理方案，在内容上做到全面、合理；在文字上要力求通俗、规范；在编排上做到重点突出。

（3）在拟写物业概况时，除了做到数据正确、介绍全面以外，还要注意用词的专业性，尽量发掘物业自身的潜力。

（4）在拟写管理宗旨、方针时，要注意从发展商/业主的利益出发，替他们着想，为他们服务，具有亲和力。

（5）在介绍物业服务公司概况时，要做到如实介绍、突出优势与实力，具有竞争力。

（6）在拟写机构、人员、费用等关键内容时，要做到人员编制合理，机构设置科学，费用测算正确，具有吸引力。

（7）要不失时机地宣传发展商所具有的良好传统、作风、精神，并可作为物业服务公司今后工作的借鉴，具有鼓动力。

拟写物业管理方案，要把财务预算作为重点，注意管理费用的合理性。其他如管理规定、员工岗位职责等内容，可以作为管理方案的附件。在进行前期物业管理费用的测算时，还要掌握勤俭节约、最低配置、急用先置的原则。

11.2.3　调查报告的编写

1．调查报告的种类

调查报告按性质可分为典型经验调查报告、新生事物调查报告、情况反映调查报告、揭露问题调查报告等。从形式上可分为专题调查报告、综合调查报告。

（1）典型经验调查报告。典型经验调查报告是通过一些具有代表性的先进典型，通过调查之后总结出经验的一种书面报告。这种报告是党的路线、方针、政策在某一单位或部门贯彻落实的结晶，它不仅有表彰先进的作用，还能给其他单位或部门提供具体的经验和办法，具有很强的现实指导意义。典型调查报告要求从事物的发生、发展全过程中，揭示其本质找出带有规律性的东西来。这类调查报告不仅是经验的归纳，有时还要进行分析，引述典型事例，得出结论，使经验也有说服力。

（2）新生事物调查报告。新生事物调查报告是用于扶植和推广那些代表历史发展方向的新生事物，使它成长、发展和完善的一种书面报告。这类调查报告，要求真实、准确、生动、完整地报道一个新事物，并揭示事物发生、发展过程及其本质，找出规律性的东西。

（3）反映情况的调查报告。这类调查报告主要是反映一些值得探讨的问题或值得重视的情况，但也有不少是把某一事情的做法、意义、作用、弊端等反映出来，以引起人们注意。它为领导机关研究问题、制定各项方针、政策和计划提供依据。反映情况的调查报告是在贯彻执行党的路线、方针、政策的过程中，通过对一些值得重视的问题或情况进行调查研究，将它反映出来，供上级领导机关了解情况、掌握情况的一种书面报告。撰写这种报告，着重是写调查的目的、方法、存在的问题或有关情况，以及改进的意见、办法或措施等。

（4）揭露问题的调查报告。它的特点在于用事实说话，只在关键地方发表适当的议论。这类调查报告用于揭露问题，暴露事实的真相，以引起人们的注意达到弄清是非，教育群众，解决总结的目的。它要求证据确凿，写得尖锐，一针见血。这种调查报告，用于现实生活，也用于历史事件。

2. 调查报告的写法

（1）调查报告的标题。调查报告的标题以概括文章的中心内容为主，并且根据需要，还可以限制一定的范围。如《关于老年干部锻炼生活的几个问题》，它高度概括了文章中"干部锻炼生活的几个问题"这一中心内容，并对干部的范围用"老年"作了限制。

（2）调查报告的正文。它包括引言、正文、结尾三个部分。

1）引言：引言是调查报告的开头部分，又可称为导语、前言等。首先是对调查的目的、主要内容、调查对象作一个简要说明。同时，根据需要把地点、时间、方法、范围、过程以及背景、成败等情况作一个介绍，或对结果作出估计。这一部分是对调查报告基本情况作一概括介绍。总之，调查报告的引言是极精要的，有时只有一句话。根据内容的需要，也可以写得详细些。但它不是正文，它只为正文的开展作准备，以引起读者的注意。

2）正文：正文是调查报告的核心部分，主要是把调查的过程和结果作具体的叙述和说明，并通过阐述剖析，寻找其规律性的东西，然后将文章的中心内容归纳、提炼，把成绩或问题、经验或教训，整理成几个观点，加以概括论述。根据实际需要，并以典型事例和确凿的数据对提炼形成的观点进行说明，在说明基础上进行小结。

调查报告因种类不同，其结构形式也不一样。有的根据事物的发生、发展的需要，可以写成横式，即按时间先后顺序来安排结构，必要时作一定的论述，最后作出结论。有时可用概括的事例或数据进行说明，最后进行小结。有的是按总结经验教训、成绩和问题来组织材料，这是一种纵式结构，即根据文章的中心内容，围绕主次、并列、层递的关系来安排结构。这类结构形式，按其每一方面的问题先归纳类似论文分论点的小标题，然后每一段落围绕所提出的问题进行阐述，然后根据实际需要举例说明。

（3）结尾：调查报告的结尾多以结论和建议结束全文。

调查报告和许多实录性文章一样，通过议论的表达方式对某些问题加以说明；有的是对正文里没有讲到的方面作一个补充说明；有的是对抽调查的现状作归纳性的说明，并指出其发展的远景；有的是总结全文，明确主题；有的是谈了成绩或经验，在结尾谈问题或教训。总之，大多数调查报告都有一个简要的结尾。但也有把正文写完了，没有写结尾的。

3. 调查报告编写的注意事项

（1）要做好深入细致的调查研究工作。调查报告是把调查的情况和结论写成文章，因此必须做好调查研究工作。首先是要勤问、勤记，全面掌握材料；其次在分析材料的基础上形成观点，确定调查报告的主题。

（2）要作充分的调查。调查报告和新闻一样，要凭客观存在的事实说话，因此，必须选择真实可靠的数据和事例来说明自己的观点。要用事实说话，挖掘新问题，总结新经验，找出带规律性的东西。特别要选择那些新鲜的、典型的材料，不能说空话和假话。并且还必须透过事物的现象，找出有共同特点的东西。这样才能揭示事物本质，找出规律性来。

（3）语言要简洁、生动。应通过议论表明某种观点，然后用事实直接说明某种观点，或用叙述事件的方法来说明观点。表达方式可综合应用，但不能去描绘。最后再用议论来表达结果。

4. 物业管理中调查报告的应用

物业情况调查报告分为两部分：一部分为缺陷记录；另一部分为管理公司针对物业缺陷提出的整改意见。这类调查报告多采用表格形式。在物业管理中，也常用到条文式的调查报告。

作为专业的物业服务公司，在接管物业前，有义务向发展商建议对物业的整体情况进行调查。其目的在于针对物业的使用性质，指出物业在规划设计上有待改进之处，或物业在施工和设备安装阶段遗留下来的问题。物业整体情况调查有助于分清发展商与管理公司在某些改进或维修项目上的责任，从而维护产权人或房屋住户的利益。然而，物业服务公司的责任只是向发展商提出整改意见，供发展商参考，发展商仍拥有最后的决定权——是否要采纳管理公司的建议从而改进或提高物业的整体水平。

11.2.4 经济合同的编写

1. 经济合同的基本内容

经济合同种类繁多，因其种类不同而内容也不尽相同，但不管其种类如何，作为经济合同，都必须具备一些共同的基本内容。根据法律规定或按经济合同性质必须具备的条款，以及当事人一方要求必须规定的条款，也是经济合同的基本内容。《经济合同法》第十二条明文规定："经济合同应具备以下主要条款：①标的（指货物、劳务、工程项目等）；②数量和质量；③价款或酬金；④履行的期限、地点和方式；⑤违约责任。"

（1）标的

标的是签订经济合同的当事人双方权利和义务共同所指向的对象。任何经济合同都得有标的，且标的一定要准确、具体、肯定。标的名称、型号、规格要写清楚。否则，当事人应享受的权利、应尽的义务，便无所依据，合同要求就无法实现。如某食品厂与某食用油厂签订《香油购销合同》，其标的物为"香油"，"香油"这个名称是不准确的，因为我国北方的一些地区（如天津市），却是把"芝麻油"叫做"香油"，而我国南方的一些地区（如上海市），把芝麻油叫做麻油，把菜籽油叫做香油。合同的标的物名称不统一，有歧义，这样的协议条款在执行中就容易发生纠纷。

（2）数量和质量

1）数量。标的数量是衡量合同当事人双方权利义务大小的尺度，不规定数量，双方权利和义务的大小就不能确定。在确定数量时，数字要准确，不能含糊，计量单位要明确，在协议中表述数量时，应该用度量衡单位。

2）质量。标的物的质量，是标的物的使用价值的具体化，是标的物的内在素质和外观形态的综合，经济合同必须明确、具体地规定标的质量要求。如果是协商标准，还必须另附协议书或提交样品，否则其权利义务的大小，责任的轻重程度就难以确定，也就不利于标的质量的提高。例如，工业产品的质量必须具体定出何时的国家或部颁标准。

（3）价款或酬金

价款或酬金是取得对方产品或接受对方劳务时所支付的代价，它是以货币数量来表示的。双方（或多方）都应遵照等价互利的原则，对标的物的价款或酬金协调一致标明规定的计算标准、具体金额、给付办法；同时还应写明当发生标的物品价格涨落变化时，价款或酬金的应变处理办法。这就是：凡执行国家定价的，在合同规定的交付期限内国家价格调整时，按交付时的价格定价；逾期交货的，遇价格下降时，按新价格执行；价格上涨时，按原价格执行。在合同签订后，如遇国家定价调整时，应按照《经济合同法》的规定执行。

在实践中，由于价格的调整，双方为价格问题发生争执的事，时有发生。这种争执往往表现在收货一方在物价上涨时，要按原价格执行，在价格下降时，要按新价格执行；而提供物资一方在价格上涨时，要按新价格执行，在价格下降时，要按原价格执行。各执一端，影响合同的履行，因此，签订合同时，不仅要写明价格，而且要明确遇到物价变动时应该如何处理。

（4）履行的期限、地点和方式

经济合同的履行期限，是关于合同范围内的经济活动的期限的规定。否则，就会给对方造成损失。《经济合同法》规定："交（提）货期限要按照合同规定履行。任何一方要求提前或延后交（提）货，应在事先达成协议，并按协议执行。"

经济活动的履行地点，就是履行经济合同义务所规定的地方。履行地点直接关系到履行费用。因此，签订合同时应明确费用负担的归属。履行地点可按法律或合同的规定。例如运输合同，履行地点就是规定把货物运到某个目的地；购销合同的履行地点，可定在需方所在地，也可在供方所在地，抑或供需双方商定的第二地（仓库或其他指定地点）。

经济合同的履行方式，是根据经济合同的不同内容而定，其方式多种多样。有的合同需要交付一定工作成果来履行，如建设工程承包合同就是用完成某项工程方式来履行的，如购销合同就是供方把货物转移给需方，其转移方式又有一次履行或分批履行，是送货还是到供方所在地提货，供方送货是委托交通部门托运还是自己跟车送货。由于履行合同的方式多种多样，由此，在签订合同时，都应具体规定。

（5）违约责任

违约责任是对不按经济合同规定履行义务的制裁措施。违约赔偿金具有惩罚的性质，《经济合同法》就明确规定，违约赔偿金不得作为成本开支。除不可把握的意外事故外，违约一方应承担赔偿责任。这样就强化了双方的责任心，保证经济活动正常化。

以上五项内容，是任何一份经济合同必须写上的主要条款。此外，凡是根据法律规定的，或按经济合同性质必须具备的条款，以及当事人要求规定的合理合法的条款，均应作为经济合同的基本内容。至于标的物包装方法、运输方式、保管、结算方法、验收及损耗的处理方法等，也应该在经济合同中明确规定，以免责任不清，引起纠纷。

2. 经济合同的格式

经济合同的格式，主要有条文式和表格式两种：①表格式是按印制好的表格，把协商同意的内容逐项填入表中；②条文式把双方（或几方）达成的协定列成几条，写入合同。凡经济合同，无论是条文式，还是表格式，一般都包括以下四个部分：

（1）标题

即合同名称，直接标明了合同的性质，字体要大一些，而且要写在合同的第一行的中间。如："托运合同"、"加工订货合同"、"购销合同"等。

（2）签订合同的单位名称

一般采用并列式书写，先写单位全称，为了在正文中语言表达方便，可在当事人一方的名称后面加括号注明为"甲方"；另一方"乙方"；如有第三方时，则简称"丙方"。有的合同直接用"供方"和"需方"来表示；有的把一方称为"卖方"，另一方称为"买方"。有的合同在单位名称前，还要写明合同性质。

（3）正文

这是经济合同的主体，应包括如下内容：

1）开头。条文式合同的开头，一般都要用一段文字，写明签订合同的目的、依据和协商经过。如"为了……经双方协议，订立下列条款，以资共同遵守。"

2）双方议定的条款。即双方（或几方）协议的基本内容，它包括前面所讲的五项基本条款及其他有关条款。

3）附则。一般是规定执行合同中发生了意外情况的处置办法。这也是经济合同中必备条款，包括因自然灾害等非人为因素造成无法履行或无法完全履行合同的情况，注明合同份数和分送单位及其他未尽事宜等。合同如有表格、图纸、实样等附件，应写在或附在正文后面，并在附则中注明件数。

（4）结尾

1）签字盖章。在正文的下方写明签订合同的双方的名称和代表姓名，并盖上印章。如果需要写双方（或几方）上级机关或鉴证、公证机关的全称和上述单位代表人姓名，需要双方（或几方）上级主管部门证明和工商行政管理部门或司法部门鉴证或公证的，并分别加盖印章。

2）如签订合同各方相距较远，还应写上各单位地址、电报挂号、电话以及开户银行、账号等。

3）签订日期。在双方签字盖章的右下方，写明签订合同的年、月、日。

3. 签订合同应遵循的原则和要求

（1）签订合同遵循的原则

1）经济合同内容不得违反国家法律、法令和国家的有关经济政策，也就是说，订立合同要贯彻合法的原则。如有单位私下订立买卖土地合同，这就是违反法律的规定，因为我国实行土地公有制，国家法律明令禁止买卖土地或变相买卖土地。私订的土地买卖合同不仅无效，而且要不定期追究法律责任。

2）经济合同内容不得违反社会公共利益和社会主义道德规范。否则经济合同就不具有法律效力，情节严重还要依法惩处。

3）签订经济合同，要符合国家计划的要求。经济合同是实现国家计划的一个重要的法律形式，是执行国家计划的保证。因此，企事业等单位之间或各种组织与个体户、农民间签订合同，只要是属于国家计划管理范围内的产品、物资或项目，就必须符合国家计划的要求，绝不能违背国家计划。

4）经济合同必须贯彻平等互利、协商一致等价有偿的原则。所谓签订经济合同必须贯彻平等互利、协商一致的原则，就是说签约双方必须在经济法律地位平等和自愿的基础上充分协商，取得一致意见。经济合同双方必须本着等价交换、有偿调拨的原则签订合同，才能比较科学地反映出经济合同中权利和义务的内容。否则，必然是一方无偿占有另一方劳动或商品；必然是一方得到的价值不能补偿它的物质消耗和劳动消耗，这不仅违背了等价有偿的原则，也践踏了平等互利的原则。任何一方都不得损害对方或第三方的利益；不得以一方意志强加于另一方，任何单位或个人也不得利用职权或其他特殊条件，恣意践踏这个原则。

5）经济合同的当事者，必须具备法人资格，否则，无权签订经济合同，严格审查当事者的法人资格证，就可以防止社会上少数不良分子开皮包公司、投机倒把、订口袋合同、买空卖空、走私贩私等犯罪活动的发生。

（2）签订经济合同的要求

1）经济合同的条文内容，必须具体明确，措辞用字，应力求准确、简洁。

2）经济合同所包括的项目要完整，其基本内容，不得有遗漏。

3）合同字迹要清楚，有关钱货数目要大写，标点要正确，要用钢笔或毛笔书写，不能用圆珠笔写，以防日久字迹模糊。

4）经济合同拟好后，一般要请业务主管部门（如合同鉴证处）工商行政管理部门进行鉴证或公证，以免发生差错。鉴证就是对合同的合法性、可行性、真实性进行审查，如果有不符合要求之处，经鉴证机关指出，签订合同的各方应及时纠正、修改或补充。

5）标明附件。附件同样具有法律效力。因此附件名称、件数都必须在结尾写明，不得马虎从事。附件的种类如工程合同，往往附图样、项目、工程进度等。

6）合同不得随意涂改。合同是甲乙双方（或几方）具有法律效力的文书，对参加签订者均有同等的约束力，因此，任何一方都不得擅自涂改。有时可以使用互致函件方式进行修订补充，这种函件应作为合同附件一并保存。如因合同的文字和内容有错或因特殊情况必须修订补充时，必须经过双方协商同意，并在修改处由双方加盖印章，以示慎重、负责。

4. 合同在物业管理中的特别规定

合同在物业管理中有着重要的作用和特别的规定。无论是前期物业管理合同还是物业管理合同，其内容都应注明以下事项：①物业管理区域的范围和管理项目；②业主委员会（或住宅出售单位）和物业服务企业的名称、住所；③物业管理服务的事项；④物业管理服务的期限；⑤物业管理服务的要求和标准；⑥物业管理服务的费用；⑦违约责任；⑧合同终止和解除的约定；⑨当事人双方约定的其他事项。

■ 11.2.5　公约的编写

1. 公约的写法

（1）标题。标明公约的名称，说明公约的性质，也可以加上地区或单位名称，如《嘉苑爱国卫生公约》等。

（2）正文。分条写出公约的具体内容，也就是参与订立公约者要遵守的事项。有的在条文前简明扼要地说明订立本公约的目的。

（3）结尾。在右下方属上订立公约的单位名称与日期。如标题上已写单位名称的，就只需写清日期。

2.公约的编写要求

（1）条文要力求简明、具体，便于记忆、执行和检查。

（2）事前应充分酝酿，广泛讨论，使群众对党和政府的有关方针政策或指示有正确认识，并要充分考虑本单位的实际情况。

（3）要充分发扬民主，让所有订立公约的人都提意见、出主意，然后把意见集中起来，写成条文通过，才能成为正式的公约。要避免由个别人或少数人包办代替。

（4）公约定好后，要抄写清楚，贴在大家容易看到的地方，以便相互监督、共同遵守、真正落实。

（5）在执行公约的过程中，随着形势或情况的发展与变化，应及时修改补充。

《业主临时公约》（示范文本）

第一章　总　则

第一条　根据《物业管理条例》和相关法律、法规、政策，建设单位在销售物业之前，制定本临时公约，对有关物业的使用、维护、管理，业主的共同利益，业主应当履行的义务，违反公约应当承担的责任等事项依法作出约定。

第二条　建设单位应当在物业销售前将本临时公约向物业买受人明示，并予以说明。

物业买受人与建设单位签订物业买卖合同时对本临时公约予以的书面承诺，表示对本临时公约内容的认可。

第三条　本临时公约对建设单位、业主和物业住户均有约束力。

第四条　建设单位与物业服务企业签订的前期物业服务合同中涉及业主共同利益的约定，应与本临时公约一致。

第二章　物业基本情况

第五条　本物业管理区域内物业的基本情况。

物业名称：＿＿＿＿＿＿＿＿＿＿＿＿＿＿；

坐落位置：＿＿＿＿＿＿＿＿＿＿＿＿＿＿；

物业类型：＿＿＿＿＿＿＿＿＿＿＿＿＿＿；

建筑面积：＿＿＿＿＿＿＿＿＿＿＿＿＿＿。

物业管理区域四至：

东至＿＿＿＿＿＿＿＿＿＿＿＿＿＿；

南至＿＿＿＿＿＿＿＿＿＿＿＿＿＿；

西至＿＿＿＿＿＿＿＿＿＿＿＿＿＿；

北至＿＿＿＿＿＿＿＿＿＿＿＿＿＿。

第六条　根据有关法律法规和物业买卖合同，业主享有以下物业共用部位、共用设施设备的所有权：

1. 由单幢建筑物的全体业主共有的共用部位，包括该幢建筑物的承重结构、主体结构，公共门厅、公共走廊、公共楼梯间、户外墙面、屋面、＿＿＿＿＿＿、＿＿＿＿＿＿、＿＿＿＿＿＿等；

2. 由单幢建筑物的全体业主共有的共用设施设备，包括该幢建筑物内的给水排水管道、水管落、水箱、水泵、电梯、冷暖设施、照明设施、消防设施、避雷设施、＿＿＿＿＿＿、＿＿＿＿＿＿、＿＿＿＿＿＿等；

3. 由物业管理区域内全体业主共有的共用部位和共用设施设备，包括围墙、池井、照明设施、共用设施设备使用的房屋、物业管理用房、＿＿＿＿＿＿、＿＿＿＿＿＿、＿＿＿＿＿＿等。

第七条　在本物业管理区域内，根据物业买卖合同，以下部位和设施设备为建设单位所有：

1. ＿＿＿＿＿＿＿＿＿＿＿＿＿＿；

2. ＿＿＿＿＿＿＿＿＿＿＿＿＿＿；

3. ＿＿＿＿＿＿＿＿＿＿＿＿＿＿；

4. ＿＿＿＿＿＿＿＿＿＿＿＿＿＿。

建设单位行使以上部位和设施设备的所有权，不得影响物业买受人正常使用物业。

第三章　物业的使用

第八条　业主对物业的专有部分享有占有、使用、收益和处分的权利，但不得妨碍其他业主正常使用物业。

第九条　业主应遵守法律、法规的规定，按照有利于物业使用、安全、整洁以及公平合理、不损害公共利益和他人利益的原则，在供电、供水、供热、供气、排水、通行、通风、采光、装饰装修、环境卫生、环境保护等方面妥善处理与相邻业主的关系。

第十条　业主应按设计用途使用物业。因特殊情况需要改变物业设计用途的，业主应在征得相邻业主书面同意后，报有关行政主管部门批准，并告知物业服务企业。

第十一条　业主需要装饰装修房屋的，应事先告知物业服务企业，并与其签订装饰装修管理服务协议。

业主应按装饰装修管理服务协议的约定从事装饰装修行为，遵守装饰装修的注意事项，不得从事装饰装修的禁止行为。

第十二条 业主应在指定地点放置装饰装修材料及装修垃圾，不得擅自占用物业共用部位和公共场所。

本物业管理区域的装饰装修施工时间为_____，其他时间不得施工。

第十三条 因装饰装修房屋影响物业共用部位、共用设施设备的正常使用以及侵害相邻业主合法权益的，业主应及时恢复原状并承担相应的赔偿责任。

第十四条 业主应按有关规定合理使用水、电、气、暖等共用设施设备，不得擅自拆改。

第十五条 业主应按设计预留的位置安装空调，未预留设计位置的应按物业服务企业指定的位置安装，并按要求做好噪声及冷凝水的处理。

第十六条 业主及物业住户使用电梯，应遵守本物业管理区域的电梯使用管理规定。

第十七条 在物业管理区域内行驶和停放车辆，应遵守本物业管理区域的车辆行驶和停车规则。

第十八条 本物业管理区域内禁止下列行为：

1. 损坏房屋承重结构、主体结构，破坏房屋外貌，擅自改变房屋设计用途；

2. 占用或损坏物业共用部位、共用设施设备及相关场地，擅自移动物业共用设施设备；

3. 违章搭建、私设摊点；

4. 在非指定位置倾倒或抛弃垃圾、杂物；

5. 违反有关规定堆放易燃、易爆、剧毒、放射性物品，排放有毒有害物质，发出超标噪声；

6. 擅自在物业共用部位和相关场所悬挂、张贴、涂改、刻画；

7. 利用物业从事危害公共利益和侵害他人合法权益的活动；

8. _____；

9. 法律、法规禁止的其他行为。

第十九条 业主和物业住户在本物业管理区域内饲养动物不得违反有关规定，并应遵守以下约定：

1. _____；

2. _____。

第四章　物业的维修养护

第二十条 业主对物业专有部分的维修养护行为不得妨碍其他业主的合法权益。

第二十一条　因维修养护物业确需进入相关业主的物业专有部分时，业主或物业服务企业应事先告知相关业主，相关业主应给予必要的配合。

相关业主阻挠维修养护的进行造成物业损坏及其他损失的，应负责修复并承担赔偿责任。

第二十二条　发生危及公共利益或其他业主合法权益的紧急情况，必须及时进入物业专有部分进行维修养护但无法通知相关业主的，物业服务企业可向相邻业主说明情况，在第三方（如所在地居委会或派出所或_____）的监督下，进入相关业主的物业专有部分进行维修养护，事后应及时通知相关业主并做好善后工作。

第二十三条　因维修养护物业或者公共利益，业主确需临时占用、挖掘道路、场地的，应当征得建设单位和物业服务企业的同意，并在约定期限内恢复原状。

第二十四条　物业存在安全隐患，危及公共利益或其他业主合法权益时，责任人应当及时采取措施消除隐患。

第二十五条　建设单位应按国家规定的保修期限和保修范围承担物业的保修责任。

建设单位在保修期限和保修范围内拒绝修复或拖延修复的，业主可以自行或委托他人修复，修复费用及修复期间造成的其他损失由建设单位承担。

第二十六条　本物业管理区域内的全体业主按规定缴存、使用和管理物业专项维修资金。

第五章　业主的共同利益

第二十七条　为维护业主的共同利益，全体业主同意在物业管理活动中授予物业服务企业以下权利：

1. 根据本临时公约配合建设单位制定物业共用部位和共用设施设备的使用、公共秩序和环境卫生的维护等方面的规章制度；

2. 以批评、规劝、公示、_____等必要措施制止业主、物业住户违反本临时公约和规章制度的行为；

3. _____；

4. _____。

第二十八条　建设单位应在物业管理区域内显著位置设置公告栏，用于张贴物业管理规章制度，以及应告知全体业主和物业住户的通知、公告。

第二十九条　本物业管理区域内，物业服务收费采取包干制（酬金制）方式。业主应按照前期物业服务合同的约定按时足额交纳物业服务费用（物业服务资金）。

物业服务费用（物业服务资金）是物业服务活动正常开展的基础，涉及全体业主的共同利益，业主应积极倡导欠费业主履行交纳物业服务费用的义务。

第三十条　利用物业共用部位、共用设施设备进行经营的，应当在征得相关业主、物业服务企业的同意后，按规定办理有关手续，业主所得收益主要用于补充专项维修资金。

第六章 违 约 责 任

第三十一条 业主违反本临时公约关于物业的使用、维护和管理的约定，妨碍物业正常使用或造成物业损害及其他损失的，其他业主和物业服务企业可依据本临时公约向人民法院提起诉讼。

第三十二条 业主违反本临时公约关于业主共同利益的约定，导致全体业主的共同利益受损的，其他业主和物业服务企业可依据本临时公约向人民法院提起诉讼。

第三十三条 建设单位未能履行本临时公约约定义务的，业主和物业服务企业可向有关行政主管部门投诉，也可根据本临时公约向人民法院提起诉讼。

第七章 附 则

第三十四条 本临时公约所称物业的专有部分，是指由单个业主独立使用并具有排他性的房屋、空间、场地及相关设施设备。

本临时公约所称物业的共用部位、共用设施设备，是指物业管理区域内单个业主专有部分以外的，属于多个或全体业主共同所有或使用的房屋、空间、场地及相关设施设备。

第三十五条 业主转让或出租物业时，应提前书面通知物业服务企业，并要求物业继受人签署本临时公约承诺书或承租人在租赁合同中承诺遵守本临时公约。

第三十六条 本临时公约由建设单位、物业服务企业和每位业主各执一份。

第三十七条 本临时公约自首位物业买受人承诺之日起生效，至业主大会制定的《业主公约》生效之日终止。

承诺书

本人为_____（物业名称及具体位置，以下称该物业）的买受人，为维护本物业管理区域内全体业主的共同利益，本人声明如下：

一、确认已详细阅读_____（建设单位）制定的"×××业主临时公约"（以下称"本临时公约"）；

二、同意遵守并倡导其他业主及物业住户遵守本临时公约；

三、本人同意承担违反本临时公约的相应责任，并同意对该物业的住户违反本临时公约的行为承担连带责任；

四、本人同意转让该物业时取得物业继受人签署的本临时公约承诺书并送交建设单位或物业服务企业，建设单位或物业服务企业收到物业继受人签署的承诺书前，本承诺

继续有效。

承诺人（签章）

___年___月___日

11.3 商务类文书的编写

■ 11.3.1 经济活动分析报告的编写

1. 经济活动分析报告的种类

经济活动分析报告，按内容范围可分为专题分析和综合分析。专题分析是针对经济活动中的某一项目或问题，进行专门、深入的分析，以寻求产生问题的原因和解决问题的途径。综合分析是根据各项经济指标对某一单位或部门在某一时期内经济动态情况，进行全面系统的分析，涉及面较广，反映的问题较多。

按时间可分为年度、季度、月份和不定期分析报告。

按范围可分为地区、单位、部门经济活动分析报告。

按部门可分为工业、农业、商业、财政、金融、税收分析报告。

按作者可分为专业性分析报告和群众性分析报告。

按业务可分为生产分析、成本分析、财务分析、利润分析、流通费用分析、资金运用分析、商品购销分析、货币运用分析、库存结构分析、市场动态分析等报告。

2. 经济活动分析报告的基本内容

经济活动分析报告的内容，必须根据分析的性质、目的而定，一般说来，应包括情况、分析、改进方法及建议等基本内容。

（1）情况

要搞好经济活动分析，必须掌握有关的情况，需要掌握大量材料，这些材料从多方面提供了经济活动情况。总的说来，需要提供如下两种资料：一是活的资料，诸如各种政治、经济、科技信息及方针政策、上级指示精神等；二是各种有关的数据资料，即死材料，诸如计划、统计资料、会计核算资料和有关生产技术方面的资料，以及档案资料，外部门、外单位的可供对比的材料和其他各种有关经济业务数据、指标。

（2）分析

这是经济活动分析的主要内容，也是写作经济活动分析报告的重点。为达到改进经济工作，提高经济效益的目的，就要分析经济活动过程中产生问题的原因或取得的成效，总结经验。由于分析的目的不同，要求各异，其内容也有所侧重，有的以分析成果为主，但更多的是以揭露矛盾、剖析原因为主。

（3）提出改进措施和建议

这是写经济活动分析报告的最终目的。要使分析见成效，就应针对分析报告中涉及的问题，提出切实可行的改进方法或建议，以促使问题的解决。

在提出改进措施和建议时，如果是以基层单位或个人名义写的，以建议形式出现为好，表示仅供领导部门作为制定政策和进行决策的参考。

3. 经济活动分析报告的写作格式

经济活动的分析报告，同一般文章一样，没有固定的格式。因为文章的形式受其内容制约，经济活动分析内容种类较多，因此其格式也不应千篇一律。但通常人们在使用这种文体时，采用标题、开头、正文、结尾这样的写作格式。

（1）标题

1）专题分析报告的标题。一般是提示分析的主要问题或范围。

2）综合分析报告的标题。一般要标明时限、内容范围、分析报告的文种等三要素。

（2）开头

开头，亦称导语。一般是针对所要分析的问题，概括地引用一些数据，简要地介绍基本情况，说明当时的经济形势和背景。同时，提出问题和说明进行经济活动分析的目的、意图。开头的语言，力求语言精练、概括。

（3）正文

正文，是分析报告的主体，是写作的重点。

这一部分大体包括如下内容：一是进行因素分析，找出取得的成绩和产生问题的原因；二是对比分析的情况和结果，并从中总结经验和找出问题。

正文部分中，引证的资料要全面、翔实，数据要准确、典型，分析要中肯，条理要清晰，语言要准确、简洁。正文往往有文字和数据说明，其安排方式可根据需要而定。有的在前面列出数据指标，然后用文字表述进行分析说明；有的先用文字分析说明，然后列数字；有的在文字说明中，穿插数字表格或列出主要数据。

正文部分要根据分析的目的、要求和分析报告的种类来安排内容。如：全面分析报告就要根据经济活动的情况，对各项经济指标分项目进行分析，在综合分析的基础上，要抓住一两个主要指标重点分析；简要分析报告，往往抓住几个主要指标或一两个重点问题加以分析；专题分析报告，则针对专题的要求展开分析。

（4）结尾

它是正文部分对有关情况分析的必然结果。多数是指出意见或建议、措施。因此，所提措施或建议要有针对性，要符合实际，切实可行。

4. 经济活动分析报告的写作要求

（1）要如实反映情况，切忌武断，弄虚作假。

（2）要站在方针政策的高度来分析。必须以党和国家的方针、政策、制度为依据，任何时候都要坚持原则。要按经济发展规律来评价企业经济活动，根据国家的方针政策来衡量经济效益。

（3）必须有全面分析的观点。要用一分为二的观点进行全面分析。同时，既要重视主观因素的分析，也要重视客观因素的分析，并将二者结合起来，多角度地对分析结果反复验证。

（4）观点要正确。要求观点和材料的统一，注意死材料和活材料的有机结合。

（5）要抓住主要矛盾，突出重点，解决问题。

（6）行文要叙述简要、分析客观、说明清楚、判断准确。在分析报告中，对基本情况，只需简要叙述。对各项经济技术指标（数据）的执行情况，要说明清楚，不能够用"估计"、"大概"之类词语来掩盖数据和其他内容的不准确。对取得的经验成绩或缺点教训，必须准确判断，有叙有议。对所提建议、措施要切实可行。因此，分析报告的文字表达方式是记叙、说明、议论等的综合运用。

11.3.2　商品说明书的编写

1. 商品说明书的内容

（1）标题

标题，通常采用产品名称加上文种名称的写法，如《海尔冰箱使用说明书》，"海尔冰箱"为商品名称，"使用说明书"为文种名称。

（2）正文

正文，通常写明产品的基本情况，如产品的性能、用途、结构、技术指标等，以及商品的使用方法、保养维修知识和其他有关注意事项等。正文部分的写法和内容因所介绍产品的不同而不同，即不同类型的产品，这部分应着重说明不同的事项。比如，机械产品说明书，要着重说明构造、操作方法和维修保养方面的知识；药物说明书，要着重说明成分、功能和用法。

（3）结尾

结尾，通常是指落款，即注明生产和经销企业的名称、地址、电话、传真等，为消费者购买留下查询信息。有的结尾还要注明其他一些标志，包括商标、荣誉标志、批准文号、保修条款、有效期限等。

2. 商品说明书的写作要求

（1）写作要简明。说明书篇幅短，不可能也没有必要面面俱到，因而必须抓住重点，突出特点。在表达方式上，一般用说明文字，切忌描写、抒情或议论；在文字表达上，要求简单明快，使人一目了然，不用长句。

（2）写作要准确。产品说明书与广告不同，产品说明书的作用旨在帮助顾客了解产品的性能，正确地使用产品，读者对说明对象的信赖程度与说明书的真实可靠程度成正比；而广告的作用旨在吸引顾客，它在艺术性方面要求高一些。因此商品说明书必须实事求是，要有严密的科学性，特别是有关的数据、图表要准确无误。

（3）写作语言要通俗。产品说明书与技术鉴定书不同，不必对产品的各种指标、技术性能作详细的报告。看产品说明书的对象是广大群众，其文化水平不一，因此语言必须通俗易懂，尽量使用普通词语，专门术语和行话尽量少用，文言词语和外来词汇切忌滥用，做到深入浅出、便于记忆，力争容易上口、富于趣味。

■ 11.3.3　市场调查报告的编写

1. 市场调查报告的写作格式

（1）标题

市场调查报告，首先要确定调查对象、内容、范围，然后根据其内容与范围写好标题。其写法较灵活，可以概括调查单位、内容和范围（时间和空间）；也可以写出某种商品的市场发展情况；还可以直接说明观点。有的在正标题之外，另加副标题，正标题一般是揭示市场调查的中心内容（主题）或规定其范围；副标题则进一步明确市场调查对象、地点、内容、范围，对正标题起补充说明作用。这种正副标题相结合使用，又有两种情况：①在副标题后不标出文种名称，如《统计数字背后——看家电产品下乡的分配情况》；②在副标题末尾用文种名称作中心词，如《玩具换外汇——玩具出口情况调查》。综上所述，市场调查报告的标题虽然不拘一格，但不管采用何种形式，都要求标题要与调查内容相符，主题鲜明、高度概括、精炼简洁，力求做到新颖、醒目。

（2）前言

前言，又叫导语或引语，其作用是介绍基本情况或提出问题，为展开正文做准备。文字上要求高度概括，写法上可以根据需要灵活多样。

1）提出问题的开头方式。这种市场调查报告，开头就所调查的对象提出问题，引起读者注意；或自问自答，说明主题，并从自问自答中阐明基本观点。

2）介绍基本情况的开头方式。这种方式，又有两种类型：一种是概括介绍市场调查报告的主要内容和调查对象的基本情况，以及对调查中的主要问题作说明，类似新闻的导语，但比之更详细，使读者对调查材料有个概括的了解；另一种是说明调查目的、时间、地点、对象、范围、调查方式，并扼要说明基本观点，突出市场调查报告的重要意义。

（3）正文

这是市场调查报告的主体部分，要有明确的中心观点，并有印证中心观点的主要事实及对这些事实的评价。语言表达方式，一般采用夹叙夹议的方式来处理所调查的材料。应以典型事例和确凿数据介绍市场情况及变化，揭示矛盾状况。

（4）结尾

结尾要照应前言，对所调查的现状作归纳说明，并对其发展远景进行展望；指出存在问题，提出建议，或以请示、报告、商榷的语气结尾；对调查所形成的中心观点，在结尾部分，应予重申，以加深认识。

2. 市场调查报告的写作要求

（1）要深入实际调查研究，掌握大量准确、详尽的材料，这是市场调查报告的写作基础。要落实上述要求，就必须首先明确调查目的，要了解通过调查研究要解决什么问题。调查时要尊重事实，不能凭主观意愿去收集材料，或无目的地有闻必录；其次，要运用各种调查方法，以便从多方面摄取调查资料，全面了解市场情况。

（2）从分析调查材料中，找出体现市场情况本质的、带有规律性的东西。既不能堆砌材料，也不能空谈结论。要依据大量事实，经过由具体到抽象，由抽象到本质的认识过程，得出科学性的结论。从而使人们对调查报告中提出的带有规律性的东西，易于理解和接受。

（3）要妥善处理调查所得的材料。就是要求调查报告的观点与材料统一，以观点统帅材料，用材料说明观点；按调查所得材料的性质、类别及其内在联系，安排调查报告的写作结构与层次。

11.3.4 市场预测报告的编写

1. 市场预测报告的写作格式

市场预测报告的写作格式，主要根据市场调查的资料、数据和企业的要求来决定，一般说来，其格式有以下几部分：

（1）标题

首先要确定预测的对象、内容和范围，标明预测的性质、种类，标题上可以标明文种，亦可不标明文种。

（2）前言

扼要介绍预测时间、地点、范围或预测目的；也可以概括介绍全文的基本观点和主要内容。

（3）正文

这是市场预测报告的主体部分，按照人们的认识规律和习惯，一般可按下面三个层次来写作：

1）情况部分。根据对市场的调查、说明市场现状，以便从现状判断未来，这是预测的基础。要求对市场进行广泛、深入的调查，以获取必要资料，或找出企业的某种商品经营销售情况以及突出问题。这些实际调查材料，是判断未来趋势的依据。

2）预测部分。主要是根据情况部分所提出的资料和数据，结合掌握到的其他有关信息，推断未来供需变化，预测经济活动发展趋势和规律。预测部分在写作时，不一定写上预测活动的全部过程，而应通过分析有影响的因素，写出预测的结论和预测时限，在分析预测市场未来的发展变化后，应指出对本企业的经营管理将会产生什么影响，企业如何适应这些变化，切实依据预测估计的情况，提出对策或方案，为决策人提供可靠依据。

3）结尾。根据分析材料及对未来市场发展趋势预测的结论，提出改进企业经营管理的意见。所提的意见、建议和措施，一定要实事求是地以对未来趋势预测为依据，综观全局，高瞻远瞩，作出对策。

2. 市场预测报告的写作要求

市场预测是要把某一未来事件发生的不确定性极小化，尽量消除预测与实际的偏差。因此，在写作市场预测报告时，必须遵循如下要求：

（1）掌握预测的对象和目标。预测对象明确，目标具体，并紧紧围绕目标进行预测。

（2）要深入进行调查研究。预测是建立在实践的基础上，必须深入实际进行调查，掌握大量数据资料，包括现实和历史的资料以及社会经济资料，并对这些资料加以整理与鉴别，才能对未来的发展趋势，作出科学的预测。

（3）要选择恰当的预测方法。市场预测的方法很多，每种都有它特定的功能和用途，预测者必须根据预测目标、内容和要求，以及所掌握的资料，选择比较实际的预测方法。这样，所写的预测报告，才科学、有实用价值，才能达到预期目的。

（4）要充分考虑各种因素，进行综合分析。在市场预测中，包含许多因素，因此，既要考虑到政治、经济的形势和其他变化因素作出定性分析，又要根据数据资料作出定量分析，还要估计未来可能发生的时间和实现概率作出定时分析。

为保证综合分析的科学性、预测的准确性，在写作市场预测报告时，要防止以下几种现象产生：①割裂联系。忽视事物的内在联系，把相互联系、制约的信息孤立地分析。②以偏概全。把个别现象当作普遍现象，将片面信息当作全面信息来分析。③疏而不严。把比较重要的、影响结论完整性的信息遗漏了。④前后矛盾。结论相互抵触，甚至相互否定。⑤模棱两可。预测结论使人捉摸不定，无所适从，难以作出决策；⑥运算错误。预测中要运用一定的数学方法，运算错误会妨碍作出正确结论，造成预测的失误。

参 考 文 献

[1] 汪军. 物业管理实训教程. 北京：中国建筑工业出版社，2004.

[2] 李斌. 物业管理. 上海：复旦大学出版社，2006.

[3] 张作祥. 物业管理实务. 北京：清华大学出版社，2006.

[4] 郭世民，周建华. 物业管理. 北京：中国建筑工业出版社，2007.

[5] 郭宗逵. 物业管理实务. 南京：江苏科学技术出版社，2005.

[6] 雷华，胡其富. 物业管理知识与技能. 广州：暨南大学出版社，2007.

[7] 战晓华. 物业管理实务. 天津：天津大学出版社，2008.

[8] 卜宪华. 物业管理招标投标实务. 大连：东北财经大学出版社，2008.

[9] 郑晓奋. 物业管理实务. 大连：东北财经大学出版社，2006.

[10] 孙宗虎，么秀杰. 物业管理流程设计与工作标准. 北京：人民邮电出版社，2007.

[11] 邢国威. 助理物业管理师. 北京：机械工业出版社，2007.

[12] 区世强. 设备管理与维修. 北京：中国建筑工业出版社，2001.

[13] 丁云飞. 物业设备管理. 广州：华南理工大学出版社，2002.

[14] 卜宪华. 物业设备设施维护与管理. 北京：高等教育出版社，2003.

[15] 梁涛，陈友铭. 房屋及设备维修管理. 广州：广东经济出版社，2004.

[16] 李立强，李万胜，林圣源. 建筑设备安装工程看图施工. 北京：中国建筑工业出版社，2006.

[17] 沈瑞珠，杨连武. 物业智能化管理. 上海：同济大学出版社，2004.

[18] 沈瑞珠，物业智能化管理技术. 北京：中国轻工业出版社，2001.

[19] 张晓华，魏晓安. 物业智能化管理. 武汉：华中科技大学出版社，2006.

[20] 高炳华. 物业环境管理. 上海：华中师范大学出版社，2007.

[21] 余源鹏. 物业安全部管理与治安、交通、车辆、消防应急管理实务. 北京：机械工业出版
     社，2009.

[22] 詹素娟. 物业安全规范化管理工作手册. 北京：中国纺织出版社，2008.

[23] 崔永亮. 物业服务费的计费依据和方式. 中国房地产，2009.

[24] 中国物业管理协会培训中心. 物业经营管理. 北京：中国建筑工业出版社，2007.

[25] 雷华. 高级物业管理员培训教程与应试指导. 广州：暨南大学出版社，2008.

[26] 戴玉林，王媚莎. 物业管理实务. 北京：化学工业出版社，2007.

[27] 房春生，丁现宝. 物业管理市场营销策略. 北京：机械工业出版社，2006.

[28] 韩朝. 陈凯. 物业管理市场营销学. 北京：清华大学出版社，2008.

[29] 阎祖兴. 物业管理法律实务. 北京：中国建筑工业出版社，2003.

[30] 李冠东. 物业管理法律法规. 上海：华东师范大学出版社，2008.

[31] 吕继东. 物业管理法律指引. 北京：中国法制出版社，2005.

［32］ 俞红蕾. 物业管理应用文写作. 北京：中国人民大学出版社，2009.

［33］ 鲁捷，杨凤平. 物业管理应用文写作. 北京：机械工业出版社，2008.

［34］ 吴秀清. 物业应用文写作. 北京：中国建筑工业出版社，2006.